# "双带头人"培育之道研究

陈良金  
严 武　卓俊杰　李云雷　著

北京理工大学出版社  
BEIJING INSTITUTE OF TECHNOLOGY PRESS

版权专有　侵权必究

### 图书在版编目（CIP）数据

"双带头人"培育之道研究 / 陈良金等著. -- 北京：北京理工大学出版社，2023.9
　ISBN 978-7-5763-2874-5

Ⅰ. ①双… Ⅱ. ①陈… Ⅲ. ①高等职业教育-教育研究 Ⅳ. ①G718.5

中国国家版本馆 CIP 数据核字（2023）第 174300 号

| | |
|---|---|
| **责任编辑**：徐艳君 | **文案编辑**：徐艳君 |
| **责任校对**：周瑞红 | **责任印制**：施胜娟 |

| | |
|---|---|
| 出版发行 / | 北京理工大学出版社有限责任公司 |
| 社　　址 / | 北京市丰台区四合庄路 6 号 |
| 邮　　编 / | 100070 |
| 电　　话 / | （010）68914026（教材售后服务热线） |
| | （010）68944437（课件资源服务热线） |
| 网　　址 / | http://www.bitpress.com.cn |

| | |
|---|---|
| 版 印 次 / | 2023 年 9 月第 1 版第 1 次印刷 |
| 印　　刷 / | 唐山富达印务有限公司 |
| 开　　本 / | 787 mm×1092 mm　1/16 |
| 印　　张 / | 16 |
| 字　　数 / | 347 千字 |
| 定　　价 / | 89.00 元 |

图书出现印装质量问题，请拨打售后服务热线，负责调换

本书是莆田市职业教育科技创新平台项目（莆教职成201926-1）、湄洲湾职业技术学院"双带头人"教师党支部书记工作室建设项目（MZYDJ2103）、福建省专业群建设、湄洲湾职业技术学院专业群建设的阶段性成果，也是福建省莆田市科技计划项目"妈祖宫庙的建筑文化研究"（编号：2020SM001）的阶段性成果。

**作者简介一**：陈良金，男，1975年生，福建省仙游县人，中共党员，湄洲湾职业技术学院建筑工程系主任，副研究员、副教授，一级注册建造师、经济师、监理工程师，中国瓷砖贴面技能大赛教练与裁判、中国民族建筑研究会会员、福建省科技特派员、莆田市作家协会会员、莆田市学科带头人、莆田市建筑质量与安全专家，湄洲湾职业技术学院"双带头人"，曾任仙游县钟山镇组织委员兼副镇长、仙游县规划局副局长。主持教育部项目3项，主持市厅级科研项目6项，参与市厅级科研项目5项，发表论文十余篇。曾获福建省建设系统优秀工作者、莆田市优秀共产党员。

**作者简介二**：严武，男，1978年生，福建省仙游县人，中共党员，湄洲湾职业技术学院工艺美术系副主任（主持工作），副研究员，法学硕士，福建省人社厅创新创业导师，湄洲湾职业技术学院省级高水平专业群负责人。主持省厅级科研项目2项，发表论文7篇。曾获福建省内审系统优秀工作者、莆田市教育系统优秀党务工作者。

**作者简介三**：卓俊杰，男，1982年生，福建省莆田市人，中共党员，湄洲湾职业技术学院工艺美术系副主任，高级质量工程师，福建省标准化工作先进个人。2016年获得福建省政府标准贡献奖二等奖、三等奖各一项。全国橡胶与橡胶制品标准化技术委员会胶鞋分技术委员会委员，全国工业品生产许可注册评审员，莆田市鞋服技术学会副秘书长，莆田市青年岗位能手，实验室资质认定注册评审员。主持及参与各类省市级科研项目6项，主持及参与制定国家、行业、地方标准16项，发表论文9篇。

**作者简介四**：李云雷，男，1990年生，福建省莆田市人，中共党员，湄洲湾职业技术学院建筑系副主任，结构工程硕士，讲师，二级注册建造师，福建省科技特派员，莆田市科技监督员，莆田市建筑质量与安全专家。主持、参与省厅级科研项目5项，发表论文十余篇，授权发明专利2项，实用新型专利6项。曾获莆田市高等教育先进工作者。

# 序　言

2013 年，我辞去仙游县规划局副局长职位来到湄洲湾职业技术学院，参与了建筑工程系筹建工作并任系副主任，2017 年 4 月起担任系主任，2018 年被评为莆田市学科带头人，2021 年被推选为系教工党支部书记并创建"双带头人"工作室。

十年前，我想将写作作为今生最大的追求。这十年，我由一位公务员转岗为教师的过程中，情感上波动较大，宛如正弦曲线似的。由刚开始的新鲜好奇产生的激情澎湃，达到情感的第一个峰值；随着时间的推移，工作上学习上也遇到了不少问题，有些问题一时棘手难解时，热情消减，情绪下滑直至趋于平淡平静；当然也随着时间的推移，有些问题渐渐被我破解，平静的内心再起涟漪，热情再次高涨。在这起起伏伏的情感中，体悟到当一名教师的辛酸苦辣，也为写作积累了不少素材。

十年来，特别是成为"双带头人"之后，我遇到了不少的难题，既有党建工作上的难题，也有管理上的难题，还有科研上的难题，当然更有人生的困惑与不解。比如如何履行"双带头人"职责，形成头雁领航、群雁齐飞？如何依靠党建引领促进业务发展？如何育人促进学生成长？作为二级院系负责人如何进行系部管理？如何建设校园文化？如何提高教学能力与教学质量？如何带领大家一起做科研，如何有效申报科研项目、发表较高水平论文？如何开展技术服务与文化传承？自己面临人生困惑时，如何从经典中找答案，或者应用前人的办法去破解，或者平静地接受人生中的种种无奈？

面对这些问题，我笃信坚定与坚持，基本上按照查摆问题、寻找同行做法、确定工作目标、制订行动计划的思路实施总结改进。上述难题有的仍悬而未决，但大多得到有效破解，可以说走过弯路更收获芬芳。我将这沿途中的点点滴滴以及所做的支部自身建设、育人体系、系部管理、教学改革、科学研究、社会服务、文化传承等 7 个方面 12 个案例写成此书。

本书不仅是关于高职院校教师在教学、科研、管理工作中遇到的重大事项的理论剖析，为同行们提供新的工作思路；而且是 12 个真实工作场景的具体实操案例，为同行们提供切实可行的样板。希望这些案例能为"双带头人"或教育工作者省去一点时间、提供一些参考，帮助大家少走弯路。同时本书也为年轻教师的教科研项目申报、职称晋升、职业发展提些建议，可供参考或起到抛砖引玉之用。

陈良金

2023 年 7 月 13 日

# 目　　录

**第一章　绪论** ··································································· 001

　一、"双带头人"的内涵与界定 ················································· 001

　二、"双带头人"的生成理路 ···················································· 001

　三、"双带头人"的功用 ························································· 003

　四、"双带头人"的主要任务与要求 ············································ 004

　五、"双带头人"的工作要点 ···················································· 005

　六、相关的研究概述 ······························································ 005

　七、研究的意义与方法 ··························································· 006

　八、主要内容与框架 ······························································ 007

**第二章　高职院校"双带头人"培育工作的理论思考** ··················· 008

　第一节　高职院校"双带头人"培育工作的现状 ····························· 008

　　一、队伍文化素质高、职称高 ················································ 008

　　二、群众基础好、思想道德品质高 ·········································· 008

　　三、意愿度不高、党务不熟悉 ················································ 009

　第二节　高职院校"双带头人"培育工作的存在问题 ······················· 009

　　一、培训方案缺乏长期系统性，培训成效不显著 ························· 009

　　二、工作积极性不高，头雁效应不明显 ···································· 009

　　三、党建与业务融合度不够，党建创新性不足 ··························· 010

　第三节　高职院校"双带头人"培育工作的存在问题的原因分析 ········· 010

　第四节　"双带头人"的培育路径思考 ········································· 010

　　一、"双带头人"培育工作具有的自身优势 ································· 010

　　二、"双带头人"培育工作存在的自身劣势 ································· 010

　　三、"双带头人"培育工作的外部助力 ······································· 011

　　四、"双带头人"培育工作的外部阻力 ······································· 011

　　五、构建"双带头人"培育路径 ··············································· 011

**第三章　高职院校"双带头人"培育工作的实践探索** ··················· 014

　第一节　支部自身建设 ··························································· 015

案例1　"双带头人"工作室创建模式 …… 017
　　　案例2　创建全国样板支部申报书 …… 021
　　　案例3　创建福建省党建工作品牌 …… 033
　第二节　党建+育人体系 …… 038
　　　案例4　课程思政育人 …… 039
　　　案例5　思政微课堂育人8堂课 …… 047
　　　案例6　校企双元育人 …… 058
　第三节　党建+系部管理 …… 078
　　　案例7　二级院系管理的思考与实践 …… 078
　　　案例8　二级院系人财物管理 …… 082
　第四节　党建+教学改革 …… 100
　　　案例9　党建+教学改革 …… 100
　第五节　党建+科学研究 …… 167
　　　案例10　党建+科学研究 …… 167
　第六节　党建+技术服务 …… 215
　　　案例11　党建+技术服务 …… 215
　第七节　党建+文化传承 …… 225
　　　案例12　党建+文化传承 …… 225

第四章　"双带头人"的自我修炼——从《拾麦者》到《向日葵》 …… 233
　一、"双带头人"培育之术：五化一融 …… 233
　二、"双带头人"培育之道：知行合一与致良知 …… 238
　三、"双带头人"培育的术与道 …… 239

第五章　结语 …… 241
　一、本书内容小结 …… 241
　二、主要观点 …… 242
　三、不足与展望 …… 243

参考文献 …… 244

后记 …… 246

# 第一章

# 绪论

## 一、"双带头人"的内涵与界定

十八大以来,党中央高度重视高校思想政治工作和基层党组织建设,习近平总书记在全国高校思想政治工作会议上强调,"要加强高校党的基层组织建设,创新体制机制,改进工作方式,提高党的基层组织做思想政治工作能力"。① 2018年5月,中共教育部党组在《中共教育部党组关于高校教师党支部书记"双带头人"培育工程的实施意见》(教党〔2018〕26号)② 文件中明确界定"双带头人"为:高校教师党支部书记是党建带头人、学术带头人。③ 该文件还要求,在2020年年底前,基本实现"双带头人"支部书记选拔方式全覆盖,使教师党支部书记普遍成为"双带头人"。

教育部党组实施的高校教师党支部书记"双带头人"培育工程是为了让教师党支部书记成为党建与学术的共同带头人,彰显"头雁效应",实现头雁领航、群雁齐飞,实现将党务与业务"双融合",整体推动立德树人与科研教学"双促进"。2019年高职院校也开始实行了"双带头人"制度,创建了"双带头人"工作室。

本书的研究对象为高校(包含高职院校)的"双带头人",即高校教师党支部书记是党建带头人也是学术带头人,本书的案例选取的是高职院校(笔者所在的学校)"双带头人"的案例。

## 二、"双带头人"的生成理路④

"双带头人"的提出是在继承前人的思想源头上,不断积极探索发展而成的。它的思想之源是马克思主义经典作家的基层党建理论,经过苏维埃时期列宁的基层党建理论与苏联时期高校党委工作的初步探索,再从我党历届领导人关于基层党建思想中不断汲取关于高校基层党支部建设论述之重点,到如今习近平总书记关于基层党建思想和"带头人"论

---

① 陈森青,魏雪婷. "双带头人"培育工程:生成理路、现实困境与思路创新[J]. 扬州大学学报(高教研究版),2018,22(6):13-17.
② 关于高校教师党支部书记"双带头人"培育工程的实施意见[EB/OL] http://www.moe.gov.cn/jyb_xwfb/s271/201805/t20180528_337304.html.
③ 吴晶,胡浩. 习近平在全国高校思想政治工作会议上强调:把思想政治工作贯穿教育教学全过程,开创我国高等教育事业发展新局面[N]. 光明日报,2016-12-09(01).
④ 本部分由湄洲湾职业技术学院建筑工程系郭晓婕撰写初稿,笔者修改。

述在高校中的结合。这一想法既有着深厚的理论源流又具备着十分重要的时代价值与实践创新的现实意义。

**（一）思想之源——马克思、恩格斯的基层党建理论**

无产阶级政党创立初期，马克思、恩格斯均亲自参与了共产主义者同盟的支部和区部委员会。他们曾阐述："应该使自己的每一个支部都成为工人协会的中心和核心。"① 表明了基层支部的重要性。马克思主义认为，基层党组织是党组织体系的关键和基础。马克思、恩格斯的基层党建理论是高职院校实施"双带头人"培育工程思想之源。

**（二）思想探索——苏联高校的基础党建工作**

在列宁领导布尔什维克党时期，对基层支部也非常重视，也涉及对高校党支部的论述。在《论党的改组》中，列宁曾提出要在学校中建立共产党支部，在当时苏联高校的各部门各系部中都设立了党支部，并由政治修养与理论水平较高的党员担任支部书记。付克也曾在《苏联高等学校的党委工作》中写道："党的工作是高等学校各种工作的灵魂，一切工作要由党的组织来保证，才能更好地贯彻和执行。"② 很好地表明了早期苏联对高校党建的重视，对我们的"双带头人"培育工程也有深远的影响。

**（三）思想承继——我党历代领导人的高校党建论述**

我党的历代领导人对于高校基层党支部建设，都做出了一系列重要论述。中华人民共和国成立后，由毛泽东主持审定的《教育部直属高等学校暂行工作条例》中就对高校党支部工作做出明确规定：高等学校的党委会是中国共产党在学校中的基层组织，是学校工作的领导核心。1957年10月9日，毛泽东在中共八届三中全会最后一次会议上发表讲话指出："我们各行各业的干部都要努力精通技术和业务，使自己成为内行，又红又专。"③

1978年3月18日，邓小平在全国科学大会开幕式上的讲话上指出："毛泽东同志提倡知识分子又红又专，鼓励大家改造资产阶级世界观，树立无产阶级世界观。"因此，高校的教师党支部书记自然要向"又红又专"进步。关于高校的党建与教育，他强调："好的党风也要体现在教育中，这才能培养出好的学风。"在《邓小平文选》中，能深刻体会到邓小平对于高校基层党建的重视，他曾针对大学的系部是否需要党总支领导提出疑问，后明确答案："专不等于红，但红一定要专。"④ 对于高校党委的领导者，在文中也清晰阐释："他可以不是教学人员，但至少应该是懂得教育的有管理学校专长的专业人员，会管某一类学校。"邓小平关于高校党建思想又迈出一大步，对我国高校的党组织领导人也提出了明确的要求。

江泽民对高校基层党建工作也提出了新的想法。要坚持高校党委的领导地位，加强领导班子建设，建设一支又红又专的骨干队伍，使之成为办好社会主义大学的中坚力量。他

---

① 马克思，恩格斯. 马克思恩格斯选集：第1卷 [M]. 北京：人民出版社，2012：558.
② 付克. 苏联高等学校的党委工作 [J]. 人民教育，1953（8）：26-28.
③ 毛泽东. 毛泽东文集：第7卷 [M]. 北京：人民出版社，1999：309.
④ 邓小平. 邓小平文选：1975—1982年 [M]. 北京：人民出版社，1983.

对基层党组织书记提出了既要有信念又要有本领、既能够团结广大党员又能够推动事业发展的要求。①

胡锦涛强调，要将高校思想政治素质高、党性原则强、业务能力过硬的同志选配到基层党务工作岗位上来，这是对高校基层党建的进一步深化认识。② 中国共产党历代领导人的基层党建思想中直接或间接对高校党建的论述，是一代代的思想继承，为我们建设"双带头人"培育工程奠定了基础。

**（四）新时代思想——习近平关于基层党建的思想和"双带头人"的论述**

基础不牢，地动山摇。自十八大以来，习近平总书记十分重视基层党建工作，对高校党建工作也提出一系列重要论断。在党的第十九次全国代表大会上，他就高屋建瓴地指出要把包括高校在内的一系列基层党组织"建设成为宣传党的主张、贯彻党的决定、领导基层治理、团结动员群众、推动改革发展的坚强战斗堡垒"。③ 2014年习近平总书记在北师大发表重要讲话时，更是提出了"四有"好老师（有理想信念、有道德情操、有扎实学识、有仁爱之心），这延续了"又红又专"的思想，也是高校教师党支部书记的应有之义。习近平总书记特别强调发挥基层党组织的"带头人"作用，他在十九大报告中明确提出要"推进党的基层组织设置和活动方式创新，加强基层党组织带头人队伍建设"。④ 而后，更是对"双带头人"的提法进行深入的论述与探索，促使高校教师党支部书记成为"党建带头人"与"学术带头人"。习近平总书记关于基层党建的思想和"带头人"的论述，对深入实施"双带头人"培育工程、提高高校教师党支部建设水平，具有很强的现实指导意义。

## 三、"双带头人"的功用⑤

2017年，中共教育部党组印发《关于加强新形势下高校教师党支部建设的意见》，明确"高校教师党支部是教育、管理、监督和服务教师党员的基本单位，是把党的路线方针政策落实到高校基层的战斗堡垒，是党团结和联系广大教师的桥梁纽带，是办好中国特色社会主义大学的重要支撑"。⑥

高校基层党支部书记"双带头人"，既是党建带头人又是学术带头人。"双带头人"的角色定位是要成为基层党建工作与教学科研工作"双融合、双促进、双提高"的"催

---

① 陈淼青，魏雪婷．"双带头人"培育工程：生成理路、现实困境与思路创新［J］．扬州大学学报（高教研究版），2018，22（6）：13-17．
② 陈淼青，魏雪婷．"双带头人"培育工程：生成理路、现实困境与思路创新［J］．扬州大学学报（高教研究版），2018，22（6）：13-17．
③ 中共中央文献研究室．十八大以来重要文献选编（上）［M］．北京：中央文献出版社，2014：351．
④ 习近平．决胜全面建成小康社会，夺取新时代中国特色社会主义伟大胜利——在中国共产党第十九次全国代表大会上的报告［M］．北京：人民出版社，2017：65．
⑤ 本部分由湄洲湾职业技术学院建筑工程系郭晓婕撰写初稿，略有修改。
⑥ 关于高校教师党支部书记"双带头人"培育工程的实施意见［EB/OL］http://www.moe.gov.cn/jyb_xwfb/s271/201805/t20180528_337304.html．

化剂"和"融合剂"。① "双带头人"培育工程是新时代加强高校基层党建的一项战略工程，对引领带动高校党建和思想政治工作质量提升具有重要的现实意义，为扎根中国大地办好社会主义大学提供坚强保证。

### （一）示范引领作用

高校教师党支部书记"双带头人"培育工程的建设，一方面可以激发教师党支部书记的工作积极性，提升他们的思想境界；另一方面，能够更好地为师生和教育事业服务。作为支部"领头雁"，可以实现头雁领航、群雁齐飞，引领其他支委一同提升飞翔，增强班子凝聚力和支部战斗力，成为"四有"好老师的模范标杆。

### （二）实践探索作用

高校深入贯彻"双带头人"培育工程，使教师党支部充分发挥主体作用，成为推动教育改革发展的坚强战斗堡垒。"双带头人"培育可以充分让党务工作和业务工作高度融合，"双带头人"的实施将不断提升高校基层党组织的组织协调能力，促进党建和科研教学能力双提升，同心同力、凝心聚力，全面覆盖到高校基层党组织，助推高水平院校建设。

### （三）理论创新作用

"双带头人"培育工程的实施是党建理论在教育部门的一大创新，实施培育工程能够不断积累经验，使基层党组织建设理论日趋丰富、不断优化，使基层党组织战斗堡垒作用得到强化。这不但有利于激活高校基层党组织建设，也能升华党的建设理论。

## 四、"双带头人"的主要任务与要求

实施"双带头人"培育工程，要把握好四大原则："突出政治建设、坚持双向提升、注重分类指导、强化基层导向"。② 围绕这四大原则，按照中共教育部党组要求，其主要任务有：明确选任标准、规范选任方式、聚焦重点任务、着力培养教育、加强示范引领。分析这五大任务，其工作基础是选优配强"双带头人"，选任标准不能降，严格落实从副高级以上专业技术职务（职称）或者博士研究生学历学位的优秀党员教师中选任；其工作重点是推动"双带头人"履职尽责，强化教师党支部的政治功能，发挥教师引路人的作用；其工作保障是加强"双带头人"培养教育，实现党务和业务同向发力、联动提升，建立健全后备人才长效培养机制。

其要求是：压实责任、建实载体、做实推广。"双带头人"，围绕以上任务，遵照要求，创新工作方法，创建平台载体，创立典型示范，充分发挥党支部战斗堡垒作用和党员先锋模范作用。

---

① 马孝文. 教师党支部书记"双带头人"角色定位、冲突和建构研究［J］. 才智，2021（2）：7-9.
② 关于高校教师党支部书记"双带头人"培育工程的实施意见［EB/OL］http://www.moe.gov.cn/jyb_xwfb/s271/201805/t20180528_337304.html.

## 五、"双带头人"的工作要点①

"双带头人"要履职尽责,严格按照习近平总书记关于基层党建的思想和"带头人"的论述,重点做好以下工作:

### (一)强化思想政治建设

坚持把党的政治建设摆在首位,充分运用"不忘初心、牢记使命"、党史教育等主题教育建立起来的学习体系、学习载体、学习制度,坚持"两学一做"学习教育常态化制度化,扎实开展党的创新理论学习,积极探索、总结凝练。发挥"双带头人"在党建、学术方面的独特优势,按照"四有"好老师、"四个引路人"、"四个相统一"的要求,着力做好师生思想政治工作,使高校教师成为先进思想文化的传播者、党执政的坚定支持者、学生健康成长的指导者。加强支部政治建设、政治生活、政治学习,发挥政治把关作用等方面的经验举措,引领带动高校基层党组织全面进步、全面过硬,教育引导支部党员不断增强"四个意识",坚定"四个自信",做到"两个维护"。

### (二)抓好党建主责主业

认真宣传执行党的路线方针政策和上级党组织的决议,严格执行"三会一课"、组织生活会、谈心谈话、民主评议党员等制度,做好在高层次人才、优秀青年教师、海外留学归国教师中发展党员工作,做好党员组织关系管理、党费收缴、党员激励关爱帮扶和党纪处分、组织处置等基础性工作,加强调查研究,探索解决党支部建设重点难点问题。着力健全和配强支部班子,注重配备熟悉和热爱党务工作的青年党员学术骨干担任支部副书记或委员。强化班子政治、业务学习,加强教育引导、搭建锻炼平台、拓宽发展空间。支部书记以身作则当好"领头雁",指导支委提升履职尽责能力,增强班子凝聚力,提升支部战斗力。

### (三)促进学校事业发展

把党的建设作为落实立德树人根本任务、建设高水平人才培养体系的重要牵引,推动党建工作与教学科研工作相互融合、相互促进,及时把政治素质好的骨干教师培养发展为党员,把专业基础好的党员教师培养发展为教学科研骨干,做好组织师生、宣传师生、凝聚师生、服务师生工作,把党组织的领导力和组织力转化为推进中心工作的强大动力,实现高校基层党建工作与教学科研工作双促进双提高。推广党建+育人体系、党建+系部管理、党建+教学改革、党建+科学研究、党建+技术服务、党建+文化传承,把党建与学校各项事业发展紧密结合起来。

## 六、相关的研究概述

因高校"双带头人"培育工作提法相对较新,目前研究比较深入的有杨子生、彭海

---

① 本部分由湄洲湾职业技术学院建筑工程系郭晓婕撰写初稿,略有修改。

英、余京珂出版的著作——《高校"双带头人"培育机制研究——基于高校教师党支部书记培育的原理、机制与实践》,[①] 该著作从"双带头人"培育的原理探索、培育机制、培育实践、建设成果等四个方面分别阐述,对创建"双带头人"工作室有很好的学习借鉴作用。

有关"双带头人"培育工作遇到的问题以及解决问题的办法,研究比较深入的有陈森青等人,其在扬州大学2017年度组工研究课题"基于绩效评价的高校基层党支部工作项目化研究"表明:当前,"双带头人"培育面临着评价标准不契合、管理机制不健全、能力水平不匹配等困境,加强"双带头人"培育,要在培育理念上实现党务和业务的"双融合、双促进";在培育方法上坚持顶层设计与精准施策相结合;在培育机制上构建长效机制,建设科学严密、务实有效的制度体系。[②]

邓怡指出,"双带头人"的内涵理解和观念认同尚需深化,管理考核机制应当统筹,培养路径亟待明晰。应以突出政治建设、坚定政治方向为基石,以注重分类指导、开展分层培养为路径,以巩固堡垒作用、激发"头雁效应"为依归,深入探析高校教师党支部建设的制度困境,在理念维度上明内涵、评价维度上做评估、培养维度上谋发展,将高校基层党组织打造成党建和业务"双融合、双促进"的战斗堡垒。[③]

于安龙指出,高校教师党支部书记"双带头人"培育工程实施以来,虽成效显著、效果突出,但也存在着选配机制不健全、考核评价不具体、培训体系不完备、激励机制不完善等问题,需要积极探索和优化新形势下教师党支部书记的培育方式和培育路径。[④]

当前的研究基本围绕实施"双带头人"制度的意义、遇到的困境、存在问题的原因以及培育的路径展开,大多是从定性角度去研究分析,而对"双带头人"工作室如何有效创建、"双带头人"需要在哪些方面带头,以及如何实现带头等"双带头人"工作实践经常遇到的问题却论述得很少。本书将从实践的维度精心筛选20个工作场景,提供20个解决方案,来探索有效创建"双带头人"工作室。

## 七、研究的意义与方法

本项目研究具有理论意义也有实践意义。理论上有助于"双带头人"培育的方法论的发展,解决有些高职院校的基层党组织书记在党建工作上的认知误区,扭转基层党组织书记的工作思维。实践上筛选20个真实发生的工作场景,以典型案例形式,试图构建科学有效的培育方式,为各高校创建工作提供参考与借鉴。

---

[①] 杨子生,彭海英,余京珂. 高校"双带头人"培育机制研究——基于高校教师党支部书记培育的原理、机制与实践 [M]. 北京:光明日报出版社,2022:2.
[②] 陈森青,魏雪婷. "双带头人"培育工程:生成理路、现实困境与思路创新 [J]. 扬州大学学报(高教研究版),2018,22(6):13-17.
[③] 邓怡. 新时代提高高校教师党支部书记"双带头人"培育工程建设实效性的三个维度 [J]. 北京教育,2021(1):18-22.
[④] 于安龙. 高校教师党支部书记"双带头人"培育培育路径探析 [J]. 思想理论教育,2019(7):73-77.

研究的方法主要有：

（1）文献研究法。大量阅读有关"双带头人"的专著、期刊、文献、网络信息，初步掌握"双带头人"的现状，全面了解创建"双带头人"工作室遇到的困境以及解决路径。

（2）案例研究法。重点研究具有代表性的"双带头人"工作场景，分析其特征、实操要点，探索实现路径。

（3）定性研究与定量分析相结合。采用调查法，获取信息数据，并进一步分析数据，进而提出培育方法。

## 八、主要内容与框架（图1-1）

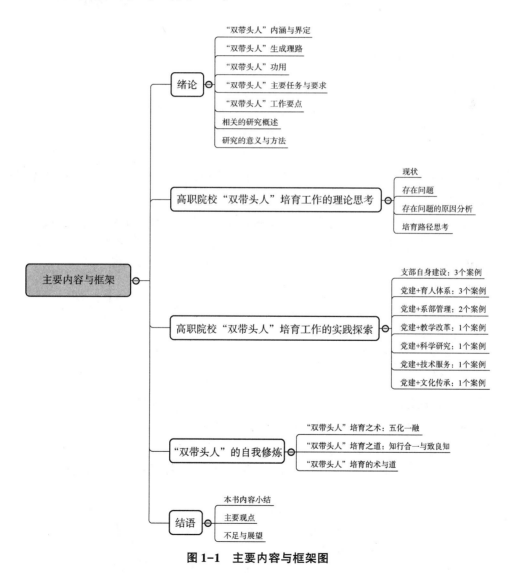

图1-1 主要内容与框架图

# 第二章

# 高职院校"双带头人"培育工作的理论思考

## 第一节 高职院校"双带头人"培育工作的现状

### 一、队伍文化素质高、职称高

林琳对福建省24所高校"双带头人"培育工作的调查结果显示:高校教师党支部书记队伍情况良好,主要表现为:具有高学历、高职称、多元能力。在受访的教师党支部书记中,研究生及以上学历的占62%,中高级职称的占91%,除教学外还兼任其他行政职务的占54%。[①]

杨子生等人的调查显示:"双带头人"的职称为初级、中级、副高、正高和无职称的教师党支部书记的人数比例分别为7.69%、32.31%、30.77%、12.31%、16.92%;硕士研究生、博士研究生学习经历的教师党支部书记人数比例分别为34.84%和53.03%。[②]

调查显示,湄洲湾职业技术学院现有9个院系,兼任教工党支部书记9名,其中,中级职称的占33.3%,副高级职称的占66.7%,硕士研究生学历以下的占比22.2%,硕士研究生学历的占比77.8%。

三份调查都显示,"双带头人"是高学历、高职称的群体,这为完成创建工作室的任务打下较好的基础。

### 二、群众基础好、思想道德品质高

对于党支部书记选拔时考虑的标准,83%的教师党支部书记选择了"德才兼备,有良好群众基础"这一标准,且有92%的教师党支部书记是由支部党员选出的。[③]

杨子生等人的调查显示,66.67%的教师党支部书记由党员大会选举产生,大部分党支部书记所做的最扎实的工作是以身作则,带头提升自身思想道德修养和党性修养。[④]

---

[①] 林琳.高校教师党支部书记"双带头人"队伍现状及培育[J].福建教育学院学报,2018,19(7):39-42.
[②] 杨子生,彭海英,余京珂.高校"双带头人"培育机制研究——基于高校教师党支部书记培育的原理、机制与实践[M].北京:光明日报出版社,2022:2.
[③] 林琳.高校教师党支部书记"双带头人"队伍现状及培育[J].福建教育学院学报,2018,19(7):39-42.
[④] 杨子生,彭海英,余京珂.高校"双带头人"培育机制研究——基于高校教师党支部书记培育的原理、机制与实践[M].北京:光明日报出版社,2022:2.

调查显示，湄洲湾职业技术学院现有 9 个基层教工党支部书记，他们全部由党员大会选举产生，思想道德较高，有一定的威望。

三份调查显示，基层教工党支部书记大多依靠选举产生，群众基础较好，思想政治素质较高，这为完成创建工作室的任务打下较好的基础。

### 三、意愿度不高、党务不熟悉

林琳的调查显示：有 29% 的受访者表示在换届时，不愿继续担任教师党支部书记，有 29% 的受访者还有待考虑，42% 的教师党支部书记认为，目前影响工作开展的原因是本人党务能力水平有待提高，75% 的教师党支部书记认为，目前高校教师党支部书记最需要的是党建工作实务培训。[①]

杨子生等人的调查显示：21.88% 的教师党支部书记担任支部书记意愿不强，认为教师党支部书记是学校的工作安排，以完成任务的心态担任党支部书记，28.26% 教师党支部书记由于其对党建工作业务不熟悉，自认为无法胜任。[②]

调查显示，湄洲湾职业技术学院有 33.3% 的受访者表示在换届时不愿续任，44.4% 教师党支部书记对党建工作业务不熟悉。

## 第二节　高职院校"双带头人"培育工作的存在问题

### 一、培训方案缺乏长期系统性，培训成效不显著

许多高职院校对教师党支部书记缺乏一套长期的培训方案，培训内容偏重思想教育，或政治学习，或任务布置，而日常党务操作方面或"双带头人"个人晋升成长方面则涉及较少，培训的方式比较单一，往往利用节假日采用集中培训方式，缺乏系统性、长期性。再加上培训课时没有计入继续教育课时，培训缺乏有效监督，往往达不到预期培训效果。

### 二、工作积极性不高，头雁效应不明显

全国高校思想政治工作会议之后，高校党建工作任务日趋繁重，意识形态工作不断加强，党建考核指标越来越多，党务工作大幅增加，"双带头人"党建工作上花费更大的精力，工作压力越来越大，再加上党建工作在许多高校不计入工作量，没有列入职称评聘、职级晋升的必需项，工作前景不明朗，影响了"双带头人"在党建上的工作积极性。

当前高职院校中教师的教科研任务相当繁重，各个学校争创"双高"校、各级示范校、各类比赛项目不胜枚举。"双带头人"既是党支部书记，又是一名教师，也需要完成自己的教学任务，而且各方面评先评优与职称职级挂钩，这便使得"双带头人"更愿将时

---

[①] 林琳. 高校教师党支部书记"双带头人"队伍现状及培育 [J]. 福建教育学院学报，2018，19（7）：39-42.
[②] 杨子生，彭海英，余京珂. 高校"双带头人"培育机制研究——基于高校教师党支部书记培育的原理、机制与实践 [M]. 北京：光明日报出版社，2022：2.

间花在学术钻研中，削弱了头雁效应，起不了头雁领航的作用。

### 三、党建与业务融合度不够，党建创新性不足

高职院校教师党支部书记的党务工作经验往往比较缺乏，对党务工作重视程度也比不上学术，党建工作的思考也不够深入，对党建工作如何融入人才培养、科学研究、社会服务、文化传承上路径不明、方法不多。

开展党员主题活动形式大多比较单一，缺乏创新点与吸引力，将党建工作约等于党务活动，无法找准党建工作载体与平台，力行乏力，群雁齐飞的局面难以形成，党支部战斗堡垒作用发挥不充分。

## 第三节  高职院校"双带头人"培育工作存在问题的原因分析

其原因既有客观方面的，也有主观方面的。客观方面：一方面高职院校的党建工作繁重以及党建工作难以量化的特点，导致党建工作考评机制不健全，保障与激励措施力度不足，干好与干坏的区别不大，与职称、职级以及工作量的挂钩不紧密；另一方面"双带头人"可供组织选择的面偏窄，"双带头人"培育工程工作室投入不足，建设标准化不清晰。

主观方面：一方面"双带头人"在认知上存在误区，自身政治觉悟还不强，看不到党建工作对业务工作具有正向推动作用，误认为搞党建见效慢、成果难以量化搞不出名堂，而搞业务可以评职称晋升，比较实惠划算；另一方面"双带头人"的党建工作经验比较缺乏，抓党建工作的点子、办法还不多，找不到党建抓手，不知从何入手，党建特色不明显，不知如何进行党建创新。

## 第四节  "双带头人"的培育路径思考

我们应用辩证思维将"双带头人"培育工作再次深入分析，寻找切实可行的培育路径。

### 一、"双带头人"培育工作具有的自身优势

按照以上分析，我们发现"双带头人"培育工作具有明显的自身优势，概括起来主要有：队伍文化素质高、职称高；群众基础好；思想道德品质高。

### 二、"双带头人"培育工作存在的自身劣势

"双带头人"培育工作也有自身劣势，概括起来主要有：担任教师党支部书记的意愿度不高；党务工作不熟悉、党务与业务融合不够；党建创新不足。

## 三、"双带头人"培育工作的外部助力

"双带头人"培育工作面临机遇,有着较大的外部助力,概括起来主要有:国家高度重视高校党建工作;信息技术广泛应用;传播正能量已成社会共识。

## 四、"双带头人"培育工作的外部阻力

"双带头人"培育工作面临挑战,也有较大的外部阻力,概括起来主要有:"双带头人"考评机制不健全;培训不够系统化;党建工作难以量化。

## 五、构建"双带头人"培育路径

根据 SWOT 理论,结合思维导图,在保持基本原则不变的情况下,对"双带头人"培养路径略做优化,如图 2-1 所示。①

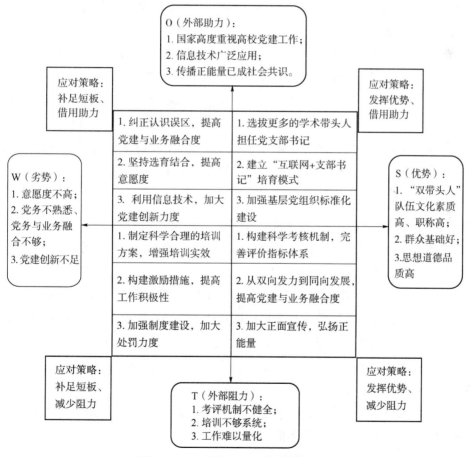

图 2-1　"双带头人"培育路径分析

---

① SWOT 理论是一种常用的态势分析图,是四个英语单词的首个字母缩写,即优势(Strength)、劣势(Weakness)、机会(Opportunity)、威胁(Threat)。

### (一) 发挥优势，借用助力

（1）选拔更多的学术带头人担任党支部书记。在国家高度重视高校党建工作的背景下，可以充分动员学术带头人担任党支部书记，并利用学术带头人的威望，凝心聚力，吸引更多的人才到支部中来或成为党员，提高支部成员的文化素质。

（2）建立"互联网+支部书记"培育模式，充分利用学习强国、大数据、移动互联网等新技术、新思维，将培育工程与信息技术融合，建立智慧党建平台。

（3）加强基层党组织标准化建设，推进党支部工作制度化、规范化，规范"三会一课"制度，完善党内监督，构建学习型、服务型、创新型党组织。

### (二) 补足短板，借用助力

（1）纠正认识误区，提高党建与业务融合度。大力提升基层党支部的思想认识，消除认知误区，加大党建工作力度，按照党建引领，从党建与业务双向发力到同向发展，实现党建与育人体系、系部管理、教学改革、科学研究、技术服务、文化传承七位一体。

（2）坚持选育结合，提高意愿度。制定长期的"双带头人"规划培育方案，使"双带头人"对自己的发展前景和培育目标有清晰的认识。要重视培育工作室建设与利用，帮助"双带头人"建立团队，规范党务工作，提高意愿度，增强职业成就感。

（3）利用信息技术，加大党建创新力度。找准党建活动载体，创新主题党日活动，充分利用网络平台上好思政微党课，利用国家高度重视高职党建工作的机会，将一定科研指标单独划分给研究党建项目，促进党建与学术相融合。牢固树立党建创新意识，挖掘好得天独厚的党建资源，做好党建品牌特色，增强党支部战斗堡垒作用。

### (三) 发挥优势，减少阻力

（1）构建科学考核机制，完善评价指标体系。采用定性与定量相结合办法，将党建工作折算成教学工作量，进一步完善评价指标体系，将党建工作列为职称评聘中分量大的加分项，促进"双带头人"党建工作的积极性。

（2）从双向发力到同向发展，提高党建与业务融合度。要学深悟透习近平新时代中国特色社会主义思想，真正认识到党建工作的重要性。改变长期以来认知误区，提高党建工作的热情，增强政治敏锐性；找准工作定位，防止党建和业务双向发力，找到工作平衡点，减少不必要的精力损耗，实现同向发展，达到"1+1>2"的显著成效。

（3）加大正面宣传，弘扬正能量。通过建设党建文化走廊、党员活动室、"双带头人"工作室，设立党员先锋岗等进一步宣传先进，将教师思想统一到学校改革发展大局，营造弘扬正气的舆论氛围，涌现更多的"四有"好老师。发挥好头雁效应，加大传帮带力度，"双带头人"肩负起培养青年教师任务，开创头雁领航、群雁齐飞的局面，形成老中青年龄梯度合理的教师队伍。

### (四) 补足短板，减少阻力

（1）制定科学合理的培训方案，增强培训实效。拟定一套长期科学系统化的培训方案，进一步完善培训内容，增加党务实操与"双带头人"个人成长的培训内容，采用集中培训、社会活动实践、业务进修等培训方式，将培训课时纳入继续教育课时，加大对培训考评监督，确保培训效果。

（2）构建激励措施，提高工作积极性。要加大工作保障力度，调高工作经费，高标准建设"双带头人"工作室，加强"双带头人"工作室的团队配备。合理授权，让"双带头人"支部书记在党员发展、专业建设、师德师风评定上，有更多参议与决策权；加大表彰力度，将党建工作成效作为评先评优的重要参照依据，提高培育工作积极性。

（3）加强制度建设，加大处罚力度。加强党风廉政建设，排查好风险点，规范物资采购、人事任免、资金管理。"双带头人"要有自制力，要严守底线思维，成为一个守法遵纪的带头人。对工作懈怠、群众评价较差的同志要加大处罚力度，使其保持敬畏之心。

# 第三章

# 高职院校"双带头人"培育工作的实践探索

围绕"培养什么人,怎样培养人,为谁培养人"这个核心问题,以党建统揽全局,努力将党务与业务双融合双促进,充分发挥"双带头人"在育人体系、系部管理、教学改革、科学研究、技术服务、文化传承中的先锋模范作用。抓好党务工作的同时,深入挖掘党建资源,找准党建载体,突出党建创新,积极申报全国样板支部,从党建与业务双向发力到同向发展,以党建统揽全局,围绕中心抓党建,抓好党建促发展,做到七位一体。

1. 支部自身建设

坚决纠正认识误区,突出力行:

(1)注意形象,"双带头人"要有自制力,要严守底线思维,成为一个守法遵纪的带头人。

(2)注入灵魂,"双带头人"要有感召力,遇事时冲锋在前,要有争先创优意识,成为一个充满正能量的带头人。

(3)注重创新,"双带头人"要有创造力,牢固树立党建创新意识,挖掘好得天独厚的党建资源,做好党建品牌特色。

这部分内容收集了"双带头人"工作室创建模式、全国样板支部创建申报书、福建省党建工作品牌等3个案例。

2. 党建+育人体系

人才培养是高职院校最为核心的工作,也是笔者最花心思的工作,将育人的理论思考与育人的主要实践活动形成了课程思政育人、思政微课堂育人8堂课、校企双元育人等3个案例。

3. 党建+系部管理

(1)组织教职工党员争先创优,以党建带系部管理,要求教工支部党员加入科研攻关创新岗等三岗中的一岗,将任务分解到人。

(2)将党员按德育、智育、体育、美育、劳育进行分组,明确每组目标与任务。

(3)围绕人财物三方面进行管理上的改革创新。

将以上三方面的探索,按管理的内容、管理的对象,形成了2个案例。

4. 党建+教学改革

教学工作是"双带头人"最为基础的工作。"双带头人"带头做好教学工作,以"三教"改革为抓手，充分发挥党支部战斗堡垒和党员先锋模范作用，积极推进高水平教学资源建设。本案例选择教学能力大赛教学设计材料、教学成果奖申报材料、高水平专业群建设方案等3部分内容作为实例材料。

5. 党建+科学研究

"双带头人"既要在党建工作上带头，也要在学术上带头。大多数的高职教师虽然受过一定的科研训练，但是科研成果单薄仍是影响其职称晋升的最主要的因素。本案例选择科研项目申报与结题材料、论文写作、专利申请等科研工作中最为重要的3部分内容作为实例材料。

6. 党建+技术服务

"双带头人"工作室积极与企业对接，争取各类横向课题及技术服务项目，充分发挥高职院校党组织服务社会的职能。本案例选择协助仙游县政府开展危房排查、赋能乡村振兴的典型案例、教育部能者为师典型案例——留守老人逃生技术培训等3部分内容作为实例材料。

7. 党建+文化传承

校园文化是校园里最大的精神财富，是影响学校发展最为久远的因素。本案例选择莆田市建筑业协会第五届筑梦奖助学活动方案、认识国宝——仙游文庙现场教学授课提纲等2部分内容作为实例材料。

本章共收集"双带头人"工作实践案例12个。这些案例基本上按照三个原则进行筛选：一是内容广泛，几乎涵盖一个"双带头人"日常所有重点工作；二是资料真实，收集的案例都是真实发生的；三是主体明确，完成这些案例的主体是"双带头人"本人，或"双带头人"工作室成员，或与此相关的人员。

## 第一节 支部自身建设

当前高职院校的有些教师对党建工作存在认知误区与力行乏力两大问题。

认知误区主要有两个：一是有些党员教师，认为一天时间就那么多，做了党务工作必然挤压了业务工作时间，看不到党建对业务的促进作用，理解不了彼此能够相互促进。二是有些党员教师甚至还认为：党建很虚，党建无非就是听说读写，搞党建见效慢，成果难以量化，搞不出名堂，相比之下，搞业务可以促进职称晋升，比较实惠；搞党建的投入产出比不如搞业务，不划算。存在这两种认知不利于党建工作顺利开展，必须加以纠正。

力行乏力主要体现在：一是找不到抓手，不知从何入手，把党建工作停留在日常党务上。二是党建特色不明显，不愿花心思去研究党建创新，也不知如何进行党建创新。

为此必须纠正认知误区，解决怎么看党建工作的问题。存在这两种认知误区，有客观上的原因，也有主观上的原因。客观上，有些基层党支部书记没有带好头，起不到示范作用，也没有为党员教师创造好的工作环境。主观上，误将日常党务工作等同党建工作，对党建的中心任务认识不清。教师是人类的灵魂工程师，必须把立德树人、教书育人放在第一位，而党建就是要围绕教书育人这个中心任务开展的，党建工作必须与业务工作深度融合。抓党建必须抓业务，抓业务必须抓党建。党建做实了就是生产力、做强了就是竞争力、做细了就是凝聚力，党建做好了，团队就有战斗力。

突出力行，解决党建工作怎么做的问题。一是注意形象，"双带头人"要有自制力，要严守底线思维，成为一个守法遵纪的带头人。二是注入灵魂，"双带头人"要有感召力，遇事时冲锋在前，享受在后，要有争先创优意识，成为一个充满正能量的带头人。三是注重创新，"双带头人"要有创造力，牢固树立党建创新意识，挖掘好得天独厚的党建资源，做好党建品牌特色，成为一个守正创新的带头人。

"双带头人"的主要职责是抓好基层党支部的党建工作，在实践上，以创建全国样板支部为目标，按照党建引领，从党建与业务双向发力到同向发展，实现党建与育人体系、系部管理、教学改革、科学研究、技术服务、文化传承七位一体。

湄州湾职业技术学院"双带头人"工作室创建以来，坚持党建引领，积极申报各级党建项目、创建党建品牌，取得丰硕成果。这些案例具有较强的借鉴作用，分享如下，供同行参考。2023年5月湄洲湾职业技术学院建筑工程系教工党支部以《一室四窗：高职院校"双带头人"教师党支部书记工作室构建模式的探索与实践进路》申报"一融双优"基层党建工作案例，已通过学校层面遴选，正上报省教育厅参加省级遴选（详见案例1）。2021年，湄洲湾职业技术学院建筑工程系教工党支部通过福建省教育厅遴选，① 并参加全国样板支部遴选（详见案例2）。2022年湄洲湾职业技术学院建筑工程系教工党支部以《构建"党建+政校行企"四方联动育人模式的探索与实践》申报新时代福建省党建工作品牌优秀案例，并于2023年3月获此殊荣（详见案例3）。

支部自身建设路径与案例如图3-1所示。

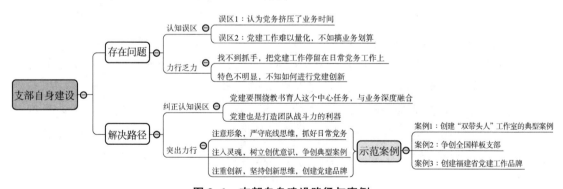

图3-1　支部自身建设路径与案例

---

① 学院全国样板支部培育创建工作座谈会在我系召开[EB/OL]https://www.mzwu.edu.cn/InfoView-1-43405.html.

## 【案例1 "双带头人"工作室创建模式】

### 一室四窗：高职院校"双带头人"教师党支部书记工作室构建模式的探索与实践进路①

湄洲湾职业技术学院建筑工程系教工党支部

2023年5月

#### 一、基本情况

湄洲湾职业技术学院建筑工程系教工党支部成立于2016年6月，教师党员20名，入党积极分子1名。支部委员会由党支部书记1名、副书记1名、委员3名组成。支部书记为"双带头人"，由系主任陈良金兼任。2021年6月创建"双带头人"教师党支部书记工作室。创建以来，努力将党务与业务双融合双促进，充分发挥头雁效应，带领教师党员在人才培养、科学研究、社会服务、文化传承、系部管理中建功立业，助力教师成长、学生成才，取得丰硕成果。

#### 二、主要做法

**（一）构建综合功能"室"，不断夯实基础**

（1）提升政治功能，夯实党员思想基础。工作室以习近平新时代中国特色社会主义思想为指导，结合高职教育与专业特点，构建符合本支部发展的机制体系，其中包括政治功能提升、思想引领、主责主业等机制。

（2）推进系部管理，夯实组织架构基础。以党建引领系部管理，选齐配强支部班子成员，建立健全支部组织架构，组织教工党员争先创优，选准"双带头人"，直接由系主任兼任教工党支部书记，再选配党务和业务能力皆强的青年教师作为班子成员。

（3）发挥头雁效应，夯实成长道路基础。完善"双带头人"教师党支部书记工作室功能体系，突出"示范区""样板田"的作用，要求教工党员加入科研攻关创新岗、教书育人示范岗、服务发展先锋岗等三岗中的一岗，通过大手拉小手，由"双带头人"亲自示范培育青年师生党员成长成才。

**（二）创建人才培养"窗"，持续凝聚合力**

（1）党建+五育育人。党员教师按照五育并举组织学生积极参加志愿服务活动、无偿献血、垃圾分类等德育工程，技能大赛、专升本、1+X考证等智育工程，党员教师带学生晨练、师生同台赛、健身积分等体育工程，劳模进校园、劳动比赛、节假日劳动记等劳育

---

① "双带头人"工作室创建模式案例于2023年6月被选为湄洲湾职业技术学院典型案例并上报省教育厅参加党建典型案例遴选。

工程，邀请艺术家开展美育大讲坛、师生书画大赛、校园摄影写真等美育工程，促进学生德智体美劳全面发展。

（2）党建+三全育人。发挥"双带头人"头雁引领与党员教师的示范辐射作用，建立三全育人合力系统，搭建多样化、个性化育人平台，组建全方位、开放式的政校行企党员专家+校内教师的双导师团制，实现全员全方位全过程育人。

（3）党建+奖优助困。与莆田市建筑业协会协同设立筑梦奖助学金，奖励品行兼优、技能获奖、身心健康的师生，资助经济困难的学生，5届资助金额113.9万元，资助师生358位。

**（三）创建科学研究"窗"，持续增添动力**

（1）科研成果井喷增长。工作室自创建以来，自加压力，争分夺秒加强科研，起到引领示范作用。发表论文3篇，撰写专著《"双带头人"培育之道研究》并通过出版社的审核，发明专利1项；入选全国社区教育项目1项，入选全国优质课程资源，撰写的党建案例入选人民网福建典型案例；加入中国民族建筑研究会会员，成为省职业教育建筑教科研成员；参与古建筑榫卯结构标准编制，完成省市课题结题4项。

（2）充分发挥头雁效应。积极带动党员教师做好科研工作，帮团队修改科研申报文本。比如工作室的江宗渟老师，原来申报的市科研项目研究方向是教学楼，地域特征不明显，在工作室的指导下，将研究方向调整为"妈祖宫庙建筑节能分析研究"，成功入选市科技项目。工作室其他成员也取得较好的科研成果。

（3）积极参与技术服务。积极与企业对接，争取各类横向课题及技术服务项目，为仙游县、涵江区危房排查活动、危房加固开展业务培训，使危房排查更精准更到位。

**（四）创建教学质量"窗"，持续激发活力**

（1）党建+教学改革。①鼓励党员教师在"三教"改革做表率，促使教师提升技能水平，"双师型"教师的比例提高到75%。②带头参加教学能力大赛，获教师能力校赛二等奖，同时组织系里16位党员教师参加省级教学能力大赛，获一等奖2次、二等奖1次。

（2）党建+教研活动。①申报精品课程，2021年6月入选校级精品课程"火灾自动报警系统"，进一步丰富教学资源。②主编并带领党员教师编写校企"双元"教材、活页式教材4本，打造校企精品课程3门。③组织党员教师集体备课课程思政，申报课程思政课题，切实把立德树人落到实处。④组织6位党员教师参加长沙教学业务培训，提升教科研水平。

（3）党建+技能比赛。承办第二届全国技能大赛世赛项目福建省选拔赛瓷砖贴面赛项，工作室成员以裁判员身份执裁。

**（五）创建文化传承"窗"，持续挖掘潜力**

（1）组织文化下乡。组织党员师生将乡土文化融入校园文化，组织演讲朗诵协会、礼仪队、武术协会等学生社团，"三下乡"活动受众达6 000人次。

（2）弘扬妈祖文化。第五届世界妈祖文化论坛暨第二十届中国湄洲妈祖文化旅游节上，党员师生带队承担了非遗技艺表演、湄洲各景点形象代言等志愿服务任务，受到各级领导的充分肯定。

（3）弘扬乡土文化。将莆田地域的耕读文化、蔡襄廉政文化、妈祖信俗非遗文化等历史悠久的乡土文化进行挖掘、活化利用，其中"蔡襄纪念园大学生社会实践基地"入选第五批省大学生社会实践基地。

（4）弘扬建筑文化。"双带头人"在仙游文庙开讲《古建筑文化》，受众300多人。挖掘古建筑文化，组织学生调研家乡的古建筑，撰写《相约泉州城，开启文化之旅》调研材料，助力泉州申遗。

## 三、工作成效

### （一）党建引领更全面

通过党建与业务工作融合，实现两者同频共振、融合共进，工作室成为全国样板支部遴选单位；顺利通过省首批样板支部验收，多次被学校评为先进基层党组织。"双带头人"主持的案例入选人民网"新时代福建省党建工作品牌"优秀案例，其被评为市优秀共产党员，工作室1位党员教师当选省党代表，4位党员教师被评为市高等教育工作先进个人。

### （二）师生成长更迅速

毕业生广受地方行业企业欢迎，就业率达98%，就业质量大幅提升，学生工作单位由中小企业向大型企业转变，每年50%以上的毕业生到福建巨岸集团、福建一建公司、中天建设集团等特级大型公司就业。学生徐信靖发明《附带自清洁系统的吸气式火灾报警探测器》获实用新型专利；学生郑炜源荣获中华人民共和国第一届职业技能大赛瓷砖贴面世赛（国家选拔赛）第18名；学生蔡毅涵荣获省赛第1名，将代表福建省出征国赛；荣获行业赛国家级二等奖6项，省级技能大赛获奖30多次，行业赛省级一等奖3项、二等奖2项，海峡两岸大学生职业技能大赛二等奖2项，校级技能大赛一等奖30余项。

### （三）办学质量更优质

"双带头人"主持的"老年群体应急教育——留守老人火灾逃生技术"项目入选教育部"社区治理与应急管理"主题特色类项目；入选教育部"智慧助老"优质课程资源5门。"双带头人"成为国家第一届职业能力大赛裁判，并带领一位党员教师也成为国家第一届职业能力大赛裁判。"双带头人"成为省科技特派员，并带领两位党员教师也成为省科技特派员。3位教师12位学生获国家级大赛奖项，1位教师被评为省技能大师。发表论文125篇，专利125项。举办3期1 500多人的监理员监理师培训班、2万多人的高素质农民培训班、500多人的学历提升班，增加社会服务收入600多万元。协助地方政府排查房屋1万多栋，直接查出危房337栋。服务东庄镇的省级美丽乡村建设，助力济川村等历史名村品牌打造。

自工作室创建以来，省部级领导干部考察指导4人次，市厅级领导干部考察指导60多人次，10多所省内外职业院校来学院交流考察。《人民日报》、《中国教育报》、福建电视台等主流媒体报道30多次，取得良好的社会反响。

【案例小结】

创建"双带头人"工作室是教育部加强高职院校基层党建的一大举措，但究竟要如何创建工作室，是一大难题。创建成功后，又要如何履行"双带头人"职责，形成头雁领航、群雁齐飞局面，又是另一大难题。

两年来，笔者结合高职院校职能，提出一室四窗的工作模式（一室：构建综合功能"室"，不断夯实基础。四窗：创建人才培养"窗"，持续凝聚合力；创建科学研究"窗"，持续增添动力；创建教学质量"窗"，持续激发活力；创建文化传承"窗"，持续挖掘潜力），起到了示范引领作用，也取得一定成果，对其他学校的"双带头人"具有一定的借鉴作用。

撰写案例不同于撰写论文，两者的区别主要有两个：一是案例是实践总结，所写之事必须是已经发生的事实，决不能杜撰或将设想写入案例；而论文写作时可以包含设想以及设想求证。论文提出的解决方案有些因目前的经济实力或其他客观制约因素而无法实施，但在评价这篇论文时，仍有可能是一篇好论文。而案例则不同，因为案例是在实施前则要充分考虑天时地利人和的综合因素之后的实践工作的经验总结。二是写作目的不同，案例的价值在于可借鉴、可推广，而论文的价值在于理论创新。

尽管目前本案例的级别较低，还只是校级，但是未来随着本项目的成果不断累积，有望冲击更高级别。

【思维导图】（图 3-2）

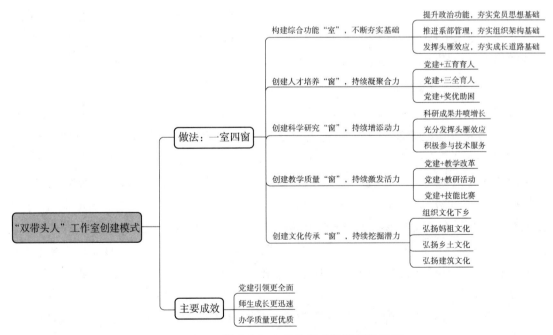

图 3-2  "双带头人"工作室创建模式思维导图

## 【案例 2  创建全国样板支部申报书】

□ 全国党建工作示范高校
□ 全国党建工作标杆院系
√ 全国党建工作样板支部

# 第三批新时代高校党建"双创"工作申报书①

学 校 名 称：<u>湄洲湾职业技术学院</u>
项 目 负 责 人：<u>陈良金</u>
填 报 日 期：<u>2021年10月30日</u>

教育部办公厅
2021 年 10 月

---

① 本申报书第一部分、第二部分由"双带头人"工作室成员、湄洲湾职业技术学院建筑工程系郑慧仙教师拟初稿并经笔者修改，其余部分由笔者执笔。

## 一、基本信息

| 负责人 | 姓名 | 职务/职称 | 办公电话 |
|---|---|---|---|
| | 陈良金 | 教工党支部书记/副研究员 | …… |
| 联系人 | 姓名 | 职务/职称 | 办公电话/手机 |
| | 郑慧仙 | 建筑工程系组织员/助教 | …… |
| 联系地址 | 福建省莆田市涵江区梧塘镇荔涵东大道1001号 | | |
| 建设单位<br>（学校/院系/支部） | 湄洲湾职业技术学院建筑工程系教工党支部 | | |
| 创建类型 | □全国党建工作示范高校<br>□全国党建工作标杆院系<br>√全国党建工作样板支部 | | |
| 是否符合申报条件 | √是 □否<br>若是，按照"申报条件"中的"重点条件1、3、4条款"，罗列相关情况。<br>（1）教工党支部成立2016年6月；<br>（2）2016年党总支获学校先进基层党组织；<br>（3）2019年教工党支部获学校先进基层党组织；<br>（4）2019年教工党支部创建福建省样板支部；<br>（5）2021年5月支部已完成福建省样板支部验收；<br>（6）2021年获教工党支部学校先进基层党组织；<br>（7）2019年书记党建述职评议优秀；<br>（8）2020年书记党建述职评议优秀；<br>（9）2020年支部成员获评福建省技能大师工作室；<br>（10）2020年支部两位成员荣获国家第一届职业能力大赛裁判；<br>（11）2020年支部成员指导郑炜源学生党员代表福建省出征国家第一届职业能力大赛（瓷砖贴面）；<br>（12）2020年支部成员指导徐信靖同学获实用新型专利证书《附带自清洁系统的吸气式火灾报警探测器》；<br>（13）2020年、2021年支部成员连续两年荣获福建省教学能力大赛一等奖；<br>（14）2014年支部成员荣获全国优秀教师荣誉称号；<br>（15）2015年支部成员荣获福建省"五一劳动奖章"；<br>（16）2017年支部成员荣获国家级奖学金、国家励志奖学金；<br>（17）2019年支部成员荣获全国红十字应急救护大赛创伤救护三等奖；<br>（18）近三年党建和意识形态工作未出现问题、支部成员未出现任何问题。 | | |
| 项目建设<br>起止年月 | 2022.1—2023.12 | | |

## 二、工作基础

### （一）党建工作体制机制

湄洲湾职业技术学院建筑工程系教工党支部以立德树人为根本，贯彻落实全员全过程全方位育人理念，把党建工作与技能人才培养同向同行，构建党建与师生党员的"同心圆"。坚持建立科学规范、合理分工、切实可行的工作体制机制，发挥支部书记"双带头人"头雁效应与党员先锋模范作用，不断为党建工作注入新的活力；同时广泛发扬党内民主，加强党的纪律约束，推进党员思想作风建设，确保党支部健康持续发展。

按照"资源共享、共驻共建、优势互补"的原则，党支部力求健全领导责任制，建立与政府、地方、行业协会、合作企业四方联动，构建党建共建工作机制，促进政校行企党建优势互补、协同发展。

### （二）组织机构

建筑工程系党总支设有教工党支部和学生党支部，其中教工支部共有教师26名，正式党员18名，预备党员2名。支部委员会由党支部书记陈良金、副书记康东坡、纪检委员郑慧仙、组织委员林英敏、宣传兼统战委员黄一凡5人组成。支部书记是"双带头人"，由系主任兼任，系部党总支配备专职组织员1名，岗位结构、职称结构、年龄结构和性别结构等方面均比较合理，能全方位发挥战斗堡垒作用，为系部各项事业发展提供坚强的组织保证。

### （三）重要政策、重大安排与重要举措

为深入贯彻落实党的十九届五中全会精神，充分发挥基层党组织推动发展、服务群众、凝聚人心的重要作用，构建党建工作与中心工作、思政育人工作有机融合，出台《教师党支部书记"双带头人"培育工程实施方案》《关于做好首批全省党建工作标杆院系、样板支部创建工作有关事项的通知》《在全院范围内推行"三岗争先"工程的实施方案》《贯彻落实〈关于加强高校党的政治建设的若干措施〉的实施方案》《关于开展"党建+"品牌工程建设的实施方案》等重要政策，引领样板支部创建工作。

围绕培养德智体美劳全面发展的高素质复合型技能人才，全面推进"五育并举"。以项目化推进党建工作，实现党建工作由"软任务"向"硬指标"转变。坚持党建引领，突出德育铸魂、启智润心、强身健体、以美育人、加强劳动技能教育，实现五育育人功能；形成全员、全过程、全方位育人工作格局，扎实推进"三全育人"工作。以"三岗争先"工程（科研攻关创新岗、教书育人示范岗、管理示范服务岗）为主要载体，引导广大党员教师围绕人才培养、科学研究、技能竞赛等工作，发挥先锋模范作用，助推系部专业建设与教学改革。

### （四）工作经验与成果

1. 党员学习教育成果：学深悟透，强心铸魂

严格学习，确保实效。坚持线上学习与线下学习、线上学习与线下测试相结合，不断

丰富学习内容，改进学习形式，打造多样的学习"微矩阵"：利用超星"学习通"创建线上理论学习平台，开展线上签到、线上学习、线上讨论、线上考试等活动；此外还有"学习强国"、系部微信公众号、党建+抖音、QQ群、微信群等。坚持理论学习与学校中心工作相结合、理论学习与业务提升相结合、理论学习与实践活动相结合，构建党史学习教育长效机制，优化"三会一课"制度，确保学习实效，不断增强"四个意识"，坚定"四个自信"，做到"两个维护"。同时开辟党员读书角，购置充足的党建学习书籍，定期开展线下学习交流，实现了党建工作促进业务工作、业务工作丰富党建内容的双融合双促进。

教育活动、持续深化。以学习贯彻习近平新时代中国特色社会主义思想为主线，推动学习教育往深里走、往心里走、往实里走。将集中学习与个人自学相结合、专题辅导与研讨交流相结合、红色教育与警示教育相结合，使党员干部静下心读原著、学原文、悟原理，谈认识体会、找差距不足、提改进措施。支部相关活动均有学习笔记、典型材料、汇报总结、评价报告、考勤记录。定期开展"先锋论坛"活动，举行"课程思政""移风易俗、文明过节""悟初心、守初心、践初心"。组织党员参观红军207团革命旧址、江春霖故居、莆田市博物馆、龙岩古田会议会址、闽中革命纪念馆、木兰溪治理展示馆、嘉兴南湖革命纪念馆等红色教育基地，进行现场教学。

作风建设，高标严实。结合主题党日活动，开展三个对照促提升活动：对照政治标准，检查对党的忠诚度和政治站位；对照能力素质，检查业务操作是否精准、熟练；对照先进典型，自查精神状态、工作作风、廉洁自律等方面的差距不足，认真抓好整改，端正工作作风。持续开展作风建设警示教育，组织党员观看《正风反腐就在身边》等作风建设纪录片。坚持开好民主评议会、组织生活会，召集党员面对面谈心谈话谈缺点，引导党员干部自查自纠，开展批评与自我批评。

《我与党旗合影》《筑梦红色之旅，助力脱贫攻坚》《不忘初心、牢记使命，从古田出发》《学百年党史 践育人初心 | 建筑工程系党总支组织师生党员赴中国工农红军第23军207团革命旧址进行党史学习教育》等活动的新闻报道入选全国易班首页10余次，建立了学习型党组织。2021年5月支部已完成福建省样板支部验收，2021年教工党支部获学校先进基层党组织。

2. 党建+育人成果：心手相连，教书育人

暖心工程，以生为本。实行"三联系"制度，支部党员定期深入班级、宿舍、社团，及时了解班风、关注学情、掌握动态，有针对性地开展思想引导、学业引导、生活引导、心理疏导、职业引导，切实为学生解决实际困难和问题，促进班级学风建设。党员教师坚持做到"五个一"：参加一次志愿活动，办一件实事好事，开展一次交流会，对接一个学生宿舍，帮扶一个困难群众。党员班主任每个月开展"四个一"：开一次主题班会、与学生共上一堂课、下一次班级学生宿舍、与班级学生进行一次谈心谈话。党员教师以学生为中心，实施党员"一对一"帮扶工作，对困难学生进行生活帮助、学业指导、心理辅导，助其顺利毕业。扎实开展"暖心工程"，牵手莆田市建筑业协会在校内成立"筑梦基金会"，由协会组织企业家在湄职院建筑工程系设立筑梦奖助学金，奖励品学兼优、技能获奖、经济困难的学生，近三年来共资助47.8万元，实施资助育人。

立德树人、三全育人。以"四有"好老师为标准，贯彻落实"三全育人"教育理念，近两年开设工程测量、建筑设计、党性修养、梦想改造家等 20 余个专业导师团和素养导师团，在学习生活等方面帮助指导学生，开展"三全育人"活动 400 余次。在专业第二课堂建设上，进行课内外结合，由支部副书记带头成立工程造价协会、建筑 CAD 协会等学生社团，党员教师担任指导老师，指导协会开展日常工作，承办院级技能竞赛，开展技能培训、社会实践、志愿服务等活动，学生参加各级各类专业技能鉴定考试通过率高达 94%。

师生联动，拉近距离。通过组织开展"同读一本书""同做一个项目""同建一个集体"等活动，凝聚师生思想共识，汇聚精神力量。通过党建+课程思政，教育引导支部党员深入挖掘提炼各门课程中蕴含的思想政治元素，发挥"课程思政"育人功能，把践行社会主义核心价值观贯穿师生专业课实践教学、社会实践活动、创新创业教育、志愿服务等过程，增强思想引领和价值观塑造的时效性。党建带团建，推动团建工作融合提升。为培养学生党员的专业意识与党员思想，教工党支部和学生党支部进行对接，进行专业知识讲解指导，分享红色家书、红色歌曲、成长经历，给学生党员上党课等活动，引导学生树立正确的世界观、人生观、价值观。

3. 党建+校园文化建设成果：以美育人，以文化人

深入挖掘古建筑的育人元素，弘扬古建筑文化，发现古建筑之美，以美育人，营造美好的校园文化语境。结合系部开展"晨读党史，锤炼党性"专题活动，早上提前半个小时到党员会议室，进行党史内容晨读，有效提升课堂效率，带动文明班风建设。学习先进典型，凝聚榜样力量。开展健康教育，普及新型冠状病毒感染肺炎的相关知识和防控要求，引导广大群众增强防控意识，消除恐慌心理。组织党员投身抗疫复工一线，参与社区抗疫工作，书写"我防疫、我承诺"居家防疫承诺书，为疫情捐款，坚定了党员同志共抗疫情、打赢疫情阻击战的决心。今年莆田疫情期间，林宏基向学校捐赠了 2 万个医用口罩。

塑核心价值观，凸显文化引领。组织党员学习典型人物、先进事迹，学习工匠精神、劳模精神等，用先进思想和模范行为唱响时代主旋律，凝聚和传递社会正能量。开展"匠心筑艺"系列讲座十余场，邀请巨岸集团董事长陈文豹、福建一建泉州分公司副总经理刘国斌等企业家，进校讲述企业家故事，学习企业家精神；邀请福建巨岸建设工程有限公司常务副总经理郑炜、莆田学院土木工程学院陈国灿教授、莆田山海测绘公司总经理许承权博士等专家开展专业学术讲座，学习工匠精神；邀请莆田市人大代表、仙游县文化促进会会长黄灼津开展传统文化专题教育讲座，弘扬孝道文化，践行中华美德；邀请全国劳动模范、蒲山村党支部书记黄加成开展劳动教育专题讲座，弘扬劳模精神；邀请全国首届应急管理专家组成员李叶枝，开展校园安全主题讲座，深入贯彻习近平总书记"人民至上、生命至上"理念和加强公共安全教育的重要指示精神。学校多年被评为福建省文明单位，系部也多次被学校评为文明单位。

4. 党建+专业建设成果：结合专业，积极进取

以赛促教，组织党员教师参加各级教师教学能力大赛，近两年荣获省级一等奖 8 人、省级三等奖 4 人，校级一等级 4 人、二等奖 4 人、三等奖 3 人；指导学生参加各级各类技能竞赛，荣获中华人民共和国第一届职业技能大赛瓷砖贴面世赛（国家选拔赛）第 18 名；

荣获行业赛国家级二等奖 1 项、三等奖 5 项，行业赛省级一等奖 3 项、二等奖 2 项，福建职业院级技能大赛三等奖 6 项，海峡两岸大学生职业技能大赛省级三等奖 1 项；荣获院级一等奖 30 余项。2020 年支部党员指导学生获实用新型专利证书一项（《附带自清洁系统的吸气式火灾报警探测器》）。

关键时刻，争先创优。疫情期间，支部党员积极响应学院"停课不停教，停课不停学"的号召，16 位党员主动承担第一批线上教学任务，共完成 11 个班级教学与实践工作，累计直播教学超过 800 小时。全体党员坚守岗位，建立起"专业教师线上授课+教学督导员督查+辅导员班主任督学"的线上教学质量保障体系，形成了强大的教学合力，有力地确保了教师高质量教学和学生高效率学习。

亮出党员身份，树立先锋形象。支部注重党建与教科研相结合，积极探索"党建带科研、科研促党建"，在集体备课、听课、评课和开设公开课的各类教研活动中，在教师教学能力大赛、学生各类技能竞赛中，支部党员都能带头组织和积极参与，真正起到表率作用。近两年，3 位党员成为福建省科技特派员，1 位党员成为莆田市科技特派员，党员教师在省市院级科研项目立项 12 项，莆田市建筑业技术技能人才培训与建筑业咨询科技创新平台 1 项，发明专利 1 项，新型实用专利 4 项，院级精品课程结题 2 门，VR 实训课程立项 1 门，完成院级课题项目 9 项，获得省职业技术教育优秀论文一等奖 3 篇。

5. 社会服务成果：为民办事，服务地方

"一个党员、一面旗帜"，开展一系列"我为群众办实事，志愿服务暖人心"主题党日活动。开展垃圾分类、疫情防控志愿服务、"烟头不落地、莆田更美丽"、木兰溪志愿服务、党建+防灾减灾科普宣传志愿服务、党建+应急救护志愿宣传活动等志愿服务活动，每位党员每年志愿服务时长均达 50 小时以上。其中，党建+防灾减灾科普宣传志愿服务活动已开展 100 期，受教人员 5 000 余人。

2020 年泉州佳欣酒店发生楼体坍塌以来，各地方政府更加重视危房排查、危房鉴定、危房加固工作。支部充分利用专业优势，积极组织专业教师服务地方发展，协助危房排查工作。一是开展业务培训，为仙游县 300 多位技术人员进行危房排查与加固业务培训；二是入村入户排查，6 位党员教师担任专家组组长和成员直接参与排查工作，排查房屋 1 万多栋，查出危房 337 栋；三是协助危房鉴定，支部 3 位党员协助企业进行中小学危房鉴定，确保全市中小学校疑似危房在开学前应检尽检。

近两年来，省部级领导干部考察指导 4 人次，市厅级领导干部考察指导 60 多人次，10 多所省内外职业院校来学院交流考察，《人民日报》（地方版）、《中国教育报》、《福建日报》、福建电视台、东南电视台、莆田电视台等主流媒体报道支部办学成果、支部特色活动、支部社会服务、助力乡村振兴等 30 多次，取得良好的社会反响。

6. 支部成员荣誉

在学校党委和党总支部的领导下，教工党支部自 2019 年 3 月入选全省党建工作样板支部培育创建名单以来，积极主动作为，开展各种特色活动，努力创新工作方法，严格落实"三会一课"制度，围绕立德树人根本任务，深度融合党建教学科研育人工作，不断进步，取得优异成绩，曾 3 次获评学院先进基层党组织。

支部书记陈良金是学校"双带头人",两次荣获学校优秀共产党员,2021 年 7 月荣获莆田市优秀共产党员;2019 年、2021 年分别获评福建省职业与成人教育学会论文评选一等奖,2020 年获评莆田市职业教育论文一等奖;申报福建省新时代党建品牌案例《构建"党建+政行校企"四方联动的育人模式,助力乡村振兴》《探索"党建+行校企合作"工作机制,助推高职院校教学改革》;完成福建省教育厅"新型城镇化背景下的建筑专业职业教育实效性的探讨""乡村规划建设项目中的体现乡愁记忆研究"课题,申报莆田市"妈祖宫庙建筑文化研究"课题以及莆田市职教平台;发表论文十多篇,拥有专利 2 项。

支部副书记康东坡在 2019 年荣获福建省职业教育教案设计大赛一等奖;2019 年荣获第三届全国中高等院校 BIM 电子招投标大赛三等奖(指导老师);2020 年荣获第九届全国高等院校技能认证大赛二等奖(指导老师);2020 年度荣获第七届海峡两岸大学生职业技能大赛三等奖(指导老师);2020 年荣获福建省职业院校教师教学能力比赛一等奖;2021 年荣获首届全国数字建筑百万人才职业技能挑战赛最佳组织奖;2021 年荣获福建省职业院校教师教学能力比赛三等奖;2021 年荣获学院精神文明建设先进个人。

支部委员李云雷老师指导学生荣获 2018 年福建省职业院校技能大赛三等奖、2019 年福建省职业院校技能大赛三等奖、2021 年福建省职业院校技能大赛三等奖;2019 年荣获福建省职业教育教案设计大赛二等奖;2019 年荣获学校优秀教育工作者;2020 年荣获学校优秀教师;2020 年荣获莆田市高等教育先进个人;2021 年荣获福建省职业院校教师教学能力比赛三等奖;完成福建省教育厅科研课题 1 项,发表论文 3 篇,拥有发明专利 2 项。

支部委员陈辰君老师 2019 年荣获全国红十字应急救护大赛创伤救护三等奖、福建省红十字应急救护大赛创伤救护技能二等奖、红十字应急救护大赛救护演讲优秀奖、红十字应急救护大赛心肺复苏技能优秀奖;2020 年荣获莆田市优秀共青团干部;2020 年荣获莆田市高等教育先进个人。

支部委员郑慧仙老师指导学生荣获 2016 年福建省高职组"市场营销"技能比赛团体三等奖、2017 年福建省高职组"企业沙盘模拟经营"比赛团体三等奖;2020 年、2021 年荣获福建省职业院校教师教学能力比赛三等奖一次、一等奖一次;2019 年荣获学校精神文明建设先进个人;2021 年荣获学校"三八红旗手"称号;2021 年荣获学校优秀党务工作者。

## 三、建设计划

### (一)总体思路

未来两年将"围绕一条主线,实施两项工程,做到三个提升",加强支部建设,实现创建目标。

"一条主线"是指在习近平新时代中国特色社会主义思想的指导下,结合职业教育特征,坚持立德树人、构建育人体系。"两项工程"是指对外实施助力乡村振兴工程,提升服务社会水平;实施政校行企四方联动工程,增强职业教育适应性。"三个提升"是指提升服务学生质量、提升服务社会水平、提升师生实践能力。组织党员教师立足本职工作、带头履职尽责、担当作为、服务学生,建立技能人才培养体系;组织党员教师发挥专业优势，在乡村规划、乡村建设、乡村管理上助力乡村振兴，提升服务水平；构建校内实训与校外实习相结合、技能训练与技能比赛相结合、技能教学与技能考核相结合的培养方式，充分发挥学校与产业各自优势，形成多种师生实践能力的培养方法。

### （二）建设目标

湄洲湾职业技术学院建筑工程系党总支以构建育人体系为主线、以助力乡村振兴工程为平台、以增强职业教育适应性为出发点，以提升服务学生质量、提升服务社会水平、提升师生实践能力为目标，对标"七个有力"，鼓励党员创先争优、成长成才，构建集育人、科研、服务、创先争优的教工党支部。

### （三）建设方案与工作举措

**1. 建设方案**

（1）合理规划，2022年1—2月，规划创建样板支部的项目与实施细则；

（2）全力实施，2022年3月—2023年9月，全力实施创建项目；

（3）检查改进，2023年10—11月，检查创建项目完成程度与完成质量并查缺补漏；

（4）考评验收，2023年12月，对照标准迎接检查验收。

**2. 工作举措**

（1）加强组织领导，推进组织建设。坚持民主集中制，组织党员学习宣传《湄洲湾职业技术学院院（系）党组织会议议事规则》《湄洲湾职业技术学院院（系）党政联席会议议事规则》，并严格贯彻执行；完善目标责任分工机制、责任考评奖惩机制，明晰党总支成员工作职责，加强领导班子整体功能，不断提高议事决策水平；加强党员教育，发挥党员先锋模范作用。实施"双带头人"教工党支部书记培育工程，使教工党支部书记成为"党建带头人、学术带头人"。在高层次领军人才、优秀青年教师和大学生中培养入党积极分子，培养发展党员。专职组织员配齐配强，在党建工作中充分发挥作用。

（2）加强思想引领，推进意识形态建设。组织党员学习《中共湄洲湾职业技术学院委员会意识形态工作责任制实施细则》，并在这一文件的指导下，结合系部工作实际，建立健全《湄职院建筑工程系意识形态工作责任制实施细则》，明确和细化教学、科研、专业建设、管理和服务等工作中意识形态的工作要求；建立健全思政谈话制度，对存在思想问题的教师进行谈心谈话，加强思想引导；完善和落实"一会一报"和"一事一报"制度，加强对课堂、讲座、培训、微信群等各类意识形态阵地的管理。组织党员学习院（系）理论学习中心组制度、师生政治理论学习制度，与思政部、青马社亲密合作，结合系部工作实际，以党的理论知识考试、党建课题研究、主题党日活动、讲座等方式在广大师生中深入开展习近平新时代中国特色社会主义思想教育，推进社会主义核心价值观的培育和践行，大力开展师德师风、学术道德、教风学风建设。

（3）加强督查，推进制度建设。党支部制定创建工作规划及年度党务工作日程表，明确党建工作的重要时间节点，分工到人，加强督查，确保按时保质完成。建立并完善党内集中学习教育制度、经常性教育制度、党内组织生活制度，进一步加强师德师风建设，加强党内监督，构建廉洁型党支部。

（4）加强合作共建，推进改革发展。加强党团共建和党团群联系，联动创新，互动互促；加强与学院保卫处的紧密合作，实现基层治理体系建设和维稳工作体系建设有机融合，切实维护学校和谐稳定，为改革发展创建和谐平安的环境；加强各教研室和基础部、思政部、科研处的合作，有力推进人才培养、专业建设、科研管理等方面的改革发展。

（四）年度工作目标与计划

教工党支部作为党的基层组织，紧紧围绕培养德智体美劳全面发展的高素质高质量的技能人才，努力创新工作方法，以党建引领教学科研工作，全面落实立德树人根本任务，实现党建工作与中心业务工作相融合。

1. 夯实党建工作基础，突破党建工作难点

（1）2022年1月—2022年12月：按照上级要求，系主任履行"双带头人"书记工作室机制，进一步明确党建工作的责任清单，坚决落实好"三会一课"组织生活制度，进一步严格党内组织生活，规范组织生活会记录；建立入党积极分子、预备党员、正式党员流动台账，认真做好党费的收缴、管理和使用工作；坚持领导班子和干部年度考核、绩效考核、廉政考核三考合一，修改完善绩效考核办法和细则，充分发挥绩效考核的指挥棒作用。落实《中国共产党发展党员工作细则》和发展党员流程，严把党员入口关，严格按照计划发展党员。根据积极分子的不同情况与要求，有针对性地进行教育和培养，定期考察，严格考核，保证质量，做到成熟一个发展一个。

（2）2023年1月—2023年12月：为深化行校企合作，支部注重党建与教科研相结合，积极探索解决师资力量不足问题，促使行校企三联动，行业协会联姻搭桥，带动企业开展校企合作，同时相互任职，举办"匠心筑艺"讲堂，继续设立筑梦奖助学金；建立校企"5G"体系（共建专业、共建课程、共建实训基地、共建"双师型"教师队伍、共育学生成才），实现校企双方共建共享；成立莆田市土木职教联盟，与中职院校开展"3+2"中高职衔接人才培养，与本科院校开展专升本培养；建设开发多门课程，发挥职职贯通、职普连通作用。

2. 推进党员先锋岗工程，持续推进服务型、竞争型党组织建设

（1）2022年1月—2022年12月："三岗争先"行动是我系科研攻关创新岗、教书育人示范岗、管理示范服务岗三大工程的重要环节，旨在通过三大工程，致力于突破科研、教书、育人三个方面。

（2）2023年1月—2023年12月：以"岗位建功、岗位立业、岗位成才"为核心，积极开展技能竞赛、"专升本"辅导员班级、党建+志愿服务（垃圾分类、防震减灾科普知识等），在全系师生中形成"爱岗敬业、勤学苦练、勤奋好学、力争上游"的良好氛围，努力建设服务型的党组织。同时，进一步抓好对困难党员、老党员的关怀和帮扶，积极探索关爱服务党员的有效途径。

3. 构建"双师型"教学团队，持续推进学习型、文明型党组织建设

2022年1月—2022年12月：努力把优秀的青年教师培养成为党员，把党员培养成为教师骨干和教学骨干；党员教师带头承担主要学科教学任务，带头开展社会服务，带头开

展教学方式、方法的改革与创新，努力造就一支热爱教育事业、为人民服务、让人民满意的"双师型"教师队伍。

持续推进学习型、文明型党组织建设。创建"争当师德标兵"活动，开展教学标兵和爱心标兵活动。教学标兵：党员教师要带头提高教学科研、实践能力水平，优化教风，带动学风；爱心标兵：党员教师要秉承以生为本的理念，以"学为人师、行为世范"为核心，以崇高的人格魅力影响学生，营造教书育人、师生和谐相处的浓厚氛围。适时开展岗位练兵、教学观摩、教师技能大赛、精彩课堂等教学活动，不断提升青年教师教学水平，提高教育教学质量，提高教师自身素质与能力，形成良好的教风。以学生技能竞赛、创业大赛、学生社团等为平台，党员教师带头担任指导教师，推动教学工作再上一个台阶。以创建党员先锋岗为主要载体，引导广大党员围绕学院中心工作，立足本职岗位，发挥先锋模范作用。设立教学、科研、管理、竞赛先锋岗等，明确各岗位要求。制定党员先锋岗考核评价标准，组织党员定期述职，将党员述职与民主评议党员相结合、与群众评议相结合，表彰先进、鞭策后进，形成比学赶超氛围，激励广大党员发挥表率作用。

## 四、预期成果

### （一）预期工作成效

坚持以解决实际问题为切入点，推动党支部和党员在服务师生中创先争优，带动学风建设、提高教学质量、维护校园安全、加强党内监督，使广大党员教师成为有理想信念、有道德情操、有扎实学识、有仁爱之心好教师的表率；党支部和党员在各自的人才培养、科学研究、技能竞赛等方面充分发挥党组织战斗堡垒作用与党员的先锋模范作用。

### （二）每年度具体成果

1. 2022年1月—2022年12月

（1）成果1：为加强对学生的思想引领，促进学生全面而个性化发展，服务学生更好地成长成才，开展"三全育人"活动。在专业导师团指导下，按照技能提升、技能竞赛、人文素养、艺术修养、体育运动等进行分类指导，开展形式多样的活动，并以表格的形式记录活动中的活动方式、具体内容，拍摄现场指导照片，使学生在第二课堂中体会到学习的乐趣，营造浓厚育人氛围，提升校园文化品位。党支部将此做法归纳总结为党建育人品牌项目，并在市级以上媒体报道宣传。

（2）成果2：构建政校、校行、校企、校校四方联动的培养机制，充分挖掘与整合本土教育资源，按照校内实训与校外实习相结合、技能训练与技能比赛相结合、技能教学与技能考核相结合的培养方式，充分发挥学校与产业各自优势，形成多种实践能力的培养方法。党支部将此做法归纳总结为政校行企四方联动共建党建育人品牌项目，并在市级以上媒体报道宣传。

2. 2023年1月—2023年12月

（1）成果1：为进一步弘扬工匠精神，帮助经济困难学生，鼓励在校学生勤奋学习、刻苦钻研技术技能，与莆田市建筑业协会合作设立筑梦奖助学金，激励学生不断向前、战胜困难。党支部申报校级党建+资助育人项目，申报党建课题一项，并将此做法归纳总结为党建品牌项目，在市级以上媒体报道宣传。

（2）成果2：通过与政府部门合作，围绕助力乡村振兴开展主题党日活动，深入部分村庄开展田野调查，协助部分村居做好乡村规划，协助部分村居发展乡村经济，协助乡村建设与村容村貌治理，与湄洲岛党建共建并参与其部分村庄历史建筑修复方案制定与古建测绘，党支部将助力乡村振兴归纳总结为党建+社会服务品牌项目，并在市级以上媒体报道宣传。

## 五、工作保障

### （一）制度保障

（1）建立制度。围绕党建目标，以系统化、规范化、科学化的形式，对党建工作中涉及的重要环节和要素设计相应的制度，以制度规范相关行为，以制度管理、激励、约束党员，发挥党建工作的制度保障作用，实现以制度抓党建、以制度促党建的目标。

（2）落实制度。支部将党建制度传达到每个党员，严格执行各项制度要求，形成相关记录，存档备查。建立年终考核评估和定期督查机制，确保制度的落实和有效实施。

### （二）人员保障

（1）提升党员质量，永葆党员先进性。提高党员思想政治素质，坚定共产主义理想信念，增强党的观念、党员意识和执政意识，严守党的纪律，在思想和政治上与党中央保持高度一致。增强党员工作能力，提升业务水平，发挥党员在工作、学习和社会生活中的先锋模范作用。

（2）加强党务工作人员队伍建设。认真做好党务工作人员的培养、选拔工作，加强和改进党员干部队伍作风建设，建立一支政治坚定、业务精湛、作风过硬的干部队伍。

### （三）条件保障

（1）经费支持。向学院申请设置专项经费、支部活动费，力争每年有活动费3万元，以经费保障支部活动顺利开展。

（2）软硬件设施。对现有师生党员活动室进行装修和硬件设施的更新，设置宣誓室、会议室、活动室、荣誉墙。

**学校党委意见**

[应明确说明是否经过学校党委研究，是否同意申报。]



负责人（签章）：　　　　　　　　　　　　（加盖公章）

　　　　　　　　　　　　　　　　　　　　　年　月　日

省（区、市）党委教育工作部门意见

[应明确说明是否同意申报。]

负责人（签章）：　　　　　　　　　　（加盖公章）
　　　　　　　　　　　　　　　　　　　　年　月　日

另附支撑材料（六份材料，325 页）

## 【案例小结】

申报全国样板支部是提升自身党建工作水平的利器，也是支部争先创优、发挥战斗堡垒作用的必然要求。

申报书不同于论文，申报书是实施路径图，过分浮夸或是不切实际的天马行空设想，即使逃过专家慧眼，也未必会顺利通过验收，因此首先要考虑的是可行性。申报书也不同于典型案例，典型案例侧重于经验总结，而申报书是创建工作的指导书，要充分预见未来可能发生的意外、风险或客观制约条件。申报书也要从调动大家工作积极性出发，考虑跳一跳够得着的思路，适当拔高一些。

全国样板支部是在创建省级样板支部的基础上申报。撰写申报书重点在于两部分：一是创建基础要尽可能扎实，已有的成果应列尽列。二是创建思路要清晰可行，找准党建载体，逐步推进。本案例 2021 年已通过省级遴选，但最终并未入选全国样板支部，2023 年将继续申报全国样板支部，直至入选。

创建工作将"围绕一条主线，实施两项工程，做到三个提升"。"一条主线"是指在习近平新时代中国特色社会主义思想的指导下，结合职业教育特征，坚持立德树人，构建育人体系。"两项工程"是指对外实施助力乡村振兴工程，增强服务社会水平；实施政校行企四方联动工程，增强职业教育适应性。"三个提升"是指提升服务学生质量、提升服务社会水平、提升师生实践能力。

创建工作主要举措：加强组织领导，推进组织建设；加强思想引领，推进意识形态建设；加强督查，推进制度建设；加强合作共建，推进改革发展。

【思维导图】（图 3-3）

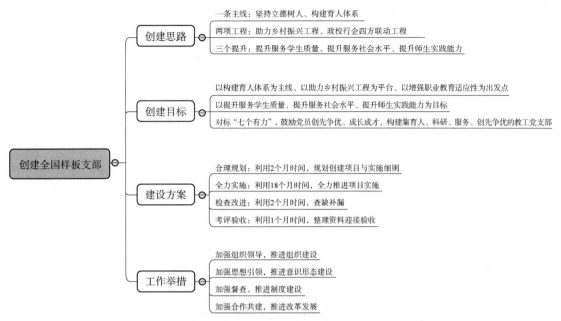

图 3-3　创建全国样板支部计划思维导图

## 【案例 3　创建福建省党建工作品牌】

### 中共湄洲湾职业技术学院建筑工程系教工支部委员会
### 构建"党建+政校行企"四方联动育人模式的探索与实践[①]

【摘要】

湄洲湾职业技术学院（以下简称湄职院）建筑工程系教工党支部坚持党建引领，通过"党建+政校行企"四方联动工作机制，围绕党建+教学改革、党建+科学研究、党建+文化传承三条主线，充分挖掘与整合本土教育资源形成办学合力，取得丰硕成果，完成国家级与省部级项目 30 多项，实现教育链、育人链与产业链、岗位链紧密连接，服务地方高质量发展。

### 一、背景

2021 年 4 月，习近平总书记对职业教育工作作出重要指示：职业教育要坚持党的领导，坚持正确办学方向，坚持立德树人，优化职业教育类型定位，深化产教融合、校企合

---

① 本案例由笔者执笔，图片部分由湄洲湾职业技术学院建筑工程系郑慧仙提供。

作，深入推进育人方式、办学模式、管理体制、保障机制改革。湄职院建筑工程系教工党支部充分发挥在系部发展中的核心作用，面临财政投入不足、教育资源短缺的情况，不断挖掘与整合本土教育资源助跑职业教育，构建"党建+校政、校行、校企、校校"的四方联动育人机制，实现职业教育与社会事业的紧密对接，取得丰硕成果。

## 二、主要做法

### （一）构建"党建+政校行企"四方联动工作机制，整合办学资源

校地联动，与地方政府合作开办省内首批建筑消防技术专业，成立第一家福建省高职院校应急管理学院，由莆田市地震局出资学校出场地共建莆田市地震应急体验基地。校行联动，与莆田市建筑业协会合作，人员相互交叉任职，举办与学生面对面零距离的"匠心筑艺"讲堂，设立筑梦奖助学金。校企联动，与有关企业合作，共建专业、共建课程、共建实训基地、共建"双师型"教师队伍、共育学生成才（图3-4）。校校联动，成立莆田市土木职教联盟，与中职院校开展"3+2"中高职衔接人才培养，与本科院校开展专升本培养，促进职职贯通、职普连通。

图3-4　2021年12月1日与三棵树涂料股份有限公司共建"三棵树产业学院"签约仪式

### （二）构建"党建+政行校企"四方共育学生成才模式，提高学生就业

（1）党建+"三全育人"。发挥党员教师的示范、引领、辐射作用，建立"三全育人"合力系统，搭建多样化、个性化育人平台，组建全方位、开放式的政行校企党员专家+校内教师的双导师团制，实现产教紧密融合。

（2）党建+奖优助困。与莆田市建筑业协会设立筑梦奖助学金，奖励品行兼优、技能获奖、身心健康的学生，资助经济困难的学生，连续四届共资助80.4万元（图3-5）。通过政行校企四方合作，整体就业率提高到96%以上，专业对口率提高到85%，学生的薪资也有大幅提高。

图 3-5　第四届筑梦奖助学金发放活动

（3）党建+五育。党员教师按照五育并举组织学生积极参加志愿服务活动、无偿献血、垃圾分类等德育工程，技能大赛、专升本、1+X考证等智育工程，党员教师带学生晨练、师生同台赛、健身积分等体育工程，劳模进校园、劳动比赛、节假日劳动记等劳育工程，邀请艺术家开展美育大讲坛、师生书画大赛、校园摄影写真等美育工程，促进学生德智体美劳全面发展。

**（三）构建"党建+政行校企"四方共促教师成长模式，增强师资力量**

（1）党建+教学改革。一是鼓励党员教职工在"三教"改革中做表率，组织教职工党员争先创优，促使教师提升技能水平。二是组织党员教师集体进行课程思政，申报课程思政课题，切实把立德树人落到实处。三是党员教师编写校企双元教材、活页式教材4本，打造校企精品课程3门，丰富教学资源，提高教学信息化水平。四是党员教师不断提高教学业务水平，组织16名教师参加省级教学能力大赛，"双师型"教师的比例提高到75%。

（2）党建+科学研究。实施党建与科研"双带头人"制度，围绕服务地方发展开展科研活动，攀登科研高地。一是科研成果丰硕。支部党员教师完成国家级与省部级项目30多项，发表学术论文60多篇，发明与实用新型专利40多项，市级项目30多个，院级课题20多项，省市职业教育论文获一等奖5次。其中"老年群体应急教育——留守老人火灾逃生技术"是全国社区教育"能者为师"实践创新项目，帮助地方政府解决留守老人的应急逃生问题。二是科研团队壮大。开展党员争先创优与老带新活动，壮大科研团队，2位教师受邀担任国家技能大赛裁判，1位教师获评省级技能大师，学生党员参加各级各类技能竞赛，荣获中华人民共和国第一届职业技能大赛瓷砖贴面世赛（国家选拔赛）第18名；省技能大赛三等奖以上有18项，指导的徐信靖学生获实用新型专利1项。

（3）党建+文化传承。一是文化下乡。组织党员师生开展文体项目三下乡活动，受众达6 000人次。二是弘扬乡土文化，将莆田地域的耕读文化、蔡襄廉政文化、妈祖信俗非遗文化等历史悠久的乡土文化进行挖掘、活化利用。三是弘扬建筑文化。在仙游文庙、太和庙开讲《古建筑文化》，受众300多人，挖掘古建筑文化，组织学生调研家乡的古建筑，撰写《相约泉州城，开启文化之旅》调研材料，助力泉州申遗。

## 三、显著成效

### （一）党建工作水平全面提升

该支部多次被学校评为先进基层党组织，是"省级党建工作样板支部"，是全国样板支部遴选单位；陈建武老师获得福建省党代表，1位党员教师被评为莆田市优秀共产党员，2位党员教师被评为莆田市高等教育工作先进个人，4位党员教师被学校评为优秀共产党员。

### （二）教育办学质量全面提升

2位党员教师受邀担任国家第一届职业能力大赛裁判，8位党员教师获省级教学能力大赛奖项一等奖，1位党员教师获评福建省技能大师，3位党员教师成为福建省科技特派员，2位党员教师成为莆田市科技特派员；在省级技能大赛获奖20多次；毕业生广受市场欢迎，就业率高达96%以上。

### （三）社会服务质量全面提升

实施"党建+技术服务"四项工程，扎根本土，助力乡村振兴，为莆田市举办3期1 500多人的监理员监理师培训班、2万多人的新型农民培训班、500多人的学历提升班，协助地方政府排查危房1万多栋（图3-6）。

图3-6　开展助力乡村振兴主题党日活动

2020年以来，省部级领导干部考察指导4人次，市厅级领导干部考察指导60多人次，10多所省内外职业院校来学院交流考察（图3-7）。《人民日报》（地方版）、《中国教育报》、《福建日报》、福建电视台、东南电视台、莆田电视台等主流媒体报道开展社会服务、教学改革发展、助力乡村振兴30多次，取得良好的社会反响。

图 3-7　2021 年 9 月 8 日福建省领导一行莅临我院指导

## 四、工作意义

在党建引领、政校行企四方共同合作的基础上,深入探索党建联建工作模式,实现"政校行企"党建共创、共建、共管、共用、共享的党建阵地四联动,实现共赢、优势互补,打造高水平党建模式。围绕适应社会需要,形成政校行企利益共同体,构建了灵活、有效、多元的协同育人机制,增强了职业教育适应性,践行"为党育人、为国育才"的初心和使命,培养了德技双馨高素质的技术技能人才。

## 【案例小结】

创建党建品牌是每个基层支部书记的梦想。本党建品牌虽然不到 3 000 字,但从酝酿到撰稿完成,历经四年。政校行企四方共建也由概念到方案、再到实施、再进行总结提炼的过程。校企合作、产教融合是职业教育区别于普通教育的一大显著特征,但实施过程中遇到不少难题,比如虽然校方积极主动,但企业比较注重利益,对校企合作热情不高,存在一头热、一头冷的问题。

笔者作为"双带头人",曾有一次经朋友介绍,与陈建武、张少海主动拜访一家企业。介绍来意后,企业方以自己很忙为由,匆匆送客。这件事后,对笔者触动极大,决心去找建设行政主管部门,希望通过行政部门的牵线力促开展校企合作。主管部门的某位领导搪塞后,偶然遇到了建筑工程系的贵人——莆田市建筑业协会秘书长林辉先生。最终在他的力促下以及爱心企业爱心人士的资助下,开展了全方位的有一定深度的政校行企合作,构建了"党建+政校行企"四方联动育人模式。这个党建品牌案例是笔者作为"双带头人"最引以为豪的一笔,因为办学质量的提升,绝不仅仅是学校或教师的事,而是全社会具有教育情怀共同关注关爱的结果。写上这一段话,显然已把学术文章写成散文,似乎离题,但致谢这些恩人却也是育人的一部分。

创建品牌案例不仅需要时间积淀、持续推进,而且要有党建载体。通过党建载体才能连接政校行企的四方力量。撰写本党建品牌案例,笔者前前后后花了半个月的时间,反反复复修改了十几稿，字数也由第一稿的 6 000 多字，最后缩减成不到 3 000 字，最终达到编辑部的要求。

2023 年 3 月笔者收到编辑部寄来的书，不禁感慨万千：来之不易，成之惟艰，是一路上的贵人或恩人的教育情怀深深地触动笔者内心最柔软的部分，激发了笔者更大的勇气以行稳致远。

品牌案例的写法并无特别之处，基本上同案例的写法一样。一曰真实，决不能杜撰；二曰语言精练；三曰可借鉴、可推广。

【思维导图】（图 3-8）

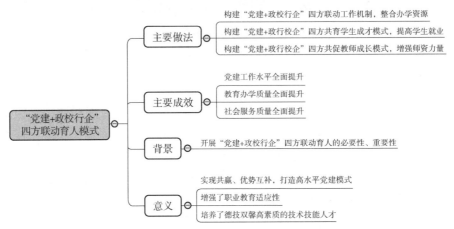

图 3-8　"党建+政校行企"四方联动育人模式思维导图

## 第二节　党建+育人体系

教书育人是每位教师最神圣的职责，对自律性相对较弱的高职学生而言，更要突出育人，更要牢固树立立德树人的理念。一位"双带头人"必须在此下苦功，"育人"在笔者看来最为重要，也耗费了最多的心思。

本书围绕课程思政、思政微课堂、校企双元育人筛选了 3 个案例。

课程思政是当下教育界的一个热词，全国上下高度重视，本"双带头人"工作室成员也积极参与，2021 年第一批共申报 6 门课程思政试点课程。案例 4 是工作室成员陈丽青老师的申报材料，其申报课程是"装饰工程定额与预算"，申报时试图将精益求精的工匠精神、团队协作的团队精神、绿色安全的环保意识、文化自信的爱国情怀等思政元素融进去。当然这个案例还待提高，思政元素挖掘不充分、结合不够紧密，需在今后改进提升。2022 年 10 月笔者也申报思政改革课程"工程招投标与合同管理"，目前正从教学设计样例说明、课程教案、微课视频、典型教学案例、过程性材料、学生评教结果统计、课堂教学评价、教师听评课情况等方面进行推进。

思政微课堂是笔者精心谋划的8节课。这8节思政微课堂花费笔者大量的心思，每份稿件均按照酝酿要讲什么主题—筛选讲授内容—撰写授课提纲或稿件—试讲—讲授这五步流程编写；利用高职学生的入学第一课、五个寒暑假、顶岗实习到毕业典礼等重要时间点，试图告诉学生怎么读书、怎么做人、怎么做事，因准备充分，极少说教，语言也贴近当代大学生生活，深受学生欢迎。

校企双元育人是校企合作的一大成果，福建巨岸集团董事长陈文豹先生富有教育情怀，为打造宜人宜业的企业文化，要求新入职的员工每日一分享，成为正式员工后每周一分享。我亲眼见证学生的成长与进步之后，决定每周一次与学生一起分享，记下笔者在教学工作或其他事项中的点滴思考。

## 【案例4　课程思政育人】

### "课程思政"教学设计表[①]

| 系（部） | 建筑工程学院 | 专业 | 工程造价 | 课程名称 | 装饰工程定额与预算 |
|---|---|---|---|---|---|
| 授课教师 | 陈丽青 | 课程类型 | □公共基础课 ☑专业课 | 序号 | |
| 融入章节 | 项目名称：2　墙柱面装饰与隔断、幕墙工程<br>任务名称：内墙面抹灰工程清单编制 | | | | |
| 教学目标 | 1. 培养学生文化自信、民族自豪感、爱国情怀；<br>2. 培养学生遵守规范、与时俱进、树立行业使命感；<br>3. 培养学生成本意识，严谨细致、精益求精的工匠精神；<br>4. 培养学生团队协作精神；<br>5. 培养学生绿色安全环保意识 | | | | |
| "课程思政"教育内容 | 一、"课程思政"教育内容<br>培养学生成本意识，严谨细致、精益求精的工匠精神。<br>二、"课程思政"的其他教育内容<br>1. 培养学生文化自信、民族自豪感、爱国情怀；<br>2. 培养学生遵守规范、与时俱进、树立行业使命感；<br>3. 培养学生团队协作精神；<br>4. 培养学生绿色安全环保意识 | | | | |
| 教学方法与举措 | 教学方法：案例导入法、分组讨论法、互动法、故事渗入法、点滴融入法、讲授法、线上线下混合教学法<br>具体举措：<br>1. 教师在课外收集资料，拓展学生知识面；<br>2. 提高教师自身的专业素质，学习行业新技术、新规范；<br>3. 课前课后利用信息化教学手段适时展开，及时有效疏解学生负面情绪，树立积极进取人生态度，构建正确三观；<br>4. 润物无声地设计有情怀、有温度、有爱的课程思政教学内容 | | | | |

---

① 本案例《课程思政育人》由湄洲湾职业技术学院建筑工程系陈丽青老师提供，笔者进行较大幅度的修改。

| 周　　次 | 第4周 第2次课 | 教学时数 | 2 |
|---|---|---|---|
| 课程类别 | 公共基础课（　　）专业基础课（　　）<br>专业核心课（√）专业选修课（　　）<br>集中实践课（　　） | 课程性质 | 必修课（√）<br>选修课（　　） |
| 章节名称<br>(项目名称或<br>任务名称) | 项目名称：墙柱面装饰与隔断、幕墙工程<br>任务名称：内墙面抹灰工程清单编制 | | |
| 教学目标 | 知识目标：熟悉内墙面抹灰工程清单的编制规定<br><br>能力目标：能编制内墙面抹灰清单<br><br>素质目标：<br>1. 培养学生文化自信、民族自豪感、爱国情怀；<br>2. 培养学生遵守规范、与时俱进、树立行业使命感；<br>3. 培养学生成本意识，严谨细致、精益求精的工匠精神；<br>4. 培养学生团队协作精神；<br>5. 培养学生绿色安全环保意识 | | |
| 教学重点与解决方法 | 教学重点：<br>1. 内墙面抹灰工程清单编制<br>2. 内墙面抹灰工程量计算<br><br>解决方法：讲授法、案例法、分组讨论法 | | |
| 教学难点与解决方法 | 教学难点：对实际工程项目内墙面清单编制<br><br>解决方法：案例法 | | |
| 教学内容与思政融入点 | 在课程中可以融入的思政元素有遵守规范、与时俱进、职业使命感、民族自豪感、文化自信、爱国情怀、严谨细致、精益求精、团队协作、成本意识、爱岗敬业、绿色安全环保意识。<br>教学内容与思政教育目标融合点：<br>案例1：贝聿铭之苏州博物馆<br>课程知识点介绍：<br>1. 内墙面装饰材料的发展变化；<br>2. 不同装饰风格对材料的选择。<br>贝聿铭大师设计的苏州博物馆，设计造型因地制宜，与环境自然融合，建筑材料及内部构思精巧。色调采用"粉墙黛瓦"，用深灰色的石材做墙体边饰，实现建筑材料的可降解与可再生。<br>知识点对应的课程思政育人元素：安全环保绿色意识、可持续发展。<br>案例2：BIM技术在武汉火神山、雷神山医院建造中的运用<br>课程知识点介绍：掌握内墙面清单编制五要件，需要使用全国统一的《房屋建筑与装饰工程工程量计算规范》对项目名称、项目编码、计量单位、项目特征以及工程量计算规则等五要件进行统一并编制工程量清单。编制时，注意时效性及更新，要实时关注行业信息、行业新技术，结合BIM技术在武汉火神山、雷神山医院建造中的运用案例。 | | |

续表

| 教学内容与思政融入点 | 知识点对应的课程思政育人元素：<br>遵守规范、与时俱进，行业使命感，作为中国建筑人的责任与担当。<br>案例3：用计量的眼睛看神舟飞船的精密<br>课程知识点介绍：掌握内墙面抹灰工程计量，结合我国航天航空事业的计量精密案例。<br>知识点对应的课程思政育人元素：民族自豪感、文化自信、严谨细致、精益求精。<br>案例4：分组实战演练<br>课程内容介绍：发布任务。利用晨曦工程手稿编制内墙面清单，以小组为单位，模拟实际工作任务，进行各自分工协作，组间讨论合作、组间对量。<br>知识点对应的课程思政育人元素：团队协作、成本意识、爱岗敬业、严谨细致、精益求精 |||
|---|---|---|---|
| 教学环节 | 教师活动 | 学生活动 | 教学手段、方法 |
| | 1. 登入学习通教学平台，发布学习资料及学习任务：<br>（1）发布讨论：作为一名专业的预算员具备的专业素养；<br>（2）设置预习任务：观看内墙面抹灰施工工艺视频及图片；<br>（3）设置预习任务：拍照保存本校园内墙面抹灰照片，上传到教学平台。<br>2. 看学生预习情况及反馈情况 | 1. 学生通过手机学习通App或者电脑客户端接受学习任务；<br>2. 思考讨论教师问题并在学习通平台提交答案；<br>3. 将拍摄的本校园内墙面抹灰照片作业上传到学习通App；<br>4. 完成视频和图片的观看。 | 1. 启发式教学法、线上线下相融合法；<br>2. 通过设置问题、任务发布，启发学生思考，培养学生分析、独立思考的能力 |
| | 案例导入（10 min） |||
| 课中 | 任务一：组织教学<br>通过师生问候、点名考勤的方式组织教学。<br>任务二：复习旧课<br>回顾上节课的重点知识，将学生上节课作业导入教室，师生共同对几份作业找茬纠错。<br>任务三：导入案例<br>教师通过介绍内墙面装饰材料的发展变化，引入案例：贝聿铭大师设计苏州博物馆<br>**贝聿铭大师** | 1. 对作业进行纠错并指明原因；<br>2. 学生认真听讲，并观察苏州博物馆视频中内墙面抹灰的装饰部分 | 案例导入法 |

| | 讲授理论新课（35 min） | | |
|---|---|---|---|
| 课中 | 教师讲授新课理论知识<br>任务一：内墙面抹灰工程清单编制（15 min）<br>1.《房屋与装饰工程工程量计算规范》附录 M.1 墙面抹灰清单编制规定。<br><br>| 项目编码 | 项目名称 | 项目特征 | 计量单位 | 工程量计算规则 | 工作内容 |<br>|---|---|---|---|---|---|<br>| 011201001 | 墙面一般抹灰 | 1. 墙体类型<br>2. 界面剂类型<br>3. 底层厚度、砂浆配合比<br>4. 面层厚度、砂浆配合比<br>5. 装饰面材料种类<br>6. 分格缝宽度、材料种类 | m² | 3. 内墙面抹灰按设计图示尺寸以面积计算。扣除墙裙、门窗洞口及单个面积>0.3 m²的孔洞面积，不扣除踢脚线、挂镜线及单个面积≤0.3 m²的孔洞和墙与构件交接处的面积，且门窗洞口和孔洞的侧壁及顶面不增加面积。附墙柱、梁、垛、烟囱侧壁并入相应的墙面面积内 | 1. 基层清理<br>2. 砂浆制作、运输<br>3. 刷界面剂<br>4. 底层抹灰<br>5. 抹面层<br>6. 抹装饰面<br>7. 勾分格缝 |<br>| 011201002 | 墙面装饰抹灰 | | | | |<br>| 011201003 | 墙面勾缝 | 1. 勾缝类型<br>2. 勾缝材料种类 | | | 1. 基层清理<br>2. 砂浆制作、运输<br>3. 勾缝 |<br>| 011201004 | 立面砂浆找平层 | 1. 基层类型<br>2. 界面模型<br>3. 找平层砂浆厚度、配合比 | | | 1. 基层清理<br>2. 刷界面剂<br>3. 砂浆制作、运输<br>4. 抹灰找平 |<br><br>2. 工程量清单五内容：项目编码、项目名称、项目特征、计量单位、工程量。<br>（1）项目名称——结合工程实际，统一按《房屋与装饰工程工程量计算规范》附录 M.1 规定命名。<br>（2）项目编码——01-12-（01、02、03）-（001~004）-（001~xxx）（后三位区别材料的不同规格、厚度）<br>（3）项目特征——墙类型；底层、面层厚度及砂浆配合比；装饰面材料种类；勾缝类型及材料种类；找平层砂浆厚度、配合比等。<br>（4）计量单位——m²<br>（5）工程量——按附录 M.1、M.2、M.3 清单项目相应的计算规则；<br>墙面抹灰、勾缝、立面砂浆找平：按设计图示尺寸以面积计算。扣除墙裙、门窗洞口及单个>0.3 m²的孔洞面积，不扣除踢脚线、挂镜线和墙与构件交接处的面积，门窗洞口和孔洞的侧壁及顶面不增加面积。附墙柱、梁、垛、烟囱侧壁并入相应的墙面面积内。<br>提问：墙裙和踢脚线有什么区别？<br>引出思政案例："用计量的眼睛看神舟飞船的精密"。<br>任务二：《房屋与装饰工程工程量计算规范》更新及时效性（10 min）<br>引出 BIM 技术用于火神山、雷神山医院的建设案例。 | 学生活动：<br>1. 学生做好笔记，思考；<br>2. 学生与教师同步进行练习，在练习的过程中听教师讲解主要技能点；<br>3. 学会编制内墙面抹灰清单。<br> | 1. 讲授法、参与式教学法、案例导入法；<br>2. 视频和图片，学生看得见，摸得着，形象直观，可以增强学生的现实体验感，激发学生的学习兴趣；<br>3. 通过任务驱动和真实案例算量，学生能够教中做 |

续表

| | | | |
|---|---|---|---|
| 课中 | <br>任务三：教师对内墙面抹灰计算分步讲解：（10 min）<br>内墙抹灰面积按主墙间的净长乘以高度计算；<br>无墙裙的，高度按室内楼地面至天棚底面计算。<br>案例：内墙面做法：1∶3 水泥砂浆打底（15 mm 厚），1∶2.5 水泥砂浆面层（5 mm 厚）。<br>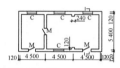<br>内墙面计算步骤：<br>1.（2个房间净长+垛宽×2）×前后两道墙，山墙$L_内$×4，得内周长；<br>2. ×墙高（板顶标高-板厚）；<br>3. 减门窗占墙面面积；<br>晨曦工程计算手稿。<br><br>任务实施过程<br><br>| 序号 | 项目编号 | 项目名称 | 项目特征描述 | 计量单位 | 工程量 |<br>|---|---|---|---|---|---|<br>| 1 | 011201001001 | 墙面一般抹灰 | 1. 内墙砖<br>2. 1∶3 水泥砂浆打底（15 mm 厚）<br>3. 1∶2.5 水泥砂浆面层（5 mm 厚） | m² | [（4.50×3-0.24×2+0.12×2）×2+（5.40-0.24）×4×（3.9-0.1）-1×2.7×4-1.5×1.8×4] |<br><br>师生互动：通过分步解析计量，讲解、演示、学生操作，教中学，教中做 | | |
| | 分组实战演练（20 min） | | |
| | 1. 教师根据学情特点，对学生进行分组；<br>2. 教师发布任务要求，编制1#办公楼首层内墙面抹灰清单； | 1. 按要求分组；<br>2. 讨论分析任务，并使用晨曦手稿软件对实际工程内墙面抹灰清单进行算量； | 1. 分组讨论法，任务驱动法； |

续表

| 课中 | 3. 教师巡视小组完成任务情况，指导学生规范操作；<br>4. 解答学生操作中的疑问。<br>师生互动：现场辅导与答疑。<br>【课堂练习任务一】1#办公楼如图所示。内墙面底层抹15 mm混合砂浆1∶1∶6，面层厚5 mm混合砂浆1∶1∶4。内墙裙采用1∶3水泥砂浆打底（15 mm厚），1∶2.5水泥砂浆面层（5 mm厚）。编制墙面一般抹灰工程量清单。<br>【任务目的】列出上述工程墙柱面工程清单项目名称、描述其项目特征、计算清单工程量，并编制办公室及走廊内墙面工程工程量清单。<br>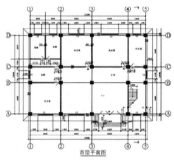<br>首层平面图<br>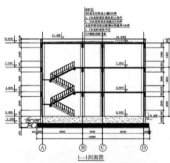<br>1—1剖面图<br> | 3. 已完成的学生协作教师指导学习基础较差的学生完成学习任务。<br>任务实施过程<br><br> | 2. 课程思政融合团队协作：根据成员的能力、兴趣、个性特征不同，赋予不同的职责，调动学习积极性，增强合作与竞争意识、时间观念，培养团结互助的团队精神，加强沟通与交流；<br>3. 严谨细致，一丝不苟，精益求精：组员间讨论、核查，是否粗心大意、算错了，在师生交流中促进学生严谨细致、精益求精的精神 |

续表

| | 成果对量汇报（10 min） | | |
|---|---|---|---|
| 课中 | 1. 要求学生组内对量、组间对量；<br>2. 教师随机抽三组学生汇报作品，并和学生一起纠错，提出修改意见。<br> | 1. 与本组成员进行对量，与其他组成员一起组间对量。<br>2. 被抽取组派代表上台详细介绍本组成果，其他组吸取别人的经验、教训，在纠错中提升自己的能力。<br> | 1. 情境互动、线上线下混合教学法；<br>2. 通过学习通 App 随机抽取汇报小组；<br>3. 学生上台展示本组算量成果；<br>4. 学生通过汇报交流、找茬纠错形成严谨细致、精益求精的工匠精神 |
| | 点评、互评（10 min） | | |
| | 1. 教师点评学生的实战对量过程；<br>2. 引导小组间互相点评、发表意见、建议及从其他小组汇报展示过程中学习到的知识 | 1. 学生互评打分；<br>2. 听教师点评 | 小组讨论法 |
| | 课堂小结及布置作业（5 min） | | |
| | 1. 本节课学习了内墙面抹灰工程清单编制五要件，掌握编制的规定及计量的方法。强调重点难点，加深印象。<br>2. 结合本节课知识点布置作业。<br>如图所示，内墙面底层做法为：底层厚 15 mm，水泥砂浆 1∶3；面层厚 6 mm，水泥砂浆 1∶2.5。外墙面为普通水泥白石子水刷石，外墙裙挂贴 10 mm 厚大理石板，高 1 200 mm。门窗尺寸分别为：<br>M-1：900 mm×2 000 mm；M-2：1 200 mm×2 000 mm；M-3：1 000 mm×2 000 mm；C-1：1 500 mm×1 500 mm；C-2：1 800 mm×1 500 mm；C-3：3 000 mm×1 500 mm。窗台装饰本次不考虑。编制内墙面抹灰清单。<br>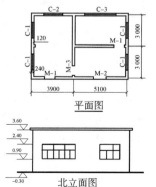 | 1. 回顾本节课所学的内容；<br>2. 对于有疑问的知识点向教师提问；<br>3. 完成课后作业 | 讲授法：通过学习通 App 发布课程作业，加深理论知识、实践知识的理解 |

续表

| | 课后延展 | | |
|---|---|---|---|
| | 根据课上讲授理论知识，结合实践知识，要求学生完成重点内容、综合内容；<br>2. 课余时间在学习通、微信对有疑问的学生进行辅导；<br>3. 鼓励学生服务社会 | 1. 针对自身的薄弱点进行延长补短，攻克重点难点；<br>2. 在力所能及的范围内服务社会 | |

| 教学评价 | 考核包括职业精神和职业技能两方面。职业精神考核职业意识、职业行为习惯、职业道德以及职业创新四个要素。职业技能考核包括知识技能、操作技能和综合技能，它们贯穿在课前、课中、课后整个学习过程中。采用线上评价60%和线下评价40%相结合的形式。线上评价由学习通课程平台生成，线下由学生和教师共同评价，采用学生自评、互评、教师评价相结合的形式 |
|---|---|
| 思政教学设计说明 | "教师不能只做传授书本知识的教书匠，而要成为学生品格、品行、品位的大先生"。课程是教育学生过程中最小的单元，把思政教育融入教学过程中，做到理论—实践—思政一体化。<br>一、教学设计思路<br>在确定了课程的总体教学目标及思政总体教育目标的同时还需要明确每个教学任务的教学目标及思政元素的融入，再将分目标细化为具体的知识点上，进行相应的教学设计，让学生在学习专业知识的同时，潜移默化地接受思政教育。通过线上、线下混合教学模式，项目驱动法、分组讨论法、案例分析法、传授法激发学习兴趣，拓宽学生视野。将内墙面装饰工程分解为多个知识点，结合实事新闻，以学生感兴趣的短视频、图片或案例、人物故事融入思政元素。<br>二、思政目标<br>在课程中可以融入的思政元素有遵守规范、与时俱进、行业使命感、民族自豪感、文化自信、爱国情怀、严谨细致、精益求精、团队协作、成本意识、爱岗敬业、绿色安全环保意识。<br>教学内容与思政教育目标融合点：<br>案例1：贝聿铭之苏州博物馆<br>知识点对应的课程思政人元素：安全环保绿色意识、可持续发展。<br>案例2：BIM技术在武汉火神山、雷神山医院建造中的运用<br>知识点对应的课程思政人元素：遵守规范、与时俱进、行业使命感，加强学生作为中国基建人的责任与担当。<br>案例3：用计量的眼睛看神舟飞船的精密<br>知识点对应的课程思政人元素：民族自豪感、文化自信、严谨细致、精益求精。<br>案例4：分组实战演练<br>知识点对应的课程思政人元素：团队协作、成本意识、爱岗敬业、严谨细致、精益求精。<br>思政教学效果评价方式的选择原因：本次课采用多元化评价方式，将课程思政人评价贯穿于整个学习，考核评价包括职业精神和职业技能两个方面，把课程思政融入评价，提高学生对自身职业精神及职业技能的重视，多元化评价贯穿在课前、课中、课后整个学习过程中。<br>职业精神考核主要以学生本节课的作业完成情况、出勤和纪律、课堂表现等作为考核依据。重点考查学生在本课堂实践中是否规范，是否能与组员进行良好的协作、讨论，是否保持教室卫生，是否注意节约耗材。要求学生从诚信做起，不抄袭别人作业，不弄虚作假。 |

| | 续表 |
|---|---|
| 思政教学设计说明 | 职业技能考核主要以内墙面实际工程项目为载体对学生的综合应用能力进行考核。在内墙面进行清单编制过程中，学生是否通过团队合作解决问题，通过学生自己动手实践，是否将单一、零散的知识点综合运用以解决工程实际问题，是否漏算、多算、错算。<br>采用线上评价和线下评价相结合的形式。线上评价由课程平台生成，线下由学生和教师共同评价，采用学生自评、互评、教师评价相结合的形式。<br>五、预期达到效果<br>每个任务对应一个教学"课程思政"点，让学生在学习专业技能的同时，学会依法办事、按时办事，以规则计量；通过小组合作实战演练，锻炼团结协作精神；在对量过程中抓住细节问题，将工匠精神撒播心田；规则要精益求精、严谨细致，不能得过且过 |
| 教学反思 | 教学过程中，坚持教学内容与思政元素渗透有机结合，渗透贴近生活、贴近学生，坚持理论与实践相结合。注重以"学生为中心，提升课堂教学质量"的教学理念和产教融合的人才培养理念，采用线上线下混合式教学模式，以完成工程实际项目为主线，借助信息化手段，完成知识、理论、实践、育人一体化的教学，让学生能够"学以致用""学有所用"。<br>课程思政理念贯穿教学过程始终，充分结合思政元素，培养学生严谨细致、精益求精的工匠精神。<br>不足之处：对于线上学习和线下学习的学时安排存在不足；教师对于如何深入挖掘思政元素有待加强，学时的课中讨论环节不够充分，需要进一步增加师生互动交流的时长，激发学生的学习热情，达到更好的教学效果 |

## 【案例5 思政微课堂育人8堂课】

### 独立·重生·成长，大学生涯的三条主线[①]
### ——第一堂课：新生入学教育

同学们：

欢迎你们来到这美丽的校园，你们带着父母的期盼，怀着憧憬，远离家乡，开始了自己崭新的大学生活。今天，我将与同学们一起探讨如何读大学这个问题。

独立是大学最好的代名词。从离开家门迈进大学校门的那一刻起，就需要学会真正的独立。摆在你们面前的任务不再仅仅是课堂学习而是人的个体社会化的开始，是人生的"第二次断乳期"。大学生活和中学生活不同，独立思考、自主学习、自我成长是大学的主旋律。在这里，你会发现，你更自主了，但在自主中更容易迷茫，更容易失去方向，唯有锁定目标，才能坚定自己的选择，才能到达梦想的地方。

重生是大学最好的必修课。老师今天要给同学们分享一个故事——《鹰的重生》（播放视频）：老鹰是世界上寿命最长的鸟类，它一生的年龄可达七十岁。但要活那么长的寿

---

① 2017年9月，笔者给新生上第一堂课，目的是激发学生再次启航，尽早适应大学生活。

命，必须在它在四十岁时，做出困难却重要的决定！当老鹰活到四十岁时，它的爪子开始老化，无法有效地抓住猎物。它的喙变得又长又弯，几乎碰到胸膛。它的翅膀变得十分沉重，因为它的羽毛长得又浓又厚，使得飞翔十分吃力！它只有两种选择：一是等死；二是历经一个十分痛苦的蜕变过程——一百五十天漫长的磨炼。它必须很努力地飞到山顶，在悬崖上筑巢，停留在那里，不得飞翔。老鹰首先用它的喙击打岩石，直到喙完全脱落，然后静静地等候新的喙长出来。然后，它要用新长出的喙，把指甲一根一根地拔出来。当新的指甲长出来后，它们便再把羽毛一根一根地拔掉。五个月以后，新的羽毛长出来了。老鹰开始飞翔，重新再过神鹰一般的三十年岁月！

人生不是赢在起点，而是赢在转折点，大学学习同中学学习不同，不管你们过去的学习方法不对头、效果不理想还是高考发挥不正常，那都已过去，现在你们应当向老鹰学习，与过去诀别，去迎接新的大学生活，重新飞起来。

成长是大学最好的风景线。博览群书、广泛阅读、吸取养分、助力成长；认真听课、学会技能、掌握本领、助力成长；勇于挑战、知难而进、磨炼心志、助力成长。成长为一个"厚德、明理、重技、健体"的人，这8个字也是我们建筑系的系训。厚德，即学习妈祖的立德、行善、大爱的精神，弘扬正能量，成为一个心中有爱的人；明理，即事不同，但理却是相通的，掌握一定的理论知识，养成理性思维，成为一个明白事理的人；重技，即重视技能训练，做到技能在手，一身不愁，成为一个手中有技的人；健体，即文明其精神，野蛮其体魄，成为一个健康体魄的人。

我希望：从今以后，同学们不但把脚踏进校园，更要把心留住这里，既来之，则安之。我们不要木炭的冒烟，而要木材的燃烧。我们从这里出发，燃烧我们的青春，去迎接梦想成真的时刻，走向辉煌的人生。

最后，让歌声响起来（播放杨培安《我相信》），我相信通过你们的努力你们将无愧于自己的大学生涯。

# 严肃考纪，诚信考试[①]
## ——第二堂课：在期末考试动员大会上的讲话

老师、同学们：

今天开这个会是有针对性的，就是要整顿考风的。考试始终是大学教育一个很重要的环节，诚信考试始终是考试最重要最基本的要求。今天是敲警钟，也是期末战备令。

教学中面临三个矛盾：

第一个矛盾：已毕业的学生与正准备毕业的学生的矛盾。大家都知道：自己毕业的母校知名度越大，对自己的职业发展越有利。因此，每个已毕业的学生都希望自己的母校越办越好，考试越抓越严，办学质量越来越好，如果有可能升格成本科院校则更好。但是，

---

① 2018年1月，笔者在给新生第一次期末考试的动员会上讲话，目的是要求学生严肃考纪，增强本领。

在校生则希望考试越来越简单，监考越来越松，能取消考试直接拿毕业证则更爽。那么这时候，教育管理者就要思考：你的办学导向是什么，要将你的学生引向何处？我知道：如果不进行严监考，就会朝不如夕、一日不如一日，直至学校倒闭。

第二个矛盾：学习刻苦的学生与学习懒散的学生之间的矛盾。我们学校有一系列的管理制度，其目的很清楚，就是鼓励先进、鞭挞后进。刻苦学习者，希望诚信考试，能公平体现成绩，进而获得奖学金、获得各种荣誉。马虎应付者，希望能浑水摸鱼，考个及格，顺利毕业，进而获得工作岗位。我知道：如果不进行严监考，我们就再也没有人去晚自修、去图书馆、去做作业，就会朝不如夕、一日不如一日，直至学校倒闭。

第三个矛盾：用人单位与学校之间的矛盾。用人单位希望招到品学兼优的学生，学校希望所有的毕业生都能就业。我很高兴地告诉大家，我们与福建一建等大型企业进行合作，而这两家都是要求招聘本科毕业生的，但老板是我们当地人，为了支持家乡建设，给了我们系一定的名额，但要求是成绩优秀的学生。我知道：如果不进行严监考，我们就再也没有品学兼优的学生，社会用人单位就不会来我们学校招聘，我们的学生得不到社会的认可，我们就会朝不如夕、一日不如一日，直至学校倒闭。

因此，同学们，亲爱的同学们，老师希望你们好好学习，把每一次考试考好，你们诚信考试，考出风格。

你们正值豆蔻年华，青春是美丽的，青春是一种令人羡慕的资本；凭着健康的体魄，你们可以撑起一方蔚蓝的天空；凭借旺盛的精力，你们可以开垦出一片神奇的土地；凭借巨大的潜力，你们可以变得出类拔萃，令人刮目。青春不单是酷的发型、美的衣裳、漫步在雨中，青春更需要去不断地奋斗、不懈地拼搏，才会有成果、有丰收。青春因搏击而美丽，青春因挫折而飞扬，青春因奋斗而精彩。同学们聚在一起，彼此激励，一起奔跑，一起努力向前冲刺。我想借用毛主席的《沁园春·长沙》里的词句，作为今天的结束语："携来百侣曾游，忆往昔峥嵘岁月稠。恰同学少年，风华正茂；书生意气，挥斥方遒。指点江山，激扬文字，粪土当年万户侯。曾记否，到中流击水，浪遏飞舟？"

## 个人奋斗　助力成长[①]
### ——第三堂课：在第一次寒假闭学式上的讲话

同学们：

#### 第一篇章

上次，我在新当选的学生干部大会上要求学生在校期间能够训练开口能说、动手能做、坐下能写的基本技能和培养敢于担当、敢于作为、敢闯敢拼的素养，不要不学无术，将来在工地管理采取开口就骂、出手就扣（工资）以及碰到问题或事故撒腿就跑的简单原始的管理方法。这次老师还就你们成才提一些看法：高人指点、贵人相助、小人作梗以及个人奋斗。

---

① 2018年1月，笔者在新生寒假前，教学生如何丰富假期生活。

所谓高人，就是我们课堂上的老师，第一教程、爱课程、智慧职教、名校公开课的老师以及百家讲坛上的教授或是我们将来工作上的师傅，有了他们的指点，我们可以少走弯路，可以直达幸福快车。我们常说听君一席话，胜读十年书，可见高人的重要性。

所谓贵人，通常指我们的朋友、合作伙伴、领导或老板，他们发现我们、赏识我们、提拔我们，促进我们事业的成功，让我们获得更好的发展机会。假如你的生命有幸遇到这样的贵人，那么感恩他们。我们常说"滴水之恩，当以涌泉相报"，也说明这个问题。

所谓小人，通常指我们事业的绊脚石、各种阻力或不怀好意的竞争对手。因为他们的存在可能让你丢尽面子，但今天丢面子是为了明天更有面子；让你赔了很多钱，但今天的赔钱是为了明天更好地赚钱。有了对手、有了逆境可以增长才干，丰富我们的经验。宽容他们才能超越他们。

假如你没有高人指点，也没有小人作梗、更没有贵人相助，那么别灰心，你就更要珍惜个人奋斗。

老师今天要给同学们分享一个故事：不是尽力而为，而是竭尽全力。一个猎人带着猎狗去打猎。猎人一枪击中了一只兔子的后腿，受伤的兔子拼命逃生，猎狗在其后穷追不舍。

可是追了一阵，兔子跑得越来越远了，猎狗知道追不上了，只好悻悻地回到猎人身边。

猎人气急败坏地说："你真没用，连一只受伤的兔子都追不到！"猎狗听了很不服气地辩解道："我已经尽力而为了呀！"

兔子带着枪伤成功地逃生回家后，兄弟们都围过来惊讶地问它："那只猎狗很凶呀，你又带了伤，是怎么甩掉它的呢？"兔子说："它是尽力而为，我是竭尽全力呀！它没追上我，最多挨一顿骂，而我若不竭尽全力地跑，可就没命了呀！"

学习受伤的兔子，为了活得更有尊严，我们应当竭尽全力拼搏。

## 第二篇章

如何使自己的寒假过得更有意义？

也许你们已经规划好自己的假期生活，或千里之行、或活动、或聚会，这很好，老师这里有个倡议，希望你们放假不忘安全、放假不忘学习、放假不忘社会实践。

刚才辅导员翁老师就假期的安全工作做了部署，讲得很具体也切实可行，这些我都同意。放假不要酒后驾车、不要参与赌博、不要乱放烟花，安全是生命线也是底线，更是我们各项工作的高压线，时刻不放松安全这根弦。

放假不忘学习。放假就是暂时告别课堂教学方式，改为以自学为主，一天至少抽出2个小时时间看书、做作业、复习功课。把假期中有益的事记下来，放在自己的QQ空间，尤其是工程测量、施工图识图、CAD制图，利用寒假好好温习提高。工程测量、CAD制图是极其重要的基础课，单单学好工程测量、CAD制图就有就业机会。

放假不忘社会实践。在这里建议同学们，恳求父母、亲戚为自己找个机会长长见识，哪怕不是完整工程，只是基础施工，或是一个楼层施工，或是一个招投标工程，都会增加你们的感性认识。任何一个现实中的项目都会比教材中的案例生动得多，令你们印象深刻，收获更大。

同学们，祝你们过一个平安、快乐、有意义的寒假，2月16日我在这儿等着你们回来，谢谢！

## 元素与集合，成长中的数学公式①
## ——第四堂课：在第一次暑假闭学式上的讲话

同学们：

上学期末，我在学生闭学会上提出，一个人的成长离不开高人指点、贵人相助、小人作梗以及个人奋斗，并与你们分享兔子与猎狗的故事，告诉你们人生不是赢在起点，而是赢在每一次转折点，希望你们不单是尽力而为，而要竭尽全力！

今天，我想与同学们一起探讨数学问题，是高一数学关于元素与集合的关系的问题，我称之为一与一切关系的问题。

一即一切。一般情况下，一是一，一切是一切，什么会是一即一切呢？今天我给同学们讲一个很残酷的问题，即赢者通吃。比如某企业招聘、公务员招考、人大代表只要1人，应聘的却有一帮人，这时候无论你多么优秀，只要不是第一名的话，那么第二名与最后一名的命运是一样的，都是淘汰出局。只有第一才能拥有一切，这就告诉我们现实是残酷的，同学们只有树立竞争意识，敢争第一，才能立于不败之地。那些抱着60分万岁的思想，走上社会碰壁是必然的，迟早会被现实摔得粉碎。我想起毛主席写的："恰同学少年，风华正茂，书生意气，挥斥方遒……到中游击水……"一部青春史就是一部奋斗史，只有这样才有可能拥有辉煌灿烂的人生。

有一才有一切，无一即无一切。一票否决，联合国安理会决策方式为：任何一个常任理事国都享有否决权。只要一个常任理事国对某一决定投反对票，即使安理会其他所有理事国都投赞成票，该项决议也不能通过。皮之不存，毛将附焉？我们经常听说财富、地位、名气、情感、美貌、健康都是好东西，人人都想拥有，而且拥有越多越好，但只有身体健康了，财富、地位、名气、情感、美貌等才有意义。我们把健康看成是人生中基础性的东西，离开身体健康这一基础，一切都是空中楼阁，同学们要倍加珍惜青春年华，多为自己的人生打基础。不要春天刚来，树叶就枯黄了，人生刚刚开始就萎萎焉焉，整天沉迷游戏，睡眠严重不足，看上去昏昏沉沉，没有一点青春朝气，这很要不得。放下鼠标，同学们，从你的房子里面走出来，走上操场，开始你们奔跑的人生，去拥有健壮的体魄、健康的心态。

一切才是一。生命中会有这样一种情况，只有全部通过了才算通过，比如执业资格考试。拿二级建造师来说吧，施工管理、法规及相关知识、专业工程管理与实务三科必须全部通过，才能获得二级建造师执业资格，任何一科通不过，都过不了关，缺一不可！这就告诉我们要树立全面发展的观点。我们会发现有相当一部分高考成绩好的学生，走上社会后成绩平平，有的甚至给成绩差很多的同班同学打工，这是为什么？成绩好，不代表一切

---

① 2018年6月笔者在新生暑假前根据自己领悟的人生的三道数学题写成讲话稿。"一即一切"，告诉我们要树立竞争意识，勇争第一；"有一才有一切"，告诉我们要树立健康意识，打好人生基础；"一切才是一"，告诉我们要树立全面发展意识，补好短板，构建知识体系。三个问题，有机相承，缺一不可。

好，职业水平的较量是综合实力的较量，一好不等于一切好。学生时代，不要过于偏科，不要偏激地认为专业课学好了，就万事大吉，容器装水量的多少不是由最长的板决定，而是由最短的板决定，这称为短板现象。不能仅仅满足知识点的掌握，而应当树立全面发展的意识，德智体劳美全面发展，立足知识体系建设。

同学们，"一即一切"告诉我们要树立竞争意识，勇争第一；"有一才有一切"，告诉我们要树立健康意识，打好人生基础；"一切才是一"，告诉我们要树立全面发展意识，补好短板，构建知识体系。三个问题，有机相承，缺一不可。

最后，祝同学们过一个平安、快乐、有意义的暑假，9月份我在这儿等着你们平安归来，谢谢！

## 早做准备，战胜寒冬的利器①
### ——第五堂课：在第二次寒假闭学式上的讲话

同学们：

一年一度寒假号角即将吹响，我们归心似箭。也许我们的父母为我们张罗了一桌好饭，等着外出求学的子女归来团聚，也许我们会哼着"我要回家，家中才有自由，才有美酒"。这样的心情，我很理解。值此新春来临之际，我预祝同学们合家欢乐，平安吉祥。

今年放假时间是1月20日到2月23日，刚好33天，有些同学有点纳闷，为什么放个寒假才33天！也太短了吧！这年月连失个恋都得33天呢（那年热剧《失恋33天》）？寒假，请别走，其实我是爱你的；但，理想很美好，现实很骨感。

这个冬天并不特别冷，但建筑业就业形势却特别冷。今年我国经济总体下行的压力加大，房地产投资持续下滑，房地产的新开工面积严重下滑，拉动经济发展的三驾马车（消费、出口、投资）明显乏力（拉不动，倒像老牛拉破车），特别是政府投资的基础设施建设迅速下滑，这些直接危及建筑业。有人说房地产的黄金十年过去了，现在是白银十年，殊不知，我们原本认为白银是贵金属，是"高大上"，但万万没想到的是白银由年初3.3元/克调到现在的2.9元/克，建筑业就业形势不容乐观。其原因主要是：

一是市场竞争激烈。狼多肉少的年代，业务量缩水，但从业人员却没有减少，这必将导致市场竞争更趋激烈，合同价格水平越来越紧，企业生存空间缩小。同时，建筑业市场结构集中化（什么意思，就是大企业有多个资质，建筑不行搞市政，市政不行搞水利，水利不行搞电力），大型建筑企业存在着"大而全"，全是指企业的生产组织布局往往覆盖了很宽的产业面或整条产业链，所以，他们的业务量一般是不减少的，受影响最大的是中小企业，而中小企业才是容纳就业大军的大头。

二是经营压力加大。天津台有个《非你莫属》（求职节目，推荐大家看看），其中有个栏目是《谈钱不伤感情》，现在是谈钱最伤感情。有些企业外面的账收不回来，在春节前收

---

① 2019年1月，笔者根据当时的建筑市场疲软状态，要求学生早做准备，战胜寒冬，尽早加入考证大军。

到的很多承兑汇票，要到今年年底才能拿到款项，这在前几年是很少有的，无疑给企业的资金周转带来更多压力。企业受经济环境影响本就很困难，承揽工程量下降较多，再加上欠款收不回来，真是"屋漏偏逢连夜雨"。这里有一则报道，一个建筑企业原打算减少员工工资25%，怕公布减薪方案后，遭到员工反对，于是兜个圈子，改为裁员方案，结果遭到工会强烈抗议，员工怨声载道，最后只好坐下来谈判，于是劳资双方愉快地接受了减薪方案。企业自身运营困难，部分企业进行裁员或削减员工工资，我省建筑业总产值比2014年同比下降7%。事实上，最近我们跑了一些企业，了解建筑企业的一些状况，问题比我们想象的更可怕。不是冬天来了，而是寒冬来了。

寒冬来了不可怕，可怕的是我们没有做好过冬的准备。

自然界过冬方法是很多的，今天我想借鉴自然界的方法与同学们聊聊如何过冬。

早点准备。老鼠、松鼠、刺猬等脂肪少的动物，靠在洞里储蓄食物过冬；而树木靠飘落的树叶来减少能量消耗；自然界中存在未雨绸缪。古语说："人无远虑，必有近忧。"建议一：加大考证力度，凡事预则立，不预则废。古语说未雨绸缪，既然形势这么严峻，不如练好内功。为什么建筑业有一定的门槛？因为建筑业人命关天，安全责任太重了。如果你是营业员，你犯了错顶多就赔了一些经济损失，但如果你是施工员，你犯了错可能是呜呼哀哉、命归黄泉。所以建筑行业壁垒比较高，据目前行情，以造价员为例，如果考上房建专业造价员的话，每年可获得6 000元，市政专业造价员每年可获得10 000元，其他像园林专业、安装专业，每年可获得8 000元，而且将来就业时更有底气。我在这里仅是举例，当然有的同学报考监理员、测量放线工、"八大员"的考试，这些考试中有的连考试资格都还没有具备，但没有关系，早准备早好。

有的学生告诉我："老师我很努力，可是造价员还是没有考上。"我不知道在你们的眼里，什么是努力。我帮你们描述一下，放假期间你们的一些生活片段：这次考试考得很不错啊，只补考了两科，专业科和非专业科。有的早上8点起床，刷牙洗脸吃早餐共用了30分钟，但已击败了全班88%学生，数字还很吉祥，今天心情不错。打电话给同寝室另一位同学，手机关机，于是宣告起床失败，正在重起。要么打电脑，打得白天不懂夜的黑，日月无光，天荒地暗。这个学期，我督修3次，均有一些班级，二百多名学生，竟然只有二十几个学生在做作业。同学们，这也叫努力啊！我真的很无语！若是这样，那你们拿什么过冬？

当然，有人说我可以学大雁往南飞——改行，但前提是你要有翅膀（或许是隐形的翅膀），你要会飞，而且南方有你的窝。有人他可以学蛇、蜗牛冬眠——啃老族，但前提是你是冷血动物，不要"对面的女孩看过来"，或是帅哥在眼前掠过，立即就"热血在胸中沸腾"，而且冬眠前也要找好洞穴冬眠。还有人说企鹅是抱团取暖，但前提是谁，谁愿意跟你抱在一起，邻家女孩还是睡在上铺的兄弟，你拿什么奉献给他，而且首先你得是一个有温度的人。当然还有一种动物，平日里除了欢唱什么也不干，这就是"寒号鸟"，等死是它的选择。

有人说老师不要这么悲催，那好，下面我就说改变色彩的故事。

我这里有两个小故事与大家一起分享，同学们也许听过，但未必全部领略过。

小蜗牛问妈妈:"为什么我们要背重重的壳?毛毛虫和蚯蚓也没有骨头,但是没有背重重的壳?"小蜗牛妈妈说:"毛毛虫会变成蝴蝶,飞上天空,逃脱天敌,天空保护了它们;蚯蚓没有壳,钻进地里,逃脱天敌,大地保护了它们。而我们只好背上重重的壳。"小蜗牛又抱怨道:"你看我们背着这么重的壳,走得那么慢!"妈妈说:"我们虽然爬得慢,但总有一天我们会爬到金字塔的顶端。"

一年冬天,父亲需要一些柴火,他找到一棵死树,然后就把它锯倒了。到了春天,令他惊愕的是,树的周围绽出了新芽。他说:"我以为它肯定死了,冬天里树叶都落光了,但现在我看到主根处依然保持着生命的活力。"父亲叮嘱全家:"别忘了这个重要的决定,因为这会扼杀这些幼嫩的生命。只要一点生机,它也会绽出新芽,最终成为大树。"所以,请不要在冬天里砍倒一棵树。

说多了,都是泪,你们放假,老师却不放心,生怕你们挥霍青春,浪费美好时光,希望现在过两年苦日子,将来过上好日子。

最后,祝同学们过一个平安、快乐、有意义的寒假,明年,春天来了,我在那桃花盛开的地方等着你们回来,平安归来。谢谢!

## 拓宽心量,成长方程式①
### ——第六堂课:在第二次暑假闭学式上的讲话

同学们:

一年一度暑假即将开始,我们归心似箭。最近有一个很火爆的真人秀节目,北京卫视《我是演说家》,它的冠军选手梁植说过:"回家不需要理由,不回家才需要理由。"也许我们的父母已经张罗了一桌好饭,等着外出求学的子女归来团聚。在此,我预祝同学们假期快乐,平安吉祥。

记得去年我在学生闭学会提出战胜寒冬的方法,今天我再与同学们聊成长。

先讲一个故事。有一小和尚,口渴了,拿出水杯往水缸一舀,喝了一杯;心想庭院外面的井水更多,于是跑到庭院外,拿出水杯往井里一舀,喝了一杯,还是不解渴;心想寺庙外的溪水,比井水更多,于是跑到小溪外,拿出水杯往小溪一舀,喝了一杯,还是不解渴;心想外面的河水,比小溪水更多,于是跑到小河旁,拿出水杯往里一舀,喝了一杯,还是不解渴;心想百川东到海,海水一定比井水多,于是跑到海边,拿出水杯往海里一舀,喝了一杯,还是不解渴。

不知是海里的水太少,还是小和尚的杯太小?我在上课时,发现总有一部分同学不肯来上课,或者要么来了,也是在玩游戏,或睡觉,或聊天,非常任性。我心想也许是我的课上得不够精彩,于是我编故事、讲典故、讲考试重点、讲建造师考试,但仍有同学还是那么任性;于是我想我的水平不高,请了外面水平高的老师来上课,开讲座讲内业资料整

---

① 2019年6月,笔者提醒学生拓宽自己的心量,助力自己成长。

理,但那些同学还是那么任性;于是我给同学们播放中科院沈中钊院士讲建筑,那是我们业内最高水平的学者,但仍有同学还是那么任性。是我们老师的水平有问题,还是我们同学有问题?

一个人的成长可以向外求,就像小和尚从水缸到井水、溪水、河水、大海,也可以向内求,把自己的杯子越换越大。

一个人的心量大小决定着一个人职业发展的天花板,杯子越大,职业发展的空间越大。每一个人的青春就是不断拓宽心量的过程,换成大杯子。

放假不忘孝敬父母。我们的时代,正在渐渐恢复正统、恢复经典。最近,成龙的儿子房祖铭因吸毒的事被炒得沸沸扬扬,而房祖铭的祖先据说是唐朝知名的丞相房弦龄,他是唐朝的大政治家,与他齐名的还有杜如晦。但是这些权贵人物的知名度远不如李白,因为文化具有历史穿透力。李白曾立志仕途,但他看不起太监高力士,得罪了他,得不到重用,但李白弃政从文,最终成为一位文化人。孝道文化是中华传统文化的瑰宝,是一笔最为珍贵的财富,希望同学们好好力行孝道。

最后祝同学们过一个平安、快乐、有意义的暑假,9月份我在这儿等着你们回来。谢谢!

## 规矩·纪律·细节,独自闯荡职业生涯的护身符[①]
### ——第七堂课:在顶岗实习动员大会上的讲话

时光如书,入学教育是封面,毕业实习是封底。三年时间,一页又一页被翻过。27个月的相聚时光,换来你们今天的独自闯荡。今天是毕业实习动员会,也是我给你们上的最后一节课。

人的一生的教育主要由三部分组成:一是小时候的家庭教育;二是长大后的学校教育;三是成人后的社会教育。在我看来人与人之间的差距主要是社会教育的不同引起的。三种教育相辅相成,互为补充,但社会教育最为重要。如今,我们学有所成,即将踏入社会进行顶岗实习,这是社会教育的第一步。如果以前你们在父母的荫庇下是躺着生活的话,在教室里坐着听老师讲课的话,那么今天开始就要站立起来了,开始职业生涯了,奔跑吧,同学们!

在此,我以过来人的身份和同学们谈三点建议:

一讲规矩。有句古语:"没有规矩,不成方圆。"社会不同于学校,社会上的人千姿百态、比较复杂,不如学校单纯单一;社会上的事千奇百怪、错综复杂,不如学校简单归一。社会上讲规矩、讲差别、讲礼仪,我们不要抢镜头、乱出风头。比如你与领导下工地检查,作为晚辈,你要站在最后面、不乱发表意见,拍拍照、记记笔记,这才是你的本职。比如乘坐电梯时,快到电梯门口时,你应快走几步,赶去按开关;而出电梯时,你要

---

[①] 2019年11月,笔者以讲故事的形式告诉学生在顶岗实习应坚守规矩、严守纪律、注重细节。

最后一个出门。再比如，参加工作后不可能夜夜笙歌，不可能过着极其糜烂腐败的生活，但一定偶尔有出去应酬、陪客户吃饭的时候，这时，你不要第一个坐下，更不能坐在主座上。规矩不多，但它渗透到生活工作中的每一个环节、每一个细节；规矩不难，那就是多考虑别人、少考虑自己，这样别人就会感觉到你的存在，使得初出茅庐的你有着立足之地。

二讲纪律。纪律高于一切。在学校里，你违反纪律也许只是记一次旷课，也许只是被通报批评一次，也许只是没有评上优秀学生而已；但在社会上，你违反纪律可能被扣工资，可能被炒鱿鱼，甚至可能触犯法律，所以要慎之又慎。比如公司规定8点上班，你就不能8点以后才到；工地老板叫你加班，你就老老实实去加班。

三讲细节。细节决定成败，把每一件简单的事做好就是不简单。在实习期间，应当：①对师父尊重一点，哪怕只是问候亲切一点；②学会做好施工日记，哪怕只是寥寥几笔，也要坚持下去；③积极与指导教师互动，一周之内与带实习的教师沟通一次，说说实习中的发生的事情。

分享一个故事，希望你们能从故事中得到启发。这是一个真实的故事。一位女士在一家肉类加工厂工作，有一天，当她完成所有工作安排，走进冷库例行检查时，突然，门意外关上了，她被锁在里面，淹没在人们的视线中。虽然她竭尽全力地尖叫着、敲打着，她的哭声却没有人能够听到。这个时候大部分工人都已经下班了，在冰冷的房间里，没有人能够听到里面发生的事。5个小时后，当她濒临死亡的边缘，工厂保安最终打开了那门，奇迹般地救了她。后来她问保安，他怎么会去开那门，这不是他的日常工作，他解释说："我在这家工厂工作了35年，每天都有几百名工人进进出出，但你是唯一一位每天早晨上班向我问好，晚上下班跟我道别的人，许多人视我为透明看不见的。今天，你像往常一样来上班，简单地跟我问声'你好'，但下班后，我却没听到你跟我说'再见，明天见'，于是，我决定去工厂里面看看。我期待你的'嗨'和'再见'，因为这话提醒我，我是谁，使我非常开心。没听到你的告别，我知道可能发生了一些事。这就是为什么我在工厂每个角落寻找你。"

在这三年里，教育过你们的老师不少，老师在教育你们的过程中，无论是批评也好表扬也好，全都是为了你们有更好的发展。尽管学校还有那么多的遗憾与不足，但恳请你们理解老师的良苦用心，在你们离校前请别忘了向教育过你们的老师说声"谢谢"！正是他们的言传身教，无私奉献，才使我们共同迎来了这个充满喜悦的丰收季节。

我们期待着多年以后，你们中间有老板、造价师、工程师、项目经理……我们期待着，期待着你们超越先辈，创造伟业，为学校争光……当然我更期望着你们平安吉祥，幸福安康！

雄关漫道真如铁，而今迈步从头越。但我还是很舍不得你们，菁菁校园，处处都是你们雄健的身影；间间教室，你们读书的琅琅余音仍在我耳边环绕。最后，在你们大步向前跑之前，我们恭请妈祖为各位保佑，保佑大家实习平安，并找到好的工作！

## 笑对过去,展望未来[①]
## ——第八堂课:在毕业典礼上的讲话

尊敬的老师们、亲爱的同学们:

大家下午好!

时光荏苒,大学的最后一堂课就这样悄然而至,请允许我以课任老师的身份(模仿上课情景)上最后一次课,请同学们在我正式上课之前,关掉手机,或调成静音,还有个别跷着二郎腿的同学把脚收好,还有几位拿着镜子在研究自己面部特征的女同学,也请把镜子放回去。谢谢!

此刻,我的心情是特别舍不得,当然,还有比我更舍不得的是,大门口和学生街的菜鸟快递、见福商店、黑咖骑士咖啡馆、香烟店、快餐店、校园贷、电信、移动公司的老板。优质客户就这样流失,换成谁都会舍不得!

我是特别幸运的,因为我担任过在座320个毕业生同学的课任教师,伴随你们一起度过了人生最美好的时光,全程见证了你们的学习与成长。

学校代有才人出,各领风骚三四年!有的同学比你们幸运,校园太美,他们还要多享受一年,延期毕业,继续照看学妹一年。

同学们,你们毕业了!终于毕业了,让我致以你们最热烈的祝贺!

你要感谢你的父母,他们始终如一地爱护关心着你,为你的成长而付出,以你的快乐为幸福,请把最热烈的掌声献给你的父母!要感谢你身边的同学和朋友,是他们与你朝夕相伴,与你一同分享喜怒哀乐,陪你走过青春中最美好的时光,也请把最热烈的掌声献给他们!

要感谢你们的母校,虽然她是不完美的,还有许多不如意的地方,恳请你们理解与原谅。也许我们的教师不够优秀,但他们是很努力的,愿他们的辛勤汗水与谆谆教诲,可以浇灌你们,启迪你们的智慧,请把最热烈的掌声献给你们的母校!

当然我更要感谢你们,因为你们教会了我很多东西。是你们中的一些同学让我意识到,在课堂上,我们的手指除了用来拿笔,还可以用来看视频、玩游戏、挖耳朵、掏鼻孔。

当然老师们更要感谢你们,因为你们时时刻刻地用自己的行动去告诉世人什么才叫作人文关怀。为了减轻老师们的工作量,有些同学冒着补考的风险,积极主动地不做作业,不交作业。由于老师们不理解你们的苦心,还一再地"威胁"你们。幸运的是,你们仍能坚持坚定,对补考很淡定,体现过硬的心理素质,展现时代新风采。如果都像毕业前这几天这么忙,忙于论文、忙于答辩、忙于补考,我猜测建筑系的老师大部分都会早生华发(像我这样),估计还有更狠的,连白头发也不长,直接变成郭达、陈佩斯、郭冬临。

---

[①] 2020年6月,笔者鼓励学生在未来的职业生涯勇闯四方、华丽转身。2019年12月之后,因为疫情,学生聚会减少,这精心谋划的八堂课也暂停。这八堂课中也有大量的引用,但未注明出处,在此一并表示谢意。

当然，在此我们要特别祝福那些幸运儿（我特嫉妒，那年我都没有那么幸运），他们是一个人来，两个人走，学习生活两不误、两促进。我们还要祝福那些缘分到了尽头，不再有结果的同学，我相信他们会和平分手，他们终究还可以是朋友，因为那是青春的色彩，终究变成美好的记忆。我们更要祝福那些快乐的单身狗、独行侠，他们想找一个最爱的深爱的想爱的亲爱的人来告别单身，也许你们的老婆、老公还在高考呢？未来还有更好的再等你们！

同学们，过去的三年，你们哭过、笑过，教室里、图书馆留下了你们琅琅读书声，至今令我难忘，你们的汗水洒满湄园，湄园留下了你们奋斗过的足迹。

今天，我们应当笑对过去，忆往昔峥嵘岁月稠；展望未来，而今迈步从头越。也许你们明天就工作了，初涉社会，一时难以适应，感叹工作是"起得比鸡早，睡得比狗晚，吃得比猪差，干得比驴多"。嗨，说多了都是泪。是的，每个人似乎都渴望着快速成长、快速成功，然而很多事情往往是事与愿违，做起来并不那么简单。在此，我希望同学们一是不要好高骛远，不拒绝小单位、不拒绝差岗位；二是脚踏实地，扎实前行，天道酬勤，不怕吃苦，比别人多一份努力，终会有多一分收获；三是学会与人分享与分担，现代社会往往不是单打独斗，而是圈子的成功，请交好朋友，做大朋友圈，善于求助亲朋好友，依靠团队的力量，人生路上结伴成行，终有亮丽风景。

同学们，将来，或许在某个阳光明媚的午后，或细雨敲窗的夜晚，你的脑海还会闪现出校园里的难忘岁月，回忆起在校的幸福时光。正如毕业生代表所说的那样："那时候总说毕业遥遥无期，转眼就各奔东西。"你们笑着写下：毕业啊，曲终，人散，但心不散。路过家门时记得给老师们报平安。谢谢！

同学们，"湄园，曾经来过，就是永远。"即将启程之际，把这段求学时光装进行囊，让母校的牵挂陪伴你们走遍海角天涯。母校始终会默默关注你、祝愿你。出发吧，同学们，莫愁前路无知己，湄园永远属于你！愿你们都能华丽转身。

最后，让我们恭请出我们的女神——妈祖来保佑大家都能找到满意的工作，愿大家幸福安康、前程似锦！

## 【案例6 校企双元育人】

巨岸集团董事长陈文豹先生要求新入职的员工每日一分享，成为正式员工后每周一分享，用这种方式记下工作中的点点滴滴。通过这种方式，我亲眼见证我的学生们，职业能力进步奇快，身心得以健康成长，感受到企业文化的神奇力量。特别是陈董的分享，在我看来是教科书的级别，反映了陈董的良苦用心。我们的学生能如此得到巨岸的偏爱，作为他们的教师我是无比兴奋的。为答谢巨岸集团，我决定每周一次与学生们一起分享，记下我在教学工作中的点滴思考。以下是我的十七篇教学心得、陈董的两篇短文、五位同学的分享心得（在几百篇里选五篇），全是原创作品。尽管行文匆匆，但准确记下了各自当时的真实想法，印证了同学们的成长。我作为他们的教师为此无比欣慰，认为有保存的价值，分享如下。

# 校企双元育人——学校篇：十七篇教学心得

## （一）教育者的自我教育

如果有人问我世间最难的事是什么？我的答案是自我教育与教育他人。

自我教育之难，难在自己的欲望是很难管制的。

人的欲望是无边无际的。一是范围广泛。想要财富，想要权力，想要名声，想要地位，想要智慧，想要学位，想要爱情。看得见的，看不见的，都想要。二是无止境。有自行车时，想着要摩托车，那样可以不用力骑车；有摩托车时，想着要小汽车，那样出行时可以不淋雨；有小汽车时，想着要豪车，那样安全系数高；有豪车时，想着要游艇、私人飞机……，那样才是身份的象征。三是不同阶段不同欲望。小时候想着快点长大，长大后想着快点成才，成才后想着快点成功，成功后希望下一代飞黄腾达。欲望产生，欲望满足；新的欲望又产生，欲望再满足，如此不断循环。如果把控不好欲望，那么这样的每一个循环就有烦恼的产生。满足与烦恼，相生又相克。

欲望是人性，出生之时便是来临之际，相伴一生。能否把自己的欲望管制好便成为不同人生境界的标志。许多成功人士善于管控自己的欲望，把欲望化为人生的理想与动力，促使他们取得更大的成功。但是有些人却成为欲望的奴隶，脱离自己经济收入的实际情况进行高消费，或是虚荣心太强，把控不好自己的欲望，欲望横流而作茧自缚。

我认为人性与神性，不是直线关系，而是圆形关系，像太极，一直向东走，可以走到地球的另一边；一直向西走，也可以走到地球的另一边。

减少欲望，人性少了，神性就多了。修行人便是控制欲望，凸显神性。只要个栖身之所，便能倚在窗前看到窗外美丽的风景，这是大道至简，是禅意人生，也是优美人生。

增大欲望，人性无穷大了，神性也少了。多少仁人志士，自达达人，直至推进全人类的事业。不要渴求没有欲望，只是当欲望生起时，对它微笑，然后看着它消失。取代欲望的，是无贪的心。这是豪言壮语，是禅意人生，也是壮美人生。

作为一名教育者，必须把自我教育放在首位，坚守师道。而教育者的自我教育的途径，要么是清心寡欲，素食简餐，宁静致远；要么是任重道远，弘扬正道，助力学生成长成功。

## （二）技术人员要悟道为本、砺器为先

《易经·系辞》："形而上者谓之道，形而下者谓之器，化而裁之谓之变，推而行之谓之通，举而措之天下之民，谓之事业。"

通常的理解是，大道无形，故为形而上，器用之物为有形，是为形而下。

道是靠体悟出来的，我们祖先极其注重悟道。道如果按学科分类，哲学应当归于道学。而器是"形而下学"，看得见、摸得着的东西，器如果按学科分类，科学技术应当归于器学。道器不离，悟道总是在器中，说明道与器之间的关系。

"器"是可以学习得来的，人不学不成器，说的就是这个道理。而学习靠的是恒心与毅力。

校园文化中一个很重要的组成因素：砺器悟道。让学生通过实实在在的工程项目学与做，这是砺器，在学与做的过程中去悟道。砺器悟道促使学生成长。

成为优秀的建筑人，是要走一条艰辛而漫长的路，只有肯钻研、精进刻苦，才有可能入门，才有可能学到一种真本领。摆在我的面前或者学生们的面前，技术是个坎，坚持是个坎。但也正是跨过这些坎的时候，才有机会去悟道，才有可能悟道。

### （三）巨岸文化对教学工作的启示一——团队很重要

一个只有初中文化的人，创业之初并没有多少社会关系的人，经过自己多年的努力也获得创业成功的案例，这不单单是励志——激发一个起点不高而又有创业梦想的人，而更多的应当是引起我们的思考：为什么创业者很多，而成功者很少？巨岸创业者成功的背后究竟蕴藏什么秘密，或者说能给我们教育者什么启示？

创业之初，企业规模不大，也许可以单打独斗，或许一个好汉三个帮也能勉强运转。但是企业规模大了，业务多了，单靠当初的几个人已经无法满足要求时，企业就要扩张。扩张时，为什么一些企业或者说大部分企业倒下了？

量增加了，质也必须跟着变化。原有的管理模式不再适应，靠当初创业时建立的情感再也无法维系企业的扩张，这时候要想办法将庞大的人力资源拧成一股绳，凝聚人心就显得特别重要。企业家在企业扩张时应当高度关注两件事：目标，引领大家实现目标。那么靠什么来引领大家？经济是个办法，从待遇上引领，干得多干得好的，多得；行政措施或者说企业制度也是个办法，滥竽充数或是干得少干得不好的，开除；还有一种办法，靠软的——文化来引领，建立一种家文化，员工普遍觉得巨岸就是我的家，我是主人，我爱这个家。如果有这种情怀，那么企业一定可以行稳致远。

教育也是，开始时人数不多，领导可以靠情感维系团结，实现团队目标，但是同事多了，领导与员工每人聊一会儿，可能一周就过去了。因此这时候就要探讨建设学校文化，建立一支团队，使得每一个人在这个团队中，如果不做事或是贡献少了，便会觉得不好意思。

团队建立并不难，难的是，团队如何持续发展壮大。这是个大课题，作为团队中的领导，不能不回答这个问题。客观形势是出卷人，团队领导是答卷人。做得好的，可以凝心聚力，做不好的，一盘散沙，直至瓦解。而建立好的企业文化刚好可以很好地回答这个问题。作为高校，也应建立优秀的团队，弘扬校园文化，实现学校行稳致远。

### （四）巨岸文化对教学工作的启示二——学习很重要

巨岸集团将新人放在一个微信群，并要求：未正式入职前60天每个人将每天工作总结晒在群里，正式入职后每个人每周分享一篇心得。这种做法收到奇效，新人们进步奇快。

巨岸集团的陈文豹董事长在介绍这种文化基本架构时说："年轻人为了面子，往往谁也不好意思落后，比赶超氛围就有了，他们就会把关注的焦点放在个人的成长和感悟上，停止了消极和抱怨。60天过后，基本习惯已经养成，接下去就是每周一条300字的深刻感悟。融入大团队的分享氛围，再接再厉，又是一个新的成长熔炉。"

我在拜读陈董的这段话时，我的脑海里一直浮现出成长、成长、成长这个关键词。成长太重要了，个人要成长，只有成长才能不断累积；企业也要成长，只有成长才能不断做大做强。而成长的重要途径是学习。

想到这儿，我猛然想起王国维在《人间词话》中写道：古今之成大事业、大学问者，必经过三种之境界："昨夜西风凋碧树。独上高楼，望尽天涯路。"此第一境也。"衣带渐宽终不悔，为伊消得人憔悴。"此第二境也。"众里寻他千百度，蓦然回首，那人却在灯火阑珊处。"此第三境也。此等语皆非大词人不能道。然遽以此意解释诸词，恐为晏欧诸公所不许也。王国维的三境界学说，对教育者有着很强的启发，对教育事业成长也有很大的帮助。

陈董能将这样的学习学说、分阶段管理，应用在企业管理上，一者有利于企业做大做强，二者有利于企业文化的建设，三者也促进了员工的个人成长，一举三得，妙哉！

**（五）巨岸文化对教学工作的启示三——坚持很重要**

巨岸集团要求：新入职的职员前60天每个人每天撰写一篇工作心得，正式入职后每个人每周分享一篇工作心得。巨岸的这一做法，给我印象特别深刻的是：一是60天每天一次，而不是一两回；二是入职后每周一次，而不是年终总结。

我知道很多单位也有这一做法，但大多数单位是上级要求职员写心得时，职责为完成任务才写一篇上交。几乎每一个单位年终时，每一个员工都要写年终总结。这与巨岸集团的做法并无两样，只是巨岸集团取得显著的效果，而其他单位没有取得成效。原因在于：好的做法也要有量的支持，量变引起质变。

不积跬步，无以至千里，不积小流，无以成江海。滴水可以穿石，成大事者贵在坚持，这是我从巨岸文化中悟到的。

持之以恒，是每个教育者应遵循之道。一节好课不可能促使学生成才，但是无数节好课可以促成学生成才。因此只有每一位教师坚持将自己的每一节课努力打磨成金课，那么才能提高整体的教学质量。

巨岸文化中注重团队建设、注重学习并坚持下去，这三点，刚好构成一个整体。一个好的团队，可以营造好的学习环境，然后大家在这种环境下学习才干，并将这一做法坚持下去，那么一定可以收到神效。妙哉，巨岸文化！

**（六）教师与学生尽管跑道不同，但也要一起奋力奔跑**

在巨岸董事长陈文豹先生引领下，我们的学生日趋成长，进步很快，我看在眼里，喜在心里。人生不是赢在起点，而是赢在拐点，尽管我们的学生起点不高，只是大专，从学识上看，远不如本科，但我们的学生肯吃苦，能听从指挥，能明白事理，在新的人生阶段能抓住机遇，奋力拼搏，我相信我们的学生不会令人失望。

学生们一直在奔跑，在追寻着自己的人生梦想，那教师呢？教师们尽管已经学有所成，但也绝不允许原地踏步。时代在飞速前进，任何教师不与时俱进，终究落伍，适应不了时代。教师尽管与学生跑道不同，但要成长也必须奔跑，如果要成为一名优秀的教师更要奋力奔跑。

我系的系训厚德、明理、重技、健体，不仅是对学生的要求，也是对教师的要求，更是对我自己的要求。行为世范，教师始终是学生的模范，教师的足迹与行为，学生们看得清清楚楚，也是他们学习的榜样。学生们的成长反倒提醒我自己更要成长。

建筑系又申办新的专业,我们的消防工程技术是全省首家申办的,我自己又是建筑专业的,对消防不熟,也许仅靠消防专业教师们就足矣,但是为了更清楚地了解该专业,我决定参加消防培训,提升自己的专业水平。

### (七) 人生的三大任务

每个人的人生都一样,都是一个历程,一个从生到死的历程。每个人的起点与终点似乎相差不大,大部分的人是在父母的笑声中哭着来到人世间,在亲人的哭声中笑着离开人世间。但每个人的历程却相差极大,不同人有不同的人生轨迹,而这轨迹便是你在应对三大任务时留下的岁月印记。

人生的三大任务是物质基础、精神世界、永续发展,即活着、有意义地活着、永续地活着。

任何生物要维持生命,都离不开物质与能量的支撑,人也不例外,需要物质基础,即人的自然性决定了人的物质需求。物质基础来自五个部分:一是劳动所得,这是一个人的经济最基础的部分,包括工资、奖金、津贴以及第二职业的收入或技术服务等;二是投资所得,依靠资产增值、投资回报等二次收入或者说是附加值;三是继承所得,或者你的另一半留给你的;四是抗拒减值,善于对冲货币贬值,减少不必要的开支与付出;五是身体健康,作为物质的载体,离开了强健的身体很难承载殷实的物质。

人不同于其他生物的本质区别在于人具有社会性,人渴望拥有丰富的精神世界。精神世界源自四个部分:一是快乐。多一些个人爱好,学会自乐;少一些物欲,避免被不切实际的欲望操控,无法自拔;谋事在人、成事于天,对努力了但依然无法得到的,应当放下,学会自嘲;善待他人,宽容他人,用幽默活跃气氛,学会自律。二是价值。活着的价值是让更多的人更好地活着,不仅要自己过得幸福,还要让更多的人过得幸福,做到自达达人。三是爱情。快乐时有人与你分享,悲伤时有人与你分担,做错时有人宽容你。四是信念。追求真善美的人生会遇见各种各样的困难,而你依靠信念依然前行;追求真善美的人生会遇见各种各样的选择,选择一项意味着放下其他项,而你依靠信念依然放下;追求真善美的人生会遇见各种各样的诱惑,面对诱惑你却没有动心,而你依靠信念依然坚定。

永续发展,一是至要莫如教子,教育孩子成为一个自食其力、内心世界丰富的人;二是让自己的作品流传于世。唯有后续有人,才能确保永续发展。

### (八) 静坐当思己过——自我修养篇

品德修养的方法很多,古今中外有不少仁人志士做出有益探索,中国古人范文正公、苏眉山、袁了凡等人积极推行的功过格以及富兰克林的"十三条道德准则"都非常有名,但我想每一个人都有其自身的特点,应有不同的方法。

静坐、行善、反思是比较有用的方法。

诵读经典可便于记忆和理解经典的真实含义,体会经典之美,达到怡情养性。心静后,翻开经典"读了又思,思了又读,自然有味",乃至愈读愈有味。朗读时读音清亮,抑扬顿挫,节奏分明。在诵读的和雅妙音声中,能更深刻地体会到经典的音韵美、节奏美、气势美和义理之美。朗诵犹如健脑体操,可使大脑皮层的抑制和兴奋过程达到相对平衡，血流量及神经功能的调节处于良好状态，起到闭净身心、破迷开悟、洞彻宇宙人生真相的独特作用。

静坐可以增强忍耐、治疗疾患、坚固意志、提升思考、圆满人格、安定情绪、达到开悟。但由于初学静坐要名师指导，如果没有名师指导，盲修瞎练，容易出差错，所以这一方法并不适用于任何人。

行善的方法：存善心、做善事、推善举。第一，与人为善。看到别人有一点善心，我就帮他，使他善心增长。别人做善事，力量不够、做不成功，我就帮他，使他做成功，这都是与人为善。第二，心存善念。就是对比我学问好、年纪大、辈分高的人，要心存敬重；而对比我年纪小、辈分低、贫穷的人，要心存爱护。第三，成人之美。譬如一个人，要做件好事，尚未决定，则应该劝他尽心尽力去做。别人做善事时，遇到了阻碍，不能成功，应想方法指引他、劝导他，使他成功，而不可生嫉妒心去破坏他。第四，劝人为善，碰到作恶的人，要劝他作恶绝对有苦报，恶事万万做不得。碰到不肯为善，或只肯做些小善的人，就要劝他行善绝对有好报，善事不但要做，而且还要做得多，做得大。第五，救人危急。一般人大多喜欢锦上添花，而缺乏雪中送炭的精神；在他人最危险、最困难、最紧急的关头，能及时向他伸出援手，拉他一把，出钱出力帮他解决危急困难，可以说是功德无量，但是不可以居功自傲。第六，小事做起。一个人既然有大能量，自然应该做些大事，以利益大众。例如，修筑水利系统、救济大灾害等。但是没有大能量的人，也可以把小事做好。例如，发现河堤上有个小洞，水从洞里冒出，只要用些泥土、小石，将小洞塞住，这堤防就可以保住，而防止了水灾的发生。事情虽然小，但这种功效也是不可忽视的。

（九）人生中什么才是重要的

什么是人生？同样一个人在不同的人生阶段会有不同的答案，不同的人更有着不同的注解。

孔子自称，"吾十有五而志于学，三十而立，四十而不惑，五十而知天命，六十而耳顺，七十而从心所欲，不逾矩。"看来孔子的人生是不断精进的，不同人生阶段都有不同程度的进步。

清朝中兴名臣曾国藩的追求是自达达人以及立德、立功、立言，是封建士大夫的修身齐家治国平天下思想的典型代表。

美国前总统老布什曾说过人生的目的：一是活着，二是永远活着。

著名科学家爱因斯坦说过："人只有献身于社会，才能找出那短暂而有风险的生命的意义。"

中国人民解放军战士雷锋的名言："人的生命是有限的，可是，为人民服务是无限的，我要把有限的生命，投入到无限的为人民服务之中去。"

这些古今中外人类的精英，用他们的人生去阐述生命的意义与价值，告诉我们人活着是要有精气神的。

这是我在大学期间所接受的教育，他们或多或少影响着我的价值取向。

虽然有着这些伟人的激励，可我仍然很平凡，平凡地站在大街上只有那么几个人——

亲人、同事、同学们认识我。

但上天厚爱我,一个偶然的机会让我接受圣贤教育,明白自度度人的法理。

自度度人,不仅要修身养性,也要齐家治国平天下;不仅要自己活着,也要让更多的人活得更好;生命的意义在于奉献。这样伟大的灵魂必将活在人们的心中——永垂不朽。知行合一,唯有践行,才能深刻体悟自度度人。

我在讲授"建筑法规"时,为了让学生树立依法经营的法制意识,我借用圣贤的教育,"戒"原是一张网,有了戒律的保护人就不会堕落地狱,要持戒不能犯戒,如果犯戒就会下地狱。而法律类似戒律,守法类似持戒,犯法类似犯戒,如果犯戒就会下地狱,犯法就要蹲监狱。法律看似约束我们的行为,实是我们的护身符,依法经营就像穿上防弹衣,也许闷热一点,但能让我们不中枪,是我们合法财产的保护神。我们学法的目的在于用法,在于拿起法律武器捍卫合法权益,将来同学们走上工作岗位,或就业或创业,都应当增强法制意识,自觉依法守法。

上完这节课,我如释重负,我清楚师者传道授业解惑,在传授知识、技能的同时,不忘对学生道义的教诲,传播正能量,让学生有点精气神,这样的教学才是完整完美的。

自度度人,应作如是观。

(十) 合二为一

相续有几个好友希望我能写点东西发表。

我诧异,我行吗?

我系统学习哲学才半年,应属娃娃班学员,对哲学还是一知半解,更谈不上入门,我怕曲解哲学、误传哲学,我拿捏不准,信心不足,怕害人不浅。我自叹:我不行啊!

是骡是马,拉出来遛一遛就清楚。我写出的东西一经学长批阅,他们站得高、悟得深,一定可以明察秋毫看清我的幼稚,认清我的庐山真面目,那我的面子往哪儿搁。我自叹:我不行啊!

我曾拜读过星云法师《迷悟之间》,感觉:法理透彻,犹如清澈的溪水,甘甜醇美,读过给人无限启迪,又如天上的星星高不可攀,可望而不可即,这才叫文章。我写出来的东西能有新意吗?能对大家有启迪吗?我自叹:我不行啊!

但这是大家的心愿,也是老师的心愿,我是学生,应当为哲学尽点微薄之力,这是职责啊!我能不行吗?

我问自己:我差不多花了人生三分之一的时间在求学,让我写篇随感这是过分的要求吗?我能说不行吗?

我问自己:众人拾柴火焰高,为哲学写点随感尽点力,这是学生的本分,我能说不行吗?

我问自己:虽然我无法像大师那样透彻明理,但我可以写点自己感悟到的东西,我难道没有感悟吗?那又是什么力量让我学哲学呢?我能说不行吗?

我翻开笔记本,想寻找问题的答案,老师的教诲跃然纸上:圣人重因凡人重果。我反思:我不敢写,无非是因为害怕写出来的东西没档次、没人看、怕人笑话,暴露自己的幼稚与无知,我在意的是果,我逃不出凡人重果的习惯。我无法做到"心无挂碍",我仍挂碍着自己的面子，放不下面子，所以我有所挂碍便有所恐怖。我再反思：圣贤之学是行学，之所以害怕写那是因为我的心中有个大我，怕被人嘲笑、有损形象，我就以今天写篇感悟作为践行圣贤之学的一课，无论如何我要把近段心路历程写出来，或许这有助于领悟圣贤之学。我要写！

写着……写着，我突然领悟到"行与不行"是一不是二，因我太执着写文章这件事，自认为写得好就是行，写得不好就是不行，其实仅是写文章而已，行与不行都是写。假如我能跳出写文章这件事，把写出的东西当作感悟圣贤之学的一种路子的话，那么行与不行同样都能悟到圣贤之学。从这点上讲，世间之事本无分别，因我执着，便有分别。

如果我们站在原子的角度来看：带正电的质子、带负电的电子，那么它们水火不容，是二不是一；但我们跳出原子，站在分子的角度来看：那么带正电的质子、带负电的电子同属于原子，它们是美妙和谐的，是一不是二，都是组成分子的微粒。所以我们又怎能执着于原子，而不能站在分子的角度看问题？

如果我们站在味道的角度，便有好吃与难吃之分，是二不是一；但是假如站在食物的角度来看，那么好吃与难吃都是食物，都能维持生命，是一不是二。所以我们又怎能执着于味道，而忽视了食物的健康？

如果我们站在分数的角度，孩子成绩好是好事，孩子成绩差是坏事，是二不是一；但是假如站在孩子成长的角度来看，那么成绩好证明孩子知识掌握好，说明孩子健康成长；成绩差证明知识掌握不牢，知识结构不合理，暴露缺陷，以便将来更加努力，也有助于孩子的成长，是一不是二。所以我们又怎能执着于孩子的成绩，而忽视了关心孩子的成长？

人生有风和日丽，也有狂风暴雨，我们怎能执着风和日丽所带来的心旷神怡，而不能正确对待狂风暴雨？它们都是修行的一部分，要知道不经历风和雨，又怎能见彩虹？我们怎容许自己习惯于仅从"事"的层面去看问题，并人为地将事分成好事、坏事，于是趋利避害，而不能从"理"的层面去看问题，做到事理圆通？

如能从这个角度看问题，便能合二为一。

### （十一）论学习

向来推崇王国维的治学三种境界学说。

王国维在《人间词话》中写道：古今之成大事业、大学问者，必经过三种之境界："昨夜西风凋碧树。独上高楼，望尽天涯路。"此第一境也。"衣带渐宽终不悔，为伊消得人憔悴。"此第二境也。"众里寻他千百度，蓦然回首，那人却在灯火阑珊处。"此第三境也。此等语皆非大词人不能道。然遽以此意解释诸词，恐为晏欧诸公所不许也。

王国维借用宋词，认为治学第一境界："昨夜西风凋碧树。独上高楼，望尽天涯路。"这词句出自晏殊的《蝶恋花》，原意是说，"我"上高楼眺望，所见的是更为萧飒的秋景，西风黄叶，望尽那消失在天涯的道路。

有人认为，王国维此句可解成，做学问成大事业者，首先要有执着的追求，登高望远，瞰察路径，明确目标与方向，了解事物的概貌。这自然是借题发挥，以小见大。如果按原词解，这几句是情感堆积、酝酿期，是对下文"望尽天涯路"的一种铺垫。

我很赞同上述观点，但我认为，此句至少还包含：一曰昨夜西风，而不是风和日丽，读书人应不怕天寒地冻，不怕熬夜，要能苦其心志；二曰独上高楼，而不是久居闹市，读书人应是孤独的，能独立思考，有独立思想；三曰望尽天涯路，而不是偏安一隅，读书人视野要宽，知识面要广。每每读到这里，对"独""尽"二字特别偏爱，也被学界大师所感动。有人读了几本书，就认为自己是学者。有几人愿意独立思考，有几人甘心坐冷板凳呢？相比之下，不禁汗颜！

王国维的治学第二境界是说："衣带渐宽终不悔，为伊消得人憔悴。"这是北宋柳永《蝶恋花》最后两句词，原是表现作者对爱的艰辛和对爱的无悔。

王国维以此两句来比喻成大事业、大学问者，不是轻而易举，随便可得的，必须坚定不移，经过一番辛勤劳动，废寝忘食，孜孜以求，直至人瘦带宽也不后悔。

除此之外，我还认为"为伊消得人憔悴"是突出"伊"字，不是移情别恋、不能朝三暮四，而是一门深入，情有独钟。做学问不能搞一哄而上，哪个热门就研究哪个，而应坚守自己的阵地。

王国维的治学第三境界是说："众里寻他千百度，蓦然回首，那人却在灯火阑珊处。"这是南宋辛弃疾《青玉案》词中的最后四句，来阐明"境界"之第三，即最终最高境界。

功夫不负有心人，只要做足功课、坚定不移，终会水到渠成，自然会豁然贯通，有所发现、有所发明，实现从必然王国进入自由王国。

除了王国维的三境界学说，其他关于学习的论述也特别到位来劲，至今记忆犹新，比如：

《论语》开篇即说"学而时习之，不亦说乎"，一方面说明学习的重要性，另一方面说明学与习不可分割。

《三字经》："玉不琢、不成器，人不学、不知义。"说明学习是人成才的必备条件。

英国的培根："读史使人明智，读诗使人聪慧，学习数学使人精密，物理学使人深刻，伦理学使人有高尚，逻辑修辞使人善辩。"说的是不同的学习领域可以塑造不同的品质，学习也是选择的过程。

但，今天读到台湾蔡礼旭《弟子规四十讲》提到学习的态度：第一要立志；第二要力行；第三一定要先扎道德的根基，再来读其他经典；第四，学习要能一门深入，长时熏习。《弟子规》中："不力行，但学文，长浮华，成何人。"对照这些，感觉好像是为我而写，直指要害！

学了十几年，发现自己还不会学习，还好有智者提醒，幸哉！幸哉！

### （十二）一分耕耘与一分收获

前几天，5位同学向我投诉：某某老师上课不备课，讲课内容与教材不符。我给同学们答复："向我反映问题表明同学们信任我，教师讲课内容与教材不同是常有的事，大家不要稀奇，因为情况在变、规范在变，而教材的内容变更往往比较滞后，但是教师上课不备课，那问题还是比较严重的。我调查清楚后，过几天再给你们回复，可以吗？"

昨天，我带了其他2位同专业的老师，以不打招呼的形式一同悄悄地去听课。这位老师的课上得还可以，在我看来不算差，倒是向我投诉的5位同学中，有2位同学在课堂睡觉。

我顿时明白：有些学生自己不愿过多地付出时间，成绩不理想，却把责任往老师身上推。

自己付出不多却要得很多，这是有些学生的想法。我要修正这些学生的错误想法，我给他们讲故事：

一位弟子打电话给高僧抱怨道："都说善有善报，为什么我努力了还是得不到？念经行善了但还很穷，也没有得到善报，命运也没有改变？"

寂静法师："我给你寄五百块钱来好不好？"

众："师父，你的钱我不敢要呢！"

寂静法师："我是要你帮我办一件事。"

众："师父，你说办什么，我绝对帮你办好！"

寂静法师："帮我买一辆汽车。"

众：（惊讶地）"师父，五百块怎么能买到汽车呢？！"

寂静法师："你知道五百块买不到汽车！可是世上有太多的人都在绞尽脑汁，想付出一点，就得到很多。"

愿这几个孩子，能从这个故事中悟到：要想多得就必须要比别人多付出，一分耕耘一分收获，进而在大学期间好好学习，多看别人的优点，多检讨自己的不足，那样自己一定会进步更快！

当然，同学们的这一缺点，我自己身上也有，记录以上这些目的在于：愿与同学们一道共同改正这一缺点。

**（十三）硬件还是软件**

清华大学校长梅贻琦先生曾经说过："所谓大学之大，非有大楼之谓也，乃有大师之谓也。"要大楼还是要大师，显然，梅校长更看重大师。大楼是硬件设施，大师是软件配置，梅校长更注重软件配置。

中国历史上最好的大学不是北大，也不是清华，而是西南联大。这所大学于1937年11月1日设立，那时正值抗日期间，国民政府为保住国家人才，决定位于北京的北京大学、清华大学以及天津的南开大学南迁至昆明，成立临时大学。那时，教授们与学生同吃同住，没有粮食，教授也去耕田种菜；没有宿舍，教授们把帐篷当宿舍；没有教室，教授把树荫当教室。但就是这所中国历史上最简陋的大学，培养了中国历史上最多的人才，包括获诺贝尔奖的杨振宁、李政道，"两弹一星"元勋邓稼先等，中华人民共和国成立后一大批卓有成就的优秀人才，也来自这所大学。

为什么设施最简陋的大学，却能培养出那么多的人才？因为西南联大的老师们心装梦想，人人都有使命感，都明白落后就会挨打的道理，都想着为国家的崛起而贡献自己的力量。这种梦想传达给学生，学生有样学样，都能树立远大理想，报效祖国。师生拧成一股绳，形成了一股巨大的力量。正如毛主席所说的那样，小米加步枪却能打败装备精良的国民政府军。

影响学生最重要的不是美丽的大楼，而是每位教师的学识，是校风，是学风。一位大学领导者，不单是建造大楼的规划师，更是灵魂的工程师。同理，一位企业的领导者，不单引领员工创造业绩，而且引领员工创造企业文化。而这一点，巨岸是极其用心与用功的，巨岸在建立巨岸文化方面是十分成功的，巨岸的陈董是高瞻远瞩的。

这样的企业家多一些，我们的国家经济才会更有希望；这样的教师多一些，我们的教育事业才会更有希望。作为一名教师，除了讲授知识，更要向学生传达一个信号，教育是可以改变认知的，教育是可以改变命运的，只要他们愿意奋斗，便有更好的明天。

### （十四）黄金难得，智慧更难得

古时候，曾有一个富人，想到处购买智慧美化自己，后来终于听说有一得道高僧很有智慧，只要花上千两黄金即可购买，窃喜，于是独自上山去购买，付款后，高僧告诉他：遇到任何事都要向前三步再退后三步。

于是，这个富人购买智慧后，就高高兴兴地回家。由于长年在外，极少回家探望夫人，准备给夫人一个惊喜，便披星戴月地日夜赶路，回到家已三更半夜，除夕夜都快过去了。因为大门未上锁，这富人直接走到自己房间，床上挂着蚊帐，富人正要唤夫人，猛然在微弱灯光下，看到床前有两双鞋子，再靠近一看，有两个人，这一富人心想：一定是夫人趁我离家时，不甘寂寞私会男人。

富人立刻怒火中烧，跑到厨房抓起菜刀，就要砍杀那人时，突然想起今天重金购买智慧的事，心想，花上一千两黄金，不要太浪费了，于是就在房间里进三步、退三步，这一进一退，把躺在床上的人给惊醒了。

"儿，吵什么吵……"，原来是妈妈担心媳妇大过年一人睡觉，太孤单，便和她在一个床上睡了。还好有高僧的智慧，否则杀了自己的亲娘，定会后悔莫及与遗臭万年！

从这个故事中悟到：企业要注重业绩，也要注重企业文化；学校要注重校园建设，也要注重校园文化。业绩是企业生存的基础，而文化是企业赖于长远发展的引擎；校园建设是学校办学的基础，而校园文化是学校长远发展的灵魂。业绩增长难，打造企业文化更难，校园建设难，打造校园文化更难。

企业不能为了短期业绩而损害企业文化，进而影响企业长远发展。学校也不可以为了校园建设盲目扩大招生进而影响校园文化建设，从长远来看得不偿失。

### （十五）新疆之美①

新疆之美，不单是一路饱览自然景观，更在于体验西域风情。

1. 自然景观

新疆之美，美在自然景观。天之蓝、树之嫩、草之绵、花之柔、水之清，让人可亲可近。

新疆的天蓝得没有一点儿污浊。我以为福建森林覆盖率全国最高，我的家乡极少有雾霾，天蓝得可使天空看得更高。但天山的天空，蓝得纯洁，不绿也不紫，极少云也极少风，似乎天空是凝固的。新疆的蓝天犹如少女一般，见了这天空突然觉得家乡的天空有点老气。世间之美美不过纯洁之美。

新疆的树很嫩。塔松像倒立的伞插在草丛中，那么大的一整片的树林整齐划一极少有

---

① 本文发表在《青年文学家》2019 年第 11 期。

高低起伏，宛如一排排列兵似的；重重叠叠的枝丫，漏下斑斑点点日影，印在密密麻麻的草丛，把草丛照得柔和却不闪眼。树是纯草绿色，不像南方的树绿得发黑而显得颜色不够纯。我想坐下来写生，不需调色，只用几个大色块即可，蓝天、白云、绿树，寥寥几笔就能鲜明表达。世间之美美不过鲜明之美。

新疆的景色很大气，要么是连绵不绝、尖锐坚硬的戈壁滩，要么是一望无垠、空旷高远的大沙漠，要么是绵绵几百里的无边无际大草原。一片清新碧绿的千里牧场展现在你的眼前，千里牧场只长着一色青翠的酥油草，草不密也不疏刚刚好，就像绿地毯满地铺着。草原就这样沿山势无边地平展，就像一片风平浪静的绿色海洋，清清的溪水在草丛在漫流，宛如海上小小的浪花，那白色蒙古包就像大个水泡在阳光下闪烁。世间之美美不过大气之美。

新疆的野花很任性，但不是野蛮生长，而是沿着溪流两岸，而是镶嵌在草原的周边。雪水融化成的小溪缓缓流着，小溪两岸开满野花，红的、黄的、白的、蓝的、紫的，五彩缤纷，宛如哈萨克族的织锦。翠绿的草原周边需要花边，于是被各种知名的、不知名的花儿镶满了，用锦上添花或繁花似锦来形容再恰当不过了。只要你愿意稍微伸手就可以捧到满怀的花，如果你很想摘朵花插在心上人的头上，那这儿的花儿便是最合适的。世间之美美不过柔和之美。

新疆的水清得没有一点杂质。天池的水很奇，不是因雨而聚，而是天山的雪融化而成，涓涓细流汇聚成池，犹如婴儿的脸庞细腻可亲，又如一块温润的一色碧玉。站在池边，我的心随池水的绿而摇荡，那池水如一个丰腴的少妇穿着极大极大的多层绿色裙子飘扬荡漾，风儿轻轻地吹，似乎露出白嫩白嫩的美腿，我想张开两臂抱住她，梦想去贴近与依偎，却被站在我前面的一对七十来岁老夫妻唤醒。也许是此景此境勾起老奶奶美好回忆，她便不自觉地靠在老夫之肩膀，银色的头发随风飘扬，印在微波粼粼的如绿宝石般的湖面上，让你觉得世间之美美不过老来依偎之美。

新疆之美不是让你觉得遥不可及的天边之美，而是触手可得的可亲可近的体验之美。

我到过很多景点，多是边读着名篇边游景点，希望通过大作家文笔唤起我的良好印象。读了《桂林山水》后游桂林，读了《苏州园林》后游苏州，读了《日月潭》后游台湾，那样更能体会作家的良苦用心，更能体会眼前的良辰美景。但是，游新疆我却拒绝阅读任何作家的巨作，我怕作家们的自身印象干扰了自然景观给我的天然第一印象，我知道：眼前有景道不得，即使是再好的作家也只能展现新疆一角，任何人都无法准确描绘新疆之美，新疆之美只可意会不可言传。如果今生可以选择老去的地方，我愿意就此长眠。如果来生可以选择出生之地，我愿意出生在天山之巅，俯瞰整个梦幻般新疆，犹如天天过着热恋般的甜蜜日子。

2. 人文印记

新疆之美，美在西域风情。新疆的美景名胜不单给你视觉冲击，让你依依不舍、流连忘返，感受自然的神奇，更让你无限遐想，体验异样的风情，参悟到个体的生活状态应当简单简朴，群体的生活状态应当和平和好。

无论是在阿贡盖提草原石人哈萨克民族文化园，还是在南山牧场的哈萨克民族生活园，我都对这个民族的生活习惯惊叹不已，他们生活很简朴，几乎没有现代化的设施。游牧民族靠养牛羊马为生，他们通过春夏秋冬不断迁徙，使各处草场得到休养。冬季毡房搭建在向阳背坡上，以避风雪；夏季则搭建在凉爽通风处，以防暑热。修建毡房时不用挖土翻地，拆卸时不会留下废墟，当毡房从一个地方搬迁之后，过不久，那里又是绿草茵茵。他们没有卫生间，草原有多大，卫生间就有多大。牛马吃草，粪便作为草原肥料，不断循环，干干净净，没有留下任何垃圾，他们是零污染的民族。

我想我们在推进现代化的同时，破坏了太多的自然景观，大量的混凝土森林屹立在城市之中，将来这些房子使用寿命到了，我们如何化解它？城市垃圾堆积如山，我们如何处理它？我们为了生活便利，大量占用自然资源，一边是繁华似锦，一边是垃圾成山。是不是我们应当低下头来好好地向游牧民族学习，不焚林而田，不竭泽而渔，不过度开发，让每个人的生活回归简单简朴呢？假如人的生活回归简单简朴，就会大量减少从自然界中摄取的资源量，那么人与自然必能和谐相处。

喀纳斯湖无疑是中国最神奇最美丽的湖，与喀纳斯湖相比我更关心生活在喀纳斯湖旁的图瓦人，400多年前，图瓦人因为战争从俄罗斯迁居在喀纳斯湖畔。据考究图瓦人是蒙古族的一支，他们自称是成吉思汗的后裔，能武能文，武能骑马滑雪、文能善歌善舞。最具图瓦人文化特色的当数乐器——苏尔，这是用一种只在喀纳斯湖区生长的加拉特草制作而成的乐器，长60多厘米，跟笛子很像，中间是空的，但只有三个音孔。图瓦人为我们演奏的曲子是《美丽的喀纳斯湖》，曲声从老人手中的草茎中发出，仿佛缓缓流动的水波，向四面八方荡漾开来，如微风轻拂，如山泉呜咽，如情人倾诉。

我觉得这乐音远比勇士在战场厮杀的声音或喋喋不休地挑起贸易战的噪声要动听得多。有些西方国家政治人物本应当引领民众创建和平盛世，却在迎合民众甚至煽动大众情绪大搞贸易战争、军事战争。人类为万物之灵，却频遭战争摧毁。假如人类的生活能够遵循规则、演绎和音，就会大量减少争端与战争，那么人与人、民族与民族、国家与国家之间必能和平相处。

如果没有战争，喀纳斯只剩下美丽的喀纳斯湖，永世唱着《美丽的喀纳斯湖》，那才是人类最美最动听的音符。

**（十六）寻找乡愁之旅**

乡愁是诗歌的重要主题之一，乡愁也是文学、影视、舞蹈、绘画、雕刻、音乐等艺术作品的重要主题之一。从李白的"举头望明月，低头思故乡"、杜甫的"露从今夜白，月是故乡明"、白居易的"春来江水绿如蓝……能不忆江南"到贺知章的"少小离家老大回，乡音无改鬓毛衰"，诗人们抒发酷爱家乡的情怀，浓浓的乡愁在诗歌中流淌。再到当代余光中的《乡愁》：小时候，乡愁是一枚小小的邮票，我在这头，母亲在那头。长大后，乡愁是一张窄窄的船票，我在这头，新娘在那头。后来啊，乡愁是一方矮矮的坟墓，我在外头，母亲在里头。而现在，乡愁是一湾浅浅的海峡，我在这头，大陆在那头。诗人通过提取几个单纯的具象——邮票、船票、坟墓、海峡，表达单纯、明朗、集中、强烈四个意象，诱发读者多方面的联想，给那些整日在相思、别离、相聚与奔波的人一种强烈的共鸣，一种难以言表的哀愁和欢欣。

乡愁也是乡村规划考虑的重要主题之一，北京建筑大学秦红玲教授认为：建筑遗产的情感价值不仅表现在强化认同感、精神象征作用等方面，乡愁也是建筑遗产的一种独特的情感价值。张帅博士从美学体验的角度认为：乡愁应是涌入城市的乡民对传统生活模式的依恋和对当下城市生活的失重感相互交织融涵而形成的一种困顿体验。乡愁价值是建筑遗产的一种特殊的衍生价值，它既是一种以场所感为核心的情感价值，又是一种与岁月价值紧密相关的具有复杂情感色调的审美意象。

引起乡愁的元素很多，可能是自然因素，也可能是发生在家乡的人和事，归纳起来主要有：一是自然景观。可能是村口大树、屋旁池塘、地形地貌、山水特征、成片的果树、成群的白鹭、一定规模的梯田等。二是人造景观。可能是小桥、古井，也可能是祠堂庙宇、特色民居、影院戏台、公共建筑，甚至连本地特别的建材（闽南、莆仙的红砖）、本村庄的特有肌理（村旁的鹅卵石路）、建筑符号（莆仙高翘的燕尾脊）都能勾起对家乡的回忆，引起乡愁。三是在发生在家乡的人和事。村民交往交流的方式，比如仙游的大年初二不能走亲戚的习俗，能让子孙后代永远铭记倭寇侵略；传统工艺、传统礼仪的民俗文化，比如仙游枫亭元宵节的游灯民俗活动，令人想起宋朝的繁华景象。

但是新农村建设给人们带来生活极大便利的同时，也摧毁了儿时的回忆，许多背井离家的人已经认不得回家的路，认不得自己儿时的母校，似乎乡愁离我们越来越远，北岛说他在自己的故乡成了异乡人。

我的家乡有山有海，美丽至极。这个国庆节，我环游家乡，重拾自己的乡愁。

### （十七）作为教师代表在全校 2021 届毕业生上的讲话

尊敬的各位领导、老师，亲爱的同学们：

大家上午好！

时光荏苒，大学三年的毕业季就这样悄然而至。有人说：一个老男人最傻的就是在毕业季上掏心掏肺地给年轻人讲大道理，我没那么傻，我保证今天不讲大道理，而是改为讲一讲人生哲理。我是来自建筑工程系的陈老师，我将结合工程实践，讲讲我从搬砖过程中领悟到的人生哲理。

大学三年，有人获奖，收获满满；有人献血，爱心满满；有人升本，奋斗满满；有人把相爱变成相爱过，经历满满；有人一个人来两个人走，幸福满满；这些都是青春的色彩，终究变成镌刻于心的记忆，也反映了我们学校倡导的心中有爱、眼里有光、手中有技的办学理念是卓有成效的，也预示着你们的未来更美好。

同学们，你们毕业了！终于毕业了！一千多个日日夜夜的等待终于换来了毕业之季，让我致以你们最热烈的祝贺！

你们要感谢你们的父母，他们始终如一地爱护关心着你，为你们的成长而付出，以你们的快乐为幸福，请把最热烈的掌声献给你们的父母！要感谢你们的母校，也许还有一些不如意的地方，恳请你们谅解，因为世间好大学成千上万，而接纳你们的大学才是最好的大学；也许我们的教师还不够优秀，但他们是最好的，因为世间的好老师千千万万，而遇见的那个才是最好的，比如今天你们又遇见了一个。但愿我们辛勤的汗水，可以浇灌你们，助力你们成长，也请你们把最热烈的掌声献给你们的母校！

同学们，人生不是赢在起点，而是赢在拐点。从校园到社会是一个人一生中最大的拐点，离开学校这座象牙塔，步入社会，也许一时难以适应，也许你会感叹自己"起得比鸡还早，收入比民工还少"，是的，每个人都会累，没人能为你承担一生中所有的伤悲和疲惫，所以总有那么一段时间我们要学会自己长大。

在此，我献给同学们的人生哲理是：一是抬头看路，低头做人，用姿态填平学历的鸿沟；二是持之以恒，埋头做事，用努力填平专业的鸿沟。三是善待他人、善待自己，用善意填平人与人之间的鸿沟。固化我们的不是学历，也不是专业、更不是阶层与出身，而是我们心中的笃定与坚守，只要你愿意，愿意把远方交给脚步，就一定可以到达梦想的地方。

同学们，我们应当笑对过去，忆往昔峥嵘岁月稠；把握当下，而今迈步从头越；展望未来，长路尽头有灯火。

同学们，将来，或在某个旭日初升的清晨，或阳光明媚的午后，或细雨敲窗的夜晚，你的脑海还会闪现出校园里的难忘岁月，回忆起在校的点点滴滴与无限美好时光。

同学们，"湄园，曾经来过，就是永远"。即将启程之际，把这段求学时光装进行囊，让母校的牵挂陪伴你们走遍海角天涯。母校始终会默默关注你、祝福你。出发吧，同学们，莫愁前路无知己，湄园永远属于你！

最后我还想说的是，我从搬砖过程中领悟到的人生哲理，概括起来就是：祝愿你们怎么晒都不黑，怎么吃都不胖，喜欢的人刚好也喜欢你，女同学都能与婆婆处得来，男同学的丈母娘都不是推高房价的。祝愿你们都能华丽转身，都能美梦成真。

## 校企双元育人——企业篇：
## 福建巨岸集团陈文豹董事长分享心得两篇

### （一）践行初心分享　赢在细节[①]

前日与友人闲聊时谈道：有那么一小部分人执行力强、雷厉风行有成果，智商情商双高、说话智慧、相处舒服，并拥有不少知心朋友，这些人究竟是怎么做到的？

多与优秀人士为伍便不难归纳出他们的特质拥有以下几种共性：一、善于聆听；二、换位思考；三、不耻下问；四、勇于担当；五、快速行动、六、注重细节，七、关注成果；八、坚持创新。这八个方面缺一不可，其中我认为注重细节尤为重中之重。

"细节决定成败"的道理我们耳熟能详，真正能执行的人却不多。面对一件小事时，大部分人是缺乏耐心，急于求成的：认定事小而没有继续研究这件"小事"还可如何尽善尽美，在沟通上如何让对方更为舒心与感动。很多人就是不愿意。假设我们秉承着一如既往的认真与全力以赴，持之以恒坚持做好每一件小事，注重每一个细节，每天进步一点

---

① 福建巨岸建设集团陈文豹董事长坚持与员工一道，每周撰写一篇心得，收录与本书相关的主题两篇。

点，我们便在无数的小事磨炼中练就了做大事的能力。常年累月的积累更是如同一块吸铁石，将周边的优秀人牢牢地吸引，并不约而同为你赋能，为你贴上"可以托付"的标签，机会自然而然接踵而来。

有这样一个经典案例视频：故事里的两位职员同时间、同条件入职。有一天，甲小姐气冲冲质问老板为何本次的提拔加薪受重用的人是乙小姐而非自己。老板笑而不答，当即请来乙小姐，同时让甲乙两位分别对接了解外省两个不同客户来访时间的指令。很快，甲小姐兴冲冲赶在乙小姐前向老板汇报了其客户将于下周三到来。当老板再问起客户同行人数、到访时长、承搭交通工具、行程接送与住宿相应安排等内容时，由于甲小姐事前并没有考虑到如此多的细节，因此甲小姐均无法一次性向老板做出回答，在来回折返了几次后终于给出一个结果。而此时乙小姐带着笔记本进门了，就如和老板提前沟通过似的，未等老板开口，便把刚才老板向甲小姐发问的内容一一做了汇报，同时还增加了天气预报穿衣指南等内容。此时甲小姐当即领悟到乙小姐处事的用心和对细节的把控能力，涨红了脸羞愧地低下头。

集团于本月同时迎来了数十位实习生，分别就职于集团各部门、各公司、各项目部，开始进入了他们人生的另一个转折点。短短的几天时间里，只从上班、下班、写分享、创价值中虽看不出谁更优秀更具有潜力，但大致可以看出为人处世谁更用心谁更有耐心：小事可以小到每日提前半个小时上班，擦桌拖地，烧水问候；延后几分钟下班，检查收拾，断电闭门……

习惯成自然，欲戴皇冠必承其重。想成为一名有抱负有作为的职场精英或成功人士，别无选择，只能脚踏实地，珍惜每一次机会。天下难事，必作于易；天下大事，必作于细。赢在小事，赢在细节，那才是最后的赢家！

(二) 践行初心分享 咱们想留下些什么

办公桌对面墙壁上悬挂的一幅画，源于上一任中国诗书画院院长胡忠元教授亲手绘制的经典作品，前些日子连同《毛主席来到俺庄丰产田》（小学课本上的画）等几幅大作亲手赠送与我。能够得到胡老的作品我倍感荣幸，因为胡老是一位值得我尊敬的老人。1929年出生的他，从4岁开始学吟诗作画，并坚持至今，他的作品深得业界肯定，有许多幅作品被国家博物馆永久收藏，享受国务院津贴等荣耀。今年已92岁高龄的他，依然是玉树临风精神抖擞，明知自己的作品可以高价交易，可他与众不同，只送不卖，时刻牢记一名共产党员的使命，始终保持着优秀共产党员洁身自爱的高贵品格，在他面前总可以见到那发光的党徽和听党话跟党走的坚定信念，总可以感受到满满的内在能量！看得出他和我的价值观完全一致：曾经送他几本我的价值观分享汇总书籍，他无论出差哪里，总要把这书籍带在身边，一遍又一遍地读，在我的分享词句缝隙间做了密密麻麻的感言标注，真可算我的忠实铁粉。

一张白纸，他画上了十三棵竹子，刚劲挺拔，充满力量，右上角落笔"咬定神州不放松，立根原在大众中。千难万险还坚劲，任尔东西南北风"几行行草墨宝，中间合适位置还安排盖上几个不同字体形状的朱红私章，犹有画龙点睛之妙，布局紧凑唯美，功底强劲，画出了竹子的灵魂和生命，一看便知出自行家里手。赠予我这幅画，代表着胡老的一片心声和一份嘱托，竹子象征着虚心，象征着气节，文字进一步谆谆教导扣紧主题，蕴含着老人家对我过去和未来的期望和鼓励，教我该如何为人做事，一如既往志在四方顽强拼搏！

一张白纸上，看你画的是什么？象征着什么？何时画？谁去画？是否画出深意，画出价值？画不好就是轻如鸿毛成为垃圾，画得好也可以重如泰山躬敬千古！犹如咱们做人，出生时都像一张白纸，看你出生的环境、价值的取向、成长的轨迹、奉献的多寡，可以如秦桧一样卖国求荣遗臭万年，也可以像岳飞一样精忠报国永垂千古……

咱们出娘胎之后，何曾不像一张白纸，而这张纸上给它画上什么？赋予怎样的灵魂？赋予怎样的价值？准备留给历史什么？留给下一辈什么？最终的答案显然是取决于咱们自己的选择。想要成为有价值的一幅画，那就需要咱们有不厌其烦的信念，和持续苦练的耐心！

## 校企双元育人——学生篇：
## 顶岗实习的学生分享心得五篇①

### （一）2020年8月1日巫××分享

今天刚好有一栋别墅楼要浇灌混凝土需要搭脚手架，于是我的师傅给我讲起了有关脚手架的搭设知识：脚手架杆件搭设要符合规范要求，拉结点要牢固，转角、顶层拉结加密，并采用刚性连接，横向每隔3米，水平每隔6米，在柱子浇捣砼时预埋钢管作为拉结点。脚手片满铺，绑扎牢固，脚手片铺设交接处要做到平整牢固，无探头跷板，外侧设阻燃性密目网，密目网采用安全监督部门准用的材料，脚手架内立杆与建筑物空隙超过20厘米的每隔两层铺站人片，施工层以下每隔10米用平网封闭，施工层设1.2米高防护栏杆和挡脚板。

听完之后我才觉得，我要学习的东西还有很多，成为一名施工员的道路还很远。

### （二）2020年8月1日阮××分享

今天是成为巨岸家人的第十天，不经意间7月就过去了，开始逐渐融入巨岸这个大家庭，开始做各种计划表，刚开始是有些不熟悉和不适应。

正逢八一节，下午休息时看到金一南先生讲述有关国民党抗战的历史。"九一八"事变，关东军10 900人，东北军19万人，却在两天内丢掉奉天，两个多月东三省沦陷，直至11月底才打响东北抗战第一枪，"七七"事变，日军仅8 400人，而29军有10万人，一个月华北沦陷。人多又如何，不过乌合之众罢了，一旦意志丧失，也不过羊羔罢了，任人宰割，正如亮剑中楚云飞在国军大败时痛斥道："就是5万多头猪，抓三天也抓不完。"这就是集体性精神沉沦的可怕，负能量的传播和影响。而反过来一想，如董事长所说的，做一根烧红的铁棒，用全身热情去沸腾，这不就是正能量的传播吗。物理中的热传递，热量总是高温物体向低温物体传递；只要巨岸家人们互相帮助，传递光和热，就能把这种光和热无限放大，共同提升自身的能量，不做那一击即溃的乌合之众，那么鲁班等优秀大奖

---

① 双元育人成果，刚入职福建巨岸建设集团的学生每天撰写一篇心得，限于篇幅，本书仅收录五篇。

总归会被我们拿到，实至，名自然归。

**（三）2020年8月3日郑××分享**

放样完成之后，今天就是准备材料要开始砌墙了。刚刚来了一车加气砖，搬运材料的班组早早就开工了。这个班组的工人跟我父亲差不多年纪，因为这里现在改造，没有施工电梯，他们都是用挑的。他们迈着沉重的脚步，比起说他们挑着砖块，我更感觉到他们挑的是一个家庭，是一份责任担当。我也试着想去挑那一担砖，扁担往肩上一放，我吃力地想站直身体，但是砖还是稳稳地立在那里丝毫没有动摇，可能是我还没有体会过这种处境，我深深体会到了"为父则强，为母则刚"。我想让我的父亲以后不再劳累，现在必须努力奔跑，这是唯一的途径。

下午过去绑钢筋，因为这边现在没有什么工人，我们就出一份力。经过前几次的实践，这次绑钢筋我好像快了很多。

晚上是我第一次参加会议，会议主题"安全生产"，我们巨岸集团最注重的就是安全，用电安全、现场施工安全等都是放在第一位，不管是这次的检查还是台风，集团都特别重视，需要加固的加固，需要整改的整改，防患于未然。这也体现了集团对我们员工的责任，对农民工的责任。一句"文明、健康，有你有我"完全地概括出来了。今天不仅在技术实践还是思想方面都有满满的收获。加油，所有的担当，都是为了明天比今天更好。

**（四）2020年8月6日谢××分享**

奔向前方的道路上永远需要跟时间赛跑。

今天连着跑三家银行，早上在做财务监控审核时收到项目部财务的电话，要我尽快处理重发的工资，由于不熟悉情况，他所发的重发内容里面有一部分之前我已经做过。因此赶着把监控审核看完立马跑去中国银行拿回单进行校对，通过核对之前发放完毕的工资表，我将还没代发的整理出来。刚想停下来，柳坑这边的就发来工资单，要求尽快处理代发。事情不来则已，一来就是抱团，刚审核柳坑工资明细时，香盛公馆的财务也发来重发的名单，其间我还因为自己看错信息闹了个乌龙。看着这些，心里默默盘算着顺序。因为香盛比较少，就先把香盛的重发整理成Excel表格。之后再次对柳坑项目进行检查。整理完成已经中午下班，趁着下班一点儿时间，把厦门银行转账发票写好。下午上班就开始建行代付业务的处理，但不知道什么原因，电脑一进入系统就开始死机，反复几次之后总算完成，拿着一堆材料，盖完章去银行已经三点半了。心里默默祈祷能做完三家银行业务，但第一家厦门银行就出情况，先是过去太急导致身体发热体温不合格进不了，等到进去之后又要排队等候，办理时又因为跨行转账时间花费过长。等到终于结束发现已经四点半多了，想着碰碰运气滴滴过去，途中却突然发现U盘忘记了，简直快吐血。没办法既然来了不能空手回去，因为怕今天的材料有保质期，就先询问了柜员材料明天是否可以使用，在得到肯定答复后，就把之前香盛财务要求的回单打印一下，之前代发还没取的回单也一块拿了。

回去的路上，懊恼苦闷充斥着大脑，本来打算明天跟焕金姐学习房地产知识估计又要推迟了。不禁感慨时间真的不够用啊，转眼我就毕业了，转眼我已经工作一个月整了，时间从指甲缝流走，握不住，挽不回。唯一能做的只有珍惜时间，跟时间赛跑，我们虽然不能延长我们生命的长度，但我们可以扩宽人生的宽度，在这样一条宽路上我们一路奔跑，追赶时间。

**（五）2020年8月11日香盛公馆项目部林××分享**

昨晚很荣幸通过云平台参加厦门大学、集美大学林必越教授主持分享的《管理领导力与执行力提升》主题会议，真的让我受益匪浅。也许对我来说，这场会议偏于深奥，充满了面对未知知识补充的好奇且迷茫心理，但不可否认这是很好的一课，是作为一名巨岸家人的必修课！刚开始林教授理论联系实际，专业又不失幽默，营造了十分活跃的课堂气氛，为我们灌了一碗心灵鸡汤，讲述了苏格拉底的一句名言："我唯一知道的事情就是一无所知。"其中让我印象最深刻的是：改变我们生活的人，并不是那些最耀眼的人、最富有的人和获奖最多的人，而是那些真正关心你的人。还有最重要的就是自己一定要有一个归零的心态，归零是一种积极的心态。所有的成败相对于前一秒都是一种过去。过去能支撑未来，却代替不了明天。

学会归零，是一种积极面向未来的意识。林教授主要从管理者的领导力、管理者的执行力、沟通管理执行力三个维度展开具体的课程讲解，其中沟通能力是领导与执行的基础，也是基本能力。沟通，听是沟通的主要方式，说是沟通的辅助方式。沟通的方式可以有很多种：会议、面对面交流、邮件、信息、电话、肢体语言，甚至一个眼神。在实际工作中，一个人的沟通协调能力是很重要的。善于沟通，良好的沟通效果往往会使人很快在工作中打开局面，赢得宽松的发展空间，并且有较高的成就感；而不善于沟通，沟通不畅则经常会让人感到举步维艰，有较强的挫折感。在实际工作中，每个人都或多或少地会碰到一些沟通障碍，如果我们放弃沟通了，那么我们可能就真的失败了。今天林教授的讲座就是一种沟通方式，至少他的思维方式以及思想内容已经有很大一部分进入我们脑中，至于我们能接受多少就另当别论了，这就需要被沟通的一方也要有沟通意愿甚至是沟通能力。聆听了林教授的讲课，当时的情景还历历在目。我们渴望成为人才，想必也能够达到：只要充满热情，心无旁骛，智慧为人，就一定会超越自我，取得成功。

**【案例小结】**

构建服务学生发展、助力学生成长的党建+育人体系，虽然是"双带头人"的头等大事，但在实施过程中，因这些内容量化考核极难，"双带头人"的考核体系并无具体要求，所以被多数的"双带头人"忽视。笔者未申请"双带头人"之前，已经着手构建育人体系。"双带头人"工作室创建以来，更加注重育人体系建设，申请课程思政改革，加入"三全育人"队伍，利用每一个重要的时间节点进行思政教育，开展校企双元育人，形成相对完备的育人体系。

思政内容融入课程教学之中，作为"双带头人"，通常从四方面入手：①现场观摩，比如笔者教"工程招投标与合同管理"这门课，组织学生参加法院庭审，用真实发生的案例教育学生，并由法官结合案例延伸讲授思政内容，效果极佳。②申请课程思政改革，迫使自己对每一个章节进行思政融入，从而实现由随机融入变成有意识主动融入。③邀请校友或企业家结合他们的就业或创业故事讲授思政课，这种方式可避免居高临下的单向讲授，极易激起授课人与听课人的双向互动，效果良好。④开展"三全育人"活动，笔者组建研习传统文化小团队，因本活动是学生自选，讲授内容比较接地气，而且人数较少，只有5~10人，师生之间互动比较充分，受到学生的欢迎。

思政微课堂是笔者精心谋划，利用重要时间点集中全体同学上大课，形成闭环的八节体系化的思政课。组织这类活动，要想取得较好的效果，笔者的体会是：①内容要反复比选，挑选学生感兴趣的话题或学生正面临的困惑作为讲授的主题。②形式要接地气，大量引用大学生使用的高频词、网络流行语，讲授时幽默些。③会前精心准备，学生还是能感知到老师的良苦用心的；会时充满激情地讲授，会后个别回访。思政课一定要以学生为中心，以学生能接受的方式讲学生关注的话题，而不能把教师研究或擅长领域单向传递给学生。

校企双元育人是在富有教育情怀的巨岸集团董事长陈文豹先生亲自示范推动下开展的，笔者亲眼见证学生的成长与进步之后，决定加入校企双元育人队伍，同企业员工、实习学生们一同每周分享一篇感悟。这种模式广受欢迎的原因是：①笔者曾经在政府部门从事文秘工作，有一定的文字功底，撰写的短文也曾被巨岸集团推送给员工传阅，学生看到自己老师的名字出现在企业自办报刊显眼的位置会有一种莫名的亲切感自豪感，他们写作的动力更足。②企业感受到教师育人的真诚，那段时间，几乎所有的假期都在短文写作中度过。③通过这种模式，进一步梳理了职业教育的理论，加深了对职业教育的思考。

育人是永恒的话题。党建+育人体系的构建，虽然取得一定成效，但因不少高职学生的不良习惯早已养成，改变起来并非易事。学生的毅力与恒心与习惯之间冲击、热度衰减与不良习惯再抬头，始终是高职教育者思政教育的难题，亟待破解。

**【思维导图】**（图3-9）

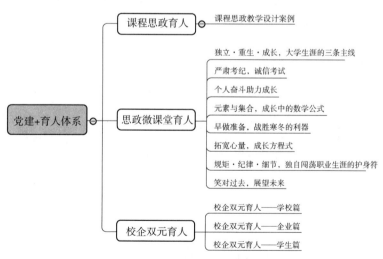

图3-9　党建+育人体系思维导图

## 第三节　党建+系部管理

### 【案例7　二级院系管理的思考与实践】[①]

**摘　要**：2017年4月，笔者就任建筑工程系负责人。当时，面临学生就业困难、招生规模下滑、教学质量不高的三个主要问题，于是对现状进行分析，决定从解决学生就业入手。在各位贵人的帮助下，数据分析显示，建筑工程系的就业与招生有了较好的改善，下一步将重点解决教学质量提升问题。教学质量始终是教育管理者的中心任务，当光环消退后，露出来的永远都是教学质量；项目包装卸下来后，露出来的永远还是教学质量；热热闹闹的职业教育在喧嚣过后，必将回归宁静。

**关键词**：就业　招生　教学质量

### 一、面临问题

2017年4月，我就任建筑工程系负责人，之后我把精力主要集中在三件事：就业、招生、教学。招生是入口，教学是中间过程，就业是最终出口。我的职业设想：在任期间实现三大目标——实现充分就业、扩大招生规模、提升教学质量。

### 二、分析问题

这三个目标环环相扣，提升教学质量是最为核心的，教学质量提上去，品牌做上来，学生在校期间学到的东西更多、掌握的技能更多，就业自然就好，也会带动招生规模扩大。但是提升教学质量也是最难的，况且教学质量的提升归根到底是师资力量的提升，而建筑工程系师资力量是目前全校最为薄弱的，更要命的是短期之内难以改变这一客观现状。难道我一筹莫展、一事无成？

于是我想剩下的两个问题能否先破解，招生还是就业？招生问题解决得好，教师的福利高，教师工作的积极性也会跟着提高。招生数上不去必将导致教学投入不足，从而影响到教学质量，进而也影响到就业。就业解决得好，学生有奔头有前途，这关系到全系的400多位学生，直接关乎400多个家庭的命运，涉及的面更广。相比之下，招生与就业两者只能选其一的话，我会选择就业，因为它的影响面更大。

### 三、解决问题

#### （一）解决就业问题

我的第一个目标锁定在就业上。目标是明确了，但是面临的问题是，该怎么办呢？我

---

[①] 本文于2021年8月完稿，笔者试图把论文与散文两种文体相结合，以学术性与实用性相结合的方式撰写。

没有这方面的工作经验，我的资源也仅限在仙游县与莆田其他地区的一些企业。于是我采取笨办法：跑！我相信这一点：教师找工作总比学生找工作要简单些。系书记陈建武、系校企办主任张少海与我，三人每周固定一天跑企业。

上天总是偏爱于我，在跑企业过程中遇到了各种助缘与贵人。我记得很清楚的一件事，有家叫盛威的一级企业，我与陈建武、张少海三个人都不认识这家企业的任何员工，只是凭百度查询了这家企业的基本信息，但也勇敢去敲门。说明来意后，他们热情接待了我们，在推介的过程中，才知道他们对我们学校不是很了解。待我们介绍完学校后，他们似乎略有所知。后来这家企业也没有跟我们有任何的合作，但我还是相信我们已播下种子，静待开花结果。两年后，这家企业出现在筑梦助学的名单上，捐了8 000元资助了我们的学生。

在跑企业的过程中遇到热心的教师为我们提供信息或牵线，直到我们遇到贵人——热衷于家乡教育事业的许锦荣总经理，还有中天建设的王蓉主任、莆田市建筑业协会林辉秘书长、巨岸建设集团陈文豹董事长……再后来，有好多好多的企业进来了，一年中就遇到了几十个贵人。我的第一个目标在我系的全体教师的努力下，于2018年上半年实现了突破。仅过了14个月，我们的学生已经供不应求了，我们合作的企业每年需要的毕业生是我们毕业生的3倍以上。

令人欣慰的是，我们从事的是教育事业，是公共事业，也是公益事业，其实我们付出不多，却收获得那么多。因为社会在发展，热心于教育事业的社会力量在成倍地增加。

### （二）解决招生问题

2018年下半年，我把工作重心移到招生。我采取了四个措施：

（1）新增专业。那时国家积极推进消防改革，我就想能否对接这个政策，增设消防工程技术专业。我顶着师资不能确保的压力以及面临招生不确定性的风险申报此专业，幸运的是在学校领导的大力支持下，2018年12月省教育厅批准此专业招生，我校也成为全省第一家公办高职中开办此专业的学校。

（2）扩大宣传。我们跑了几个中职校，也与两个学校对接中高职衔接，可惜省教育厅将建筑工程技术五年专列为黄牌招生专业，不予批准，我们的努力付之东流。其实，去年住建部治理人岗分离并取消了挂证行为后，必将导致建筑工程技术的毕业生缺口量还是相当大的，有关部门出台这项政策缺乏调研，与市场需求背道而驰。

（3）增加信息报道量，扩大宣传。

（4）给系里教师一点小奖励，鼓励招生。

采取四大措施后，招生问题一定程度上得到有效破解。2019年，我系共招生全日制学生189人，比2018年增加45人，复退军人招生140多人，两者加起来是去年的2倍。2020年之后，我校已搬进新校区，学校的影响力大大提升，招生不再困难了，2021年建筑工程系已超过1 000人，2023年建筑工程系已超过1 200人。招生问题的破解主要是国家支持职业教育的政策红利、搬新校区带来的学校影响力持续增强，再加上校领导和教务处指导有力、新设专业广受欢迎等多种因素叠加的效果，而不是我的主观努力。招生这件事在我的目标中到2021年8月也可以说算是破解了，接下来，我的精力主要用在拼教学质量上。

### （三）提升教学质量

教学质量始终是教育管理者的中心任务，当水分挤净水面下沉后，露出来的永远都是教学质量；包装卸下来后，露出来的永远还是教学质量；热热闹闹的职业教育在喧嚣过后，必将回归宁静。而且教学质量的提升，不能单靠某些名师的单打独斗，而是需要全体教师的共同努力。

高职教育特别注重理实一体、工学结合，特别突出实践教学的地位。因此实训室的建设管理便成为我提升教学质量的第一步。新校区那么漂亮，国家投入那么多，学校明年将给建筑工程系的实训室投入几百万元，这数额比我在钟山镇3年的政府性投资总和还要多。如果这么多钱砸进去，办学质量仍在原步徘徊的话，真的无法向纳税人交代，我的心是沉重的。通过对实训室的建设管理进行思考，我提出了实训室人员管理模式：1+N 模式（即：任何一间实训室由1个实训室教师加上若干个学生组成）；物资管理模式：采用"五化"（即：设备采购计划化、资产管理精细化、设备使用规范化、耗材管理程序化、设备维护定期化）；经费管理模式：分类管理，集体研究（0.3万元以下低值易耗品采购，由实训室主任负责；0.3万~3万元以下物资采购，由系党政联席会议决定；3万元及以上物资采购，上报学校，按学校统一流程进行）。

提升教学质量的第二步，便是提升师资力量。高职教育的比拼归根结底是师资力量的比拼，因此，提高师资准入门槛，新进教师必须至少具有研究生学历。提升现有师资力量，传导压力，要求现有教师5年内必须完成技能提升任务。鼓励教师参加教学能力大赛，在个别教师带领下，2020年4位教师组成团队获得全省教学能力大赛一等奖。2021年又决定裂变，拆成2对，通过老带新，获全省教学能力大赛一等奖二项，全省教学能力大赛二等奖、三等奖各一项。同时，每个月举行一次教研活动，每年举行一次亮成绩活动，形成赶超比拼的氛围。

提升教学质量的第三步，便是打造良好学风。一是每学期闭学式，我都要给学生打气鼓劲，从不同侧面引导学生学习。二是加强技能训练，通过分析建筑相关专业技能大赛，锁定世界技能瓷砖贴面竞赛作为突破口，亲自带学生训练，2020年代表福建省出征国赛现场，我也获得国赛教练与裁判资格。三是学赛融合。按不同的技能比赛赛种，组建各种相应的学会，促进学生技能训练，对个别技能成绩好的学生外派外省训练；承办莆田市砌筑、工程测量比赛，让学生与产业工人同台竞技，提升学生技能水平。四是优化选修课，将职业资格考试、专升本考试课程纳入选修课的主要内容，帮助学生学有所获。

## 四、引申讨论

### （一）系主任是管理者还是领导者？

细节决定成败，管理者应当考虑问题的方方面面。考虑问题再细一些，保证不出差错，这是管理者的主要职责。而领导者将目光锁定在发展战略上，毛主席说过："领导就是出主意、用干部。"据此推断，我认为系部领导者最核心的能力是决策，是知人善任，能谋善断。

系部是学校的内设机构,它不同于法人单位,不具有独立性,应当依靠学校各个部门,从这种意义来讲系主任是管理者。

但我想说,其实系主任真正的身份不单是系部管理者,更应当是教学单位的学术领军人,应当是学者,是人才培养、科学研究、技术服务、文化传承四位一体的教师,是一位系部教师的代表。

### (二) 关于教师

鼓励教师考研、参加职业资格考试;要求每位教师每年至少开一次公开课;邀请企业专家来校授课或讲座,全体教师全程听讲;严格落实老带新制度;通过绩效合理分配,适度引导激励教师工作积极性;制定制度,力促教师技能提升。

### (三) 关于学生

学生构成犹如橄榄形,对于中间的大部分学生,应当帮助其实现就业;对于上部为数不多的学生,帮助其专升本或参加各种各样的技能大赛;对于下部为数不多的经济困难的学生,通过资助保证任何学生不因经济困难而辍学。对于精神上存在问题的学生应当加强心理辅导,帮助其健康成长。应当把学生培养成德智体劳美全面发展的高素质的技术技能人才。

### (四) 关于实训室建设

充分考虑办学成本,尽量争取实训设备由政行校企四方共同投入、共同使用。围绕专业建设进行实训室规划。按照教学、科研、技能竞赛、集训基地四位一体进行实训室建设。

### (五) 关于专业建设

专业设置上不雷同于省内任一高职院校,实施差异化发展,即使是同一专业也力求有自己的专业特色。按照建筑产业链建设专业群,建筑设计专业、工程造价位于产业链的上游,建筑工程技术位于产业链中游也是专业群最为核心的专业,建筑消防工程属于建筑配套,位于产业链的下游,形成闭环,做到基础课程共享、专业课程各自发展。

### (六) 关于校园文化

一是明确系训。校训是"学成为人",那究竟成何人呢?我们结合建筑行业的特点,提出"厚德、明理、重技、健体"的系训,厚德即将妈祖的立德、行善、大爱的精神融进来,做到不偷工减料;明理,事情可能不同,理却是相通的,希望我们的学生,掌握一定的理论知识,养成理性思维;重技,职业教育是兜底教育,让学生学会技能,做到技能在手,一身不愁;健体,就是文明其精神,野蛮其体魄。二是用企业文化丰富校园文化,每月邀请一次企业领导、行业达人、业内专家来校开讲。三是师生同台竞赛,每年举行形式各异的文体活动,增进师生感情。

## 五、结语

数据分析显示,我系的就业与招生有了较好的改善,其实我对自己是满意的,也算是考试合格了,但烦琐复杂的行政事务耗尽我大量的时间,使我的人生无法聚焦。"羁鸟恋旧林,池鱼思故渊",久久归一,一生最想做一件事:读书、教书、写书;我何时才能心归此处?

# 【案例8 二级院系人财物管理】①

## 一、师生管理

### (一) 教师管理

我们认为学校之间的比拼最终在于师资力量的比拼。2020年8月，建筑工程系有26名教师，其中专任教师19名，骨干教师4人，专业带头人2人。组建外聘师资团队，所有教师均建立相应管理档案。2017年建筑工程系有22位教师，其中研究生学历的只有8位（专业教师3位，辅导员3位，在职硕士2位）。我系倡导专任教师提高自身学历，2017年之后进入我系的4位教师均是研究生学历，而且这4年通过在职研究生考试的教师有10位，目前我系只有8位教师未通过研究生考试。

(1) 加强教学督导。组建由系主任、专业主任、资深教师组成的系部教学督导小组，由连鸿丹副教授负责督导日常事务，组织开展期初、期中、期末教学检查活动，对全系教师课堂教学各个环节进行检查、指导，保证稳定、正常的教学秩序，维护日常教学纪律。

(2) 定期不定期举行教研活动。全系教师定期进行教学研讨（一个月一次），探讨解决教学、科研问题，分享经验、成果，做好教研室活动记录。每位教师每学期开展公开课评议1次，听课6次。

(3) 落实老带新制度，再次明确一位中级以上职称的教师带2位新教师，提升传帮带水平。

(4) 推进三教改革。组织4名教师参加教学能力大赛，取得省赛一等奖的佳绩，2021年又裂变为2组参赛。探索混合式教学、案例教学、项目化教学，立项省教育厅教改项目1项。提交1门微课验收，编写3门校企合作教材，新增2门院级职业教育精品在线开放课程建设，重新修订课程标准36门。

(5) 加强教学管理。突出日常教学常规管理，做好内部文件的建章立制，联合合作企业申报省级教学质量标准体系ISO 9000认证工作。

(6) 晒晒教师个人成绩。每年举行一次系内全体教师晒成绩活动，每位教师将一年承担课程教学、教研项目、指导竞赛、技术服务、系部重大事项的干货拿来晒晒，并当场由全体教师评出3位教师1位管理人员为当年度优秀。

(7) 加强师生互动。加强顶岗实习的管理，采用钉钉打卡落实学生去处，每位教师下企业指导学生，做到覆盖面百分百。

教师是特殊的群体，是高级知识分子，具有很高的自律，他们特别需要礼仪与尊重。每一次的教师全体大会，就是一次展示管理理念的时候，应当认真对待。下面以2020年9月全体教师期初工作会议为例，说明教师管理的特殊性。当时的讲话内容为：

---

① 二级院系人、财、物等三方面管理主要体现在师生管理、绩效管理、实训室管理。

开会之前，先通报发生在暑假里的两件大好事：一是我校正式成为福建省示范校，历经几年的拼搏，终于如愿以偿，这里也有各位老师的辛劳。二是我系的薛晓珊、康东坡、郑慧仙、庄晓晴组成的教师团队，终于在省赛中获得一等奖。成绩来之不易，尽管大家都知晓，但我还是要再次传达，因为我们学校我们系所取得成绩真的很振奋人心，在这儿工作尽管很累但很值得。

每学期的第一次教师大会，除了布置教学任务，我谈得往往较多，今天也不例外。

每个教师都应有家庭意识。在单位你是二十六分之一，缺了任何一位，单位照样运转。你家有急事，可以调课，如果调课不来，可以叫人代课，代课不来的，可以外聘，总之我一定会想办法填补这一空白。即使是我或建武书记请假了，建筑系也照样运转，去年我边工边读，去华大当访问学者，建筑系照样运转。

但是在家里，你作为父母，却是孩子的二分之一，没人能替你担当。而你若是独生子女，你便是父母的全部。假如父母住院了，我不希望，你以单位工作很忙为由，耽误带父母去医院看病，或是耽误病情。在建筑系有几位教师自己身体不好，或父母的身体不好，或孩子的运气不好，按规定请了一些假，但我总能听到一些背后议论的杂音，尽管本意不坏，但仍是不好现象。在我看来，一位教师只有当好父母、当好子女才有可能成为一位好教师，也只有照顾好自己的身体，才有可能当好教师。

因病情，任何一位老师的请假我都会批准。建筑系的教师应是孝子，应是有着强烈家庭责任感的人。这里的每一位学生都是一个家庭的希望，每位教师应尽可能将自己的学生视同自己的孩子一样去照看，教师如同父母，一位教师把父母或子女的职责做到极致的话，那么他才有可能将教师的职责做到极致。

每个教师都应当找准定位。我的管理理念：不是按职位高低或学历高低，也不是按职称高低进行管理，而是按照对系部的贡献度进行管理。每个人都有自己的定位与分类，但按照对单位的贡献度来分类的话，我想分成三类：一是拼命工作；二是拼命赚钱；三是拼命玩耍。

拼命工作的人，能以大局为重，设心处虑为教育事业发展，这种人往往不过多地看重个人得失。在我看来这是单位的脊梁与支撑，无论是物质奖励、评先评优，还是职称职数都应当向他们倾斜。拼命赚钱的人，能正确处理公私关系，腾出时间进行家庭建设，在我看来这是常人，不但无可厚非，而且十分可爱，任何人不应当在背后进行指指点点。同时我希望如果你将自己定位成这类人，那么你也不要跟别人争这争那的，否则会被人看不起。拼命玩耍的人，最为可怕，一方面是会玩，赚了钱只管个人消费潇洒，衣服乱买，拼命吃喝玩乐，成为剁手党、月光族，极少贴补家用；另一方面是会耍，在单位自己不但不爱做事，还要背后议论人、嫉妒人，甚至设置障碍阻止别人做事。在建筑系我要旗帜鲜明地反对这种人，坚决不给空间。一个人即使学历很高，研究生或重点大学毕业，但是如果几年不学习，也会落伍并成为外行人。

每个教师都应有成果意识。高职教师最重要的技能有三项：教学、科研、服务社会。三项技能组成一个整体，你可以有侧重，但不能偏废任何一项。教学是基础，也是最重要的，任何一位教师都应当研究教学，认真教学。科研衡量教师的理论水平，是教师的提升之道，是教学的动力源，一位教师不懂科研，不研究学术，那么教学必然没有新意，必定肤浅。社会服务是教师的实践技能，是检验教师理论水平最好的方式，学与做不但不可分离，而且相互促进。

最令人着迷的是：这三项工作是可以量化，可以累积的。许多教师忙于做事，却缺乏成果意识。你教了几门课，却不申报课改；你能否将所教的课程进行有深度、有创新的思考并写成论文拿去发表，能否编教材，能否带学生竞赛，能否参加教学能力大赛，能否申报教学成果奖；今年你计划学哪个技能，你要承担多少个项目，为系部的社会服务进多少账。我很替这种人可惜，整天忙忙碌碌，到年终之时，总结起来却无所事事，恍如虚度光阴。从你有志于教学工作之刻起，从进入校园就要树立成果意识。这些成果不仅有利于你的职业成长，而且在客观上有利于学校的发展，学校创"双高"需要这些，升本也需要这些。如果你有成果意识的话，那么每一次你都会积极申报项目，学校只有依靠大家完成的项目去推动才能再上新的台阶。

**附1：建筑工程系教师技能提升计划实施方案**

为落实全国职业教育大会会议精神以及《国家职业教育改革实施方案》（简称"职教20条"）、《关于推动现代职业教育高质量发展的意见》等文件提出的增强师资队伍建设要求，按照学院"十四五"规划、"双高计划"、"提质培优"、"职业本科"创建工作的部署，进一步提升校园文化品质，经研究决定实施"教师技能提升计划"，特制定本方案。

**一、总体目标**

为贯彻落实立德树人根本任务，突出职业教育注重实践技能的类型教育特征，遵循教师成长和发展规律，实施教师5年周期技能提升计划，要求教师对自身岗位技能进行全方位培养提升，使每位教师获得6项技能的基本目标，确保系训"厚德、明理、重技、健体"落到实处，全面提升教师技能水平。

**二、实施范围**

建筑工程系聘任教师系列专业技术职务的全体教职工。年龄在50周岁及以上的专任教师可不作硬性要求。

**三、技能认定方法**

本文件规定的技能认定方法采用量化评分方式，具体分值详见附件1。随着经济发展技能种类可能发生变化，若在技能库新增技能时，必须经过个人书面申请，经党政会议投票表决确认（赞成票达到应参会人数的三分之二）。

每年11月份认定一次，认定结果公示。符合奖励的，当年度兑现奖励。

技能认定时由当事人提供原件与复印件，由系行政办负责审核。提交的证书必须真实可靠，一经发现造假，追回已有的奖励，取消3年内的评先评优，扣减2个月的绩效工资。

**四、奖惩措施**

此方案设置5年考核期，在5年之内各项分数总和达到6分的教师，由系部奖励30A元；若该教师分数总和超过6分，每超过1分增加2A元的奖励金额。（分数取整，如1.25分按1.0分计算。）

到第 5 年考核期截止日的各项分数总和未达到 6 分的教师，即日起到系部实训室进行培训，并增设第六年考核期，若该教师于第六年考核期截止日的各项分数总和达到 6 分，视为考核通过，若该教师考核总分仍未达到 6 分，则按相关流程转为后勤岗位。

### 五、保障措施

#### （一）组织领导

系部成立教师技能计划工作领导小组（以下简称领导小组），全面领导技能提升提升工作。系书记、系主任任组长，系副主任任副组长，"三办"主任及各专业负责人为成员，负责系部的教师技能提升计划落实工作。

#### （二）机制保障

教师提升技能与项目申报、职务晋升、岗位聘任挂钩。各教研室发挥基层教学组织或教学团队作用，有组织地开展专业研讨、提升示范、技能竞赛及教学改革研究等技能提升活动，组织教师到企业调研学习，创造性地开展教师技能提升培养工作，切实将教师技能的培养作为系部未来发展的基础性工作，抓出成绩，抓出实效。

#### （三）经费保障

设立教师发展专项经费，加大对教师教学能力培养、培训工作的投入力度。各专任教师教学能力提升年度计划，统筹安排专项经费使用，保证本方案的顺利实施。

#### （四）合法权益保障

为了维护女教职工的合法权益，保护女教职工在生产劳动中的安全和健康，推动计划生育，促进优生优育，提高民族素质，对于在考核年限内按照国家政策规定实行生育权利的女教师，每生育一胎，将该名教师的考核期相应延长半年。

### 六、附则

本办法由系行政办负责解释，自 2022 年 3 月 15 日起实施。

## 附2：建筑工程系技能库

技能库由四部分组成：专业领域职业技能、专业相关的岗位职业技能、其他技能、置换技能。

### 一、专业领域职业技能

1.1 注册类证书

| 证书名称 | 证书分类 | 系数 | 发证机构 |
| --- | --- | --- | --- |
| （1）注册建造师 | 一级建造师 | 2.0 | 由人社部与住建部发证 |
| | 二级建造师 | 1.0 | |
| （2）注册造价工程师 | 一级造价工程师 | 2.0 | 由住建部、交通运输部、水利部、人社部4个部委联合负责 |
| | 二级造价工程师 | 1.0 | |

续表

| | | | |
|---|---|---|---|
| （3）注册消防工程师 | 一级消防工程师 | 2.0 | 由应急管理部与人社部发证 |
| | 二级消防工程师 | 1.0 | |
| （4）注册监理工程师 | 土木建筑工程类 | 1.0 | 由住建部、交通部、水利部发证 |
| | 交通运输工程类 | 1.0 | |
| | 水利工程类 | 1.0 | |
| （5）注册土木工程师 | 岩土专业 | 2.0 | 由人社部与住建部发证 |
| | 水利水电专业 | 1.5 | |
| | 港口航道专业 | 1.5 | |
| | 道路工程专业 | 1.5 | |
| （6）注册电气工程师 | 供配电专业 | 1.5 | 由人社部与住建部发证 |
| | 发输变电专业 | 1.5 | |
| （7）注册公用设备工程师 | 暖通空调专业 | 1.5 | 由人社部与住建部发证 |
| | 给水排水专业 | 1.5 | |
| | 动力专业 | 1.5 | |
| （8）注册建筑师 | 一级建筑师 | 2.0 | 由人社部与住建部发证 |
| | 二级建筑师 | 1.0 | |
| （9）注册结构工程师 | 一级结构师 | 2.0 | 由人社部与住建部发证 |
| | 二级结构师 | 1.0 | |
| （10）注册安全工程师 | 中级 | 1.5 | 由人社部与应急管理部发证 |
| | 初级 | 1.0 | |
| （11）注册咨询工程师 | | 1.0 | 由国家发展改革委批准，并颁发工程咨询单位资格证书 |
| （12）注册城市规划师 | | 1.0 | 由人社部与住建部发证 |
| （13）注册土地估价师 | | 1.0 | 由自然资源部发证 |

续表

| | | | |
|---|---|---|---|
| （14）注册安全评估师 | | 1.0 | 由人社部、国家安监局批准颁发 |
| （15）注册环评工程师 | | 1.0 | 由人社部和生态环境部发证 |
| （16）注册招标师 | | 1.0 | 人社部、国家发展改革委发证 |

备注：①其中一级造价工程师由住房城乡建设部、交通运输部、水利部负责注册及相关工作。经批准注册的申请人，由住房城乡建设部、交通运输部、水利部核发《中华人民共和国一级造价工程师注册证》（或电子证书）。

②二级造价工程师各省、自治区、直辖市住房城乡建设、交通运输、水利行政主管部门按专业类别分别负责注册及相关工作。经批准注册的申请人，由各省、自治区、直辖市住房城乡建设、交通运输、水利行政主管部门核发《中华人民共和国二级造价工程师注册证》（或电子证书）。

1.2 职称类证书

职称证书可分为工程师、高级工程师。[是指取得工程类的大专、本科等以上学历，其证书由各省市的人社厅（局）、职改办等部门评审的，或具有独立职称评审权的大型企业（如中建、中核等央企）颁发的。]

本地企业可通过考试指导中心报考，到人社部门立户取得评职称的条件。

● 常用专业

| （1）暖通/暖通空调 | （2）给排水 | （3）机械/机电/机电工程 | （4）自动化类 | （5）园林设计/园艺师 |
|---|---|---|---|---|
| （6）计算机/电子/通信 | （7）工民建 | （8）建筑学 | （9）市政/公路 | （10）土木工程/道路与桥梁 |
| （11）水利水电/化工 | （12）建设设计/测量 | （13）建筑/建筑施工 | （14）建筑电气类 | （15）园林绿化等 |

● 系数

| 职称 | 系数 |
|---|---|
| 助理工程师 | 0.25 |
| 工程师 | 1.0 |
| 高级工程师 | 1.5 |

## 二、专业相关的岗位职业技能（本项技能最高累计不超过3分）

### 2.1 岗位类证书（工地项目部管理人员的证书）

| 类型 | 分项 | 系数 |
| --- | --- | --- |
| 工地现场 | 1. 测量员；2. 施工员；3. 质量员；4. 资料员；5. 造价员；6. 机械管理员；7. 安全员 | 每项0.25分，封顶1分。 |
| 消防类 | 1. 中级消防设施操作员；2. 高级消防设施操作员 | 0.5 |
| 技师类 | 技师 | 0.5 |
| | 高级技师 | 1.0 |

### 2.2 技能能级考试类证书（0.5~2.0）

| 证书名称 | 证书分类 | 系数 |
| --- | --- | --- |
| （1）全国BIM技能等级考试 | 一级证书：BIM建模师（不分专业） | 0.25 |
| | 二级证书：BIM高级建模师（区分专业） | 0.5 |
| | 三级证书：BIM应用设计师（区分专业） | 1.0 |
| （2）全国CAD等级考试 | 一级：二维计算机绘图 | 0.25 |
| | 二级：三维几何建模 | 1.0 |
| | 三级：复杂三维模型构建与处理能力 | 1.5 |

## 三、其他技能（本项技能最高累计不超过3分）

### 3.1 其他技能类证书

| 外语类证书类（0.5） | 英语六级、专业英语八级、雅思5.5分、托福60分等（或其他语种的等级考试） | |
| --- | --- | --- |
| 计算机证书类（0.5） | 省级二级以上相关计算机证书 | |
| 职业资格证书（0.5） | 如：律师资格证书、导游资格证、报关证书、人力资源资格证书、国家司法考试证书等官方认定的资格证书 | |
| 会计师证书类（1.0） | 从业资格证、CPA、ACCA等 | |
| 教师资格证（1.0） | 高等学校教师资格 | |
| 应急救援类（0.5~1.0） | 应急救援员（1.0） | 由人力资源社会保障部、应急管理部颁发 |
| | 救护师资证书（1.0） | 由中国红十字会颁发 |
| | 救护员证（0.5） | 由中国红十字会颁发 |

续表

| | 一级 | 1.5 |
| --- | --- | --- |
| 心理咨询师（0.5~1.0） | 二级 | 1.0 |
| | 三级 | 0.5 |
| 驾驶证（0.25） | A、B、C 类驾驶证 | |

3.2 其他协会证书

| 级别 | 系数 | 备注 |
| --- | --- | --- |
| 国家级 | 2.0 | 例如：中国美术家会员、中国书法家会员、中国作家会员、中国摄影师会员等国家认证的协会会员 |
| 省级 | 1.0 | 例如：省美术家会员、省书法家会员、省作家会员、省摄影师会员等省级官方认证的协会会员 |
| 市级 | 0.5 | 例如：市美术家会员、市书法家会员、市作家会员、市摄影师会员等市级官方认证的协会会员 |

## 四、置换技能（本项技能最高累计不超过 6 分）

4.1 教学竞赛类（指导学生竞赛或自己参加教学能力大赛、课堂大赛、思政授课比赛）

| 类型 | 级别 | 奖项 | 系数 |
| --- | --- | --- | --- |
| 教学能力大赛 | 国家级 | 一等奖 | 3.0 |
| | | 二等奖 | 2.5 |
| | | 三等奖 | 2 |
| | 省级 | 一等奖 | 1.5 |
| | | 二等奖 | 1.0 |
| | | 三等奖 | 1.0 |
| 备注：本项目采用年度递减方式计算，第一年得分如上表，第二年之后（含第二年）得分按 0.25 分计算，但获得国家级比赛名次的可以累积得分 | | | |
| 指导学生竞赛 | 国家级 | 一等奖 | 2.5 |
| | | 二等奖 | 2.0 |
| | | 三等奖 | 1.5 |
| | 省级 | 一等奖 | 1.0 |
| | | 二等奖 | 0.5 |
| | | 三等奖 | 0.5 |
| 备注：本项目采用年度递减方式计算，第一年得分如上表，第二年之后（含第二年）得分按 0.25 分计算，但获得国家级比赛名次的可以累积得分 | | | |

### 4.2 学术论文

| 类型 | 参与方式 | 系数 | 备注 |
| --- | --- | --- | --- |
| 重要核心刊物论文，权威的核心期刊、特种刊物论文 | 第一作者 | 2.0 | ①指的是国际通用的SCI、EI、ISTP、SSCI、A&HCI收录检索系统的论文（中国科学技术信息研究所检索为准）；②第三作者后不计分 |
| | 第二作者或第三作者 | 0.5 | |
| C类：一般核心刊物论文 | 第一作者 | 1.0 | ①指《全国中文核心期刊要目总览2017版》刊物上发表的论文；②第三作者后不计分 |
| | 第二作者或第三作者 | 0.25 | |

### 4.3 国家专利类

| 类型 | 系数 |
| --- | --- |
| 发明 | 0.5 |

### 4.4 其他类

| 类型 | 级别 | 参与方式 | 系数 | 备注 |
| --- | --- | --- | --- | --- |
| 技术服务入学院账 | | | ≥1.0 | 20万元及以上得1分，每增加20万元依次增加1分，上不封顶 |
| 开设公司或工作室并帮助解决学生就业 | | | 1.0~2.0 | 一年解决5个及以上学生就业得1分，每5个依次增加1分，封顶2分 |
| 行业标准 | 国家级 | 主持 | 2.0 | |
| | | 参与 | 0.5 | |
| | 省级 | 主持 | 1.0 | |
| | | 参与 | 0.25 | |
| 教材出版 | 国家级 | 主编 | 2.0 | 带CN号 |
| | | 参与 | 0.5 | |
| | 一般教材 | 主编 | 1.0 | |
| | | 参与 | 0.25 | |

注：将"六艺"以满分六分的分值标准化评定。

教师这个群体，比较爱面子，利益诉求渠道隐涩，作为管理者要高度敬重教师，你越敬重教师，他比你更敬重你。

## （二）学生管理

学生管理按照学校分工主要是学工队伍在负责，作为"双带头人"在学生管理上以教书育人为主，对橄榄形的中间即大部分学生，以推就业为主，力争100%就业；优秀的学生以技能竞赛或专升本为主；贫困学生以经济资助或勤工俭学为主；精神上存在问题的学生应当加强心理辅导帮助健康成长，努力将学生培养成德智体劳美全面发展的高素质的技术技能人才。如何学生管理，散见本书第三章第二节的党建+育人体系，不再赘述。

## 二、财务管理

二级学院的财务管理，主要集中在绩效工资方面，制定绩效工资方案主要考虑四个点：

（1）以确保系部日常教学工作、学生管理、技能竞赛培训等正常运转为前提。即我们依据同级别行政坐班人员的绩效工资等于教师周课时12节来确定每节课时费与行政坐班人员的月基本绩效工资为前提。

（2）以推动系部的持续发展为着力点。即系部每年重点工作采用一事一议的立项管理办法，按事项复杂程度分为4A元、7A元、10A元三档给予立项，项目完成后给予兑现。这类绩效工资的份额在1万~2万元。

（3）注重"多劳多得、合理分配"原则。严格执行学院文件，将兼职行政事务的教师如数兑现绩效工资。

（4）多次研讨，公开透明。每次方案均召开全体教职工会议表决，表决后的方案进行公示。这次新的绩效工资分配方案，我系修订四稿方案、召开四次党政联席会议研讨，召开一次全体教师会议专门表决方案，结合教研活动或系部会议召开两次全体教师会议进行说明、表决、公示。

以2020年1月1日制定的《建筑工程系绩效工资分配方案》（注：本绩效工资方案由"双带头人"工作室的张燕珠老师拟定初稿，笔者修改，全体教师研讨审定）的部分内容为例来说明。

《建筑工程系绩效工资分配方案》部分内容：以建筑工程系持续发展为目标，保证建筑工程系日常教学工作、学生管理、技能竞赛培训等工作保质保量完成，在学院下发的《湄洲湾职业技术学院绩效工资分配方案（修订）》文件原则上，结合系部实际情况制定本方案。(此资料为敏感资料，方案中的具体数据用A、B、C作为单元，读者既能看出比例大小，又不泄露具体数字)

一、建筑工程系管理人员配备情况以及职责（此部分略）

二、建筑工程系内设管理架构、人员构成与职能

学工办：负责学生思政、意识形态、党建、宣传、文明建设、三全育人、学生管理等。

教务办：负责教学管理、实训管理、校企合作（含招生、就业）、专业设置、课程改革、质量工程建设、技能训练竞赛、三创教育竞赛、教师培训、各类教学评估等。

行政办：负责落实学院指令、校园安全稳定、二级包干经费使用与管理、教工专业职

务评聘晋、教工考核评价、绩效工资考核发放、校产和设备器材的维修修缮、工会各项事宜等。

1. 系部暂时不设立"三办"主要负责人，采用兼职人员试运行。

2. "三办"兼职岗位的兼薪额度包干标准：35A元/年，随月考核发放。

兼职党务工作者津贴15A元/年（随月考核发放），教学秘书2A元/月，行政秘书2A元/月，组织员2A元/月，分团委书记3A元/月，报账员3A元/月，安全员2A元/月，校企办主任5A元/月（随月发放2A元，剩余3A元年终考核发放），分工会委员0.8A元/月，合计34.8A元/月。凡是违反意识形态领域问题、师德师风问题则实行"一票否决"，上级检查督查问题严重的、受组织处分的，按50%予以发放。

3. 剩余的包干津贴，系部年终综合考核发放，此块经费独立于系部月绩效工资分配，由学院单独统一发放。特别说明，此津贴将不体现在系部年终绩效份额中。

4. 资产管理员的津贴。

三、教师工作量津贴

职称：高级（课酬/节/1.2B元），中级（课酬/节/1.0B元），初级（课酬/节/0.8B元），未定级（课酬/节/0.6B元）。

备注：

1. 行政管理人员兼任教学工作每周原则上≤4课时，超过4节的课时量，超出部分不计（有特殊情况的由系部党政会议后统一决定课时量及课酬）。

2. 实训指导管理人员每周原则上≤4课时，实训周超过4课时的，超出部分按50%计（有特殊情况的由系部党政会议后统一决定课时量及课酬）。

3. 实训周周课时，按照学院原有系数折算，即学生系数×22，其中学生系数＝（指导实训人数-25）×0.01+1；

4. 专任教师的基本工作量为12节/周，寒暑假期间，教师的工作量津贴视该学期的工作量而定，总体原则在取当学期当个老师的课酬平均数基础上，超过基本工作量的按个人课酬平均数100%领取，达到基本工作量的按个人课酬平均数85%领取，未达到基本工作量的按个人课酬平均数60%领取。

专任教师的工作量＝学年实际总课时量（含实训周）/实际周数。兼职系部、学院的行政工作，按照学院文件标准折算工作量计入当学年的教师工作量；承担系部高职扩招、二元制课程、院级选修课等，按实际工作量计入当学期的教师工作量。此处工作量不含函授、专本衔接、毕业生论文（设计）指导、课题、项目、兼职党务工作等工作量。

5. 班级学生数超过核定人数的课时系数按学院原有规定折算（详见表三）。

| 表三：建筑工程系课时折算系数 | | | | | | |
|---|---|---|---|---|---|---|
| 班学生数A | A<60 | 60≤A<80 | 80≤A<100 | 100≤A<120 | 120≤A<150 | 150≤A |
| 课时折算系数 | 1 | 1.1 | 1.2 | 1.4 | 1.6 | 1.8 |

6. 特别说明两点：①教师高职扩招、二元制课酬津贴由学院教务处统一发放。发放标准以教务处的文件为准，相关文件详见《高职扩招教学管理、经费运行办法（试行）》。高职扩招教学工作量属于系部工作安排，但经费从教务处中列支，故此津贴将不额外体现在系部年终绩效份额中。②不包括公共选修课的课酬津贴。公共选修课的课酬津贴由学院教务处统一发放，发放标准40M元/节，其中课时折算系数详见表四。

| 表四：学院公共选修课课时折算系数 M | | | |
|---|---|---|---|
| 班学生数 A | A<60 | 60≤A≤100 | 100<A |
| 课时折算系数 M | 1 | 1.2 | 1.5 |

7. 特别说明，线上课程的课时折算方式与线下课程一致，系部不再额外乘以其他系数。线上课程工作量认定的时候，除了基本的教学材料，主要以教师呈现的课堂小结为参考依据。

四、行政管理人员工作量津贴

行政管理人员每月工作量津贴＝岗位级点×G+责任系数×Q

备注：

1. 第一份岗位，全额发放绩效津贴，第二份岗位（兼职），津贴按原有岗位津贴×60%领取；

2. 实训室管理人员每月工作量津贴参照行政管理人员执行；

3. 特别说明，此处的管理工作量津贴不包括高职扩招、二元制管理津贴，高职扩招、二元制管理津贴参照学院方案，相关文件详见《高职扩招教学管理、经费运行办法（试行)》。

五、学生工作量津贴

辅导员思政工作补贴，学院按每人8A元/月的标准核拨给学工处，由学工处牵头，会同人事处、院系党组织制定考核办法，报学院批准。考核由学工处组织实施后，报人事处备案发放。特别说明，此津贴将不体现在系部年终绩效份额中。

辅导员超工作量补贴：每个辅导员基本工作量为带200个学生，超额人数按每10人1点管理分算，每个分值为0.2A元，不满200个学生按200人折算。

班主任按0.5A元/班核算，若担任同年级多个班级，则第二个班级按0.4A元/班计。具体每个月的班主任津贴由系部书记考核后随当月绩效发放。

六、监考、补考、出卷、批卷等工作量津贴

监考、考务：1个课时/场；出卷、批改试卷：0.8个课时/次，以上分配方法适用于补考。相关津贴随当月绩效发放。

七、毕业论文（设计）工作量津贴

毕业论文（设计）指导工作量津贴按每届学生的实际人数而定，原则上指导毕业论文按每个学生5个课时基础工作量折算，指导毕业设计按每个学生7.5个课时基础工作量折算（特别说明：折算教师年度考核工作量时按学院统一标准，每个学生5个课时），毕业论文答辩按6个课时工作量津贴折算。

八、其他津贴说明

1. 兼职院系党总支委员，按照每年60课时工作量计算；兼职党支部书记，按照每年80课时工作量计算；兼职党支部委员，按照每年50课时工作量计算，兼职分团委书记、报账员，按照每年120课时工作量计算，兼职校企办主办、安全员，按照每年50课时工作量计算。以上兼职人员在职称评聘时合并计入工作量（相关津贴按照表一三办兼职岗位的兼薪额度包干标准随月考核发放）。

2. 系部教学督导人员，每人每天0.4A元补贴，随当月绩效发放。

3. 为加强系部管理，进一步规范系部的加班、值班工作，在学院有关文件的基础上，系部补充相关管理规定。按照系部值班安排表，每人每天0.5A元补贴；周末、寒暑假加班的，报备直属领导后，认定加班工作量，按每人每天0.5A元标准补贴。所有加班人员需按时考勤签到，系部根据考勤签到表发放相关津贴，随月发放。特别说明，此津贴将不体现在系部年终绩效份额中。（解释：学院发放加班误餐补贴标准，系部按照全体教师全额发放，已将日常值班加班补贴，周末、节假日值班加班等特殊情况包含在内）。

4. 系部网络创新联络员每月2A元补贴（每月每人至少发布新闻稿8篇，系部根据实际情况增设1名人员专门负责教师方面的新闻，每月A元补贴；若所发新闻报道被院级以外的报纸、网站选登，则每则新闻按0.5A元奖励，其中新闻编辑者0.4A元，新闻推送者0.1A元），创新创业联络员每月2A元补贴（按实际活动开展的月份计算），省文明校联络员每月2A元补贴，随当月绩效发放。

5. 指导各类经系部批准的协会，如CAD协会、造价协会等，指导老师按每年3A元补贴（相关的活动开展要有完整的佐证材料），系部"三全育人"活动的奖惩办法参照原文件规定执行（摘录：每位导师每学期开展活动至少5次（开展相关活动材料齐全），系部基础补贴2A元，对于活动开展次数超过5次的导师进行额外奖励，超出部分每次按0.5A元计算。每学期期末对导师工作进行系部考核，按照系部教师人数30%的比例评选优秀导师，对前30%导师进行奖励，其中第一名奖励5A元，其余导师奖励2A元）。

6. 代表系部参加文娱类活动（不包括院趣味运动会），每人补贴A元，参赛获得的奖金归所有参赛人员共有。

7. 教师的业绩奖励（业绩贡献奖、年终考核津贴、特殊奖励津贴三项总和约占绩效工资总额30%）中：①业绩贡献奖用于对承担项目建设、教研成果、各类竞赛指导、教学技能竞赛获奖等作出业绩贡献的教师奖励，学院奖励办法详见《关于印发〈湄洲湾职业技术学院关于师生参加各类竞赛活动暂行规定（修订）〉的通知》（湄职院教〔2020〕5号），系部结合实际情况，以工作量的形式包干给相关指导老师（详见表七）；②年终考核津贴由院系负责实施，用于对本单位人员在履职尽责、承担院系"三办"兼职工作、指导学生竞赛、创新教育教学、创新管理等方面作出贡献的奖励；③特殊奖励津贴以学院的绩效奖励津贴为标准发放。特别说明，教学名师、专业（学科）带头人、名师工作室、技能大师工作室、"双师型"教师的奖励、项目建设、教科研奖励等由人事处统一造册发放，系部不再额外补贴。

表七：教师业绩贡献奖

| 名称 | 等级 | 包干工作量 | 备注 |
| --- | --- | --- | --- |
| 系部院级比赛项目 | 院级 | 学院按每个项目10A元包干（含出卷、监考等全部事宜，由项目负责人统一负责），系部不再承担额外包干费用 | 相关的比赛项目必须上报系部备案，特别是行业类技能比赛项目，需提前做好认定等级工作，教师个人比赛项目奖励办法参照执行 |
| 市级技能比赛项目 | 市级 | 系部按项目等级（工作量标准：市级2A，省级3A，国家级4A）进行基础工作量补贴，每个工作量基数按0.3A元折算，比赛获奖的，系部再按学院文件的标准×60%折合工作量发放奖励，所有奖励标准按最高标准发放，不累加发放 | |
| 省级技能比赛项目 | 省级 | | |
| 国家级技能比赛项目 | 国家级 | | |
| 行业类技能比赛项目 | / | | |

8. 特别说明，每月的教师工作量总津贴不得超过当月总额度的2/3（此处的总额度特指扣除管理岗位津贴之后的总额度），剩余的1/3用于当月的其他工作量津贴发放。若当月实际发放的绩效份额超过学院当月分配的绩效份额，则当月的其他工作量津贴延迟发放。

9. 专业主任、实训中心主任、辅导员岗位责任津贴由学院统一发放，所占份额不在系部绩效包干总额里，每月基础岗位津贴3A元/人，随月发放，剩余岗位津贴5A元/人由归属部门年终统一考核发放。特别说明，此津贴将不体现在系部年终绩效份额中。

10. 各类业绩奖励、毕业论文（设计）等津贴发放，统一在每年的年度奖励性绩效工资中统一发放，不再随当月的绩效工资发放。

11. 根据2018年3月20日的党政会议记录：年底奖励性绩效工资，根据人事考核系统（当学年），按照排名从10A~A元梯度奖励，其中教师取前10名（含专业主任、实训中心主任），由高到低进行梯度奖励，管理岗位取前3名，奖励6A元。

12. 以系部为单位，每学年评选优秀教师1名，优秀专业主任1名，优秀管理人员1名，各奖励10A元[评分标准：当学年人事考核系统和系部教师考核表（附件1、附件2）综合分数（比例1∶1）]。

13. 年底剩余绩效工资分配方案，按照学院人事处下发的文件进行发放：

①每月剩余绩效工资，按份额比例发放。

②70%业绩奖励津贴（$K$），系部在学院指导意见的基础上，以不低于60%的标准用于系部奖励津贴，此处奖励津贴在扣除系部绩效工资分配方案中的业绩奖励等津贴后，剩余的金额进行按表八比例分配。根据教师上交的业绩奖励统计表，系部核定绩效工作内容，系部党政联席会议认定等级，考核发放奖励津贴，相关标准详见表八。扣除上述60%的奖励津贴后，剩余的70%业绩奖励津贴，按份额比例发放。

表八：系部奖励性绩效津贴发放标准

| 等级 | 人数 | 金额 |
|---|---|---|
| A | $R×30\%$ | $Q×50\%$ |
| B | $R×40\%$ | $Q×40\%$ |
| C | $R×30\%$ | $Q×10\%$ |
| D | | 0 |

总人数 $R$：系部总人数（扣除书记、主任）
总金额 $K=G-$已发的业绩奖励津贴

九、其他说明

本方案经部党政联席会议、全体教师会议通过，上报学院人事处、分管领导审核通过，自2020年1月1日开始执行，由建筑工程系办公室负责解释。本方案在学院相关文件基础上结合系部实际制定，若在实施过程中，与系部其他有关规定相抵触的，以本方案为准，与学院文件相抵触的条款，以学院的文件为主要指导意见。

## 三、实训室管理[①]

建筑工程系现有建筑工程技术、工程造价、建筑消防工程、建筑设计4个专业。其实训中心建设的指导思想是三个坚持、三个服务，即坚持以人才培养为中心、坚持以生为本、坚持以适应社会需要为导向，服务学生发展、服务地方发展、服务产业发展。目前已建22间实训室，规划建设的有消防实训中心和古建模型实训室。

### （一）实训室人员管理

人员管理模式：1+N模式，即任何一间实训室由1个实训室教师加上若干个学生组成。

具体是：实训中心人员由1个实训室主任和2个实验员组成。为做好各项工作，实训中心组建了1个实训部，由12名学生组成。实训部设置1个部长，1个副部长，干事若干名，享受团委学生会其他部门同等加分。实训部设置有QQ群和微信群。实训部以发布任务工单的形式运作，每项任务注明发布人、联系方式、主要任务、完成期限、任务分值、需求人数等，实训部成员根据自身情况报名接单并获取分数。实训部部长每月统计一次成员得分情况。实训部工单如图3-10所示。

### （二）物资管理

物资管理模式：采用"五化"，即设备采购计划化、资产管理精细化、设备使用规范化、耗材管理程序化、设备维护定期化（备注：实训室物资管理包括固定资产和低值易耗品）。

#### 1. 设备采购计划化

建筑工程实训中心2019年搬迁后即在年底编制了2020—2024年中长期规划，当时邀请莆田学院土木学院、黎明职业大学、福州职业技术学院的实训室主任、建筑业协会专家、校内教务处人员等共同论证把关，然后实训中心根据该规划制订年度采购计划。按照先急后缓的原则，2020年上半年就发动教研室主任及教师参与实训室建设，进行详细的实

---

① 本文于2021年7月完稿，《实训室管理》文中的3个表格由建筑工程系徐正炜老师提供。

| 序号 | 发布任务人 | 发布时间 | 时限(天) | 完成时间 | 任务描述 | 任务分值(分) | 预估时间(分钟) | 需求人数(人) | 接单人员填写，一人一个单元格 | | | | |
|---|---|---|---|---|---|---|---|---|---|---|---|---|---|
| 4 | 薛晓珊 | 2021/6/8 | 2 | 2021/6/9 | 需要5个同学，进行104的搬砖 | 6 | 20 | 5 | 依次填写姓名→ | 陈必佳 | | | |
| 5 | 杨意如 | 2021/6/10 | 2 | 2021/6/11 | 两个女生编辑实训室电子文档 | 3 | 30 | 2 | 依次填写姓名→ | 陈玉虹 | 李颖 | | |
| 6 | 杨意如 | 2021/6/10 | 1 | 2021/6/10 | 补全实训中心办公耗材领用表 | 3 | 20 | 1 | 依次填写姓名→ | 陈玉虹 | 李颖 | | |
| 7 | 薛晓珊 | 2021/6/10 | 1 | 2021/6/10 | 南104的设备搬到202后整理104 | 5 | 20 | 5 | 依次填写姓名→ | 林政楠 | 林文钟 | 郭施炜 | 陈必佳 |
| 8 | 徐正烽 | 2021/6/10 | 2 | 2021/6/11 | 贴设备标签，联系陈必佳 | 4 | 50 | 3 | 依次填写姓名→ | 陈必佳 | 林政楠 | 曾昭然 | |
| 9 | 徐正烽 | 2021/6/10 | 1 | 2021/6/10 | 晚上7点30分帮徐正烽整理南204测量实训室 | 4 | 60 | 5 | 依次填写姓名→ | 林政楠 | 曾昭然 | 陈必佳 | 陈玉虹 | 李颖 |
| 10 | 黄一凡 | 2021/6/12 | | 2021/6/12 | 到205协助老师贴贴贴纸，然后到实训室将文件整理放入文件夹 | 3 | 30 | 1 | 依次填写姓名→ | 陈必佳 | | | |
| 11 | 杨意如 | 2021/6/15 | 1 | 2021/6/15 | 领取大量快递（带大拖车） | 6 | 40 | 1 | 依次填写姓名→ | 陈必佳 | | | |
| 12 | 杨意如 | 2021/6/15 | 1 | 2021/6/15 | 协助晓珊老师整理104 | 3 | 30 | 4 | 依次填写姓名→ | 郭施炜 | 林文钟 | 唐昌浩 | 林政楠 |
| 13 | 杨意如 | 2021/6/15 | 1 | 2021/6/15 | 整理并做好实训意见表、问题表及其名牌 | 3 | 20 | 2 | 依次填写姓名→ | 陈玉虹 | 李颖 | | |
| 14 | 杨意如 | 2021/6/15 | 1 | 2021/6/15 | 学习并实践挂软木板 | 3 | 30 | 2 | 依次填写姓名→ | 唐昌浩 | 林政楠 | | |

图 3-10　实训部任务工单

训室建设调研，并按规定流程进行采购，共上报 D 万元的采购预算，截至 2021 年 6 月已完成设备采购 E 万元，并在近期予以验收。

2. 资产管理精细化

设备安装、验收完成投入使用后，按"四有"方式进行管理：有标识、有项目、有规程、有维护。

（1）设备均贴有标签，注明资产编号、资产名称、规格、存放地点、保管人及等级日期；

（2）对设备涉及的实训项目，贴有二维码教程，方便学生自学；

（3）设备区设置显眼的操作规程；

（4）实训室在微信上设置"卫生群"，主要由上课教师及实训部成员组成。教师、学生发现设备故障或卫生脏乱，可及时拍照上传，由群内实验员或实训部成员及时处理。当有教师需要借领设备时，必须在借领时自行检查确认设备完好后登记设备领用表，表格内填写借用人姓名、手机、归还日期、经办人等信息。

3. 设备使用规范化

实训设备分为通用设备和专业设备。

专业设备指各个教研室采购的专业性较强的设备，比如土工实训设备、钢筋弯曲机、测量设备、造价软件、消防设备等。该设备的使用及操作规程有可能超出实验员的专业范畴，因此需要教研室的采购教师先自行学习操作规程，实验员配合制作该设备的操作规程、安全注意事项等标志标牌，并严格限制使用人员，未经厂家培训或专业指导教师指导不得使用。专业设备的领取、使用、归位由课任教师负责，实验员配合教师维护。

通用设备主要指计算机、投影仪等多媒体设备，制图室、竞赛实训室、多功能实训室等简单设备。该设备为实践教学辅助设备，由实训部定期管理。教师有义务在课后关闭计算机、空调、灯光等，并确保实训室的卫生。设备使用人可追溯到个人。比如机房电脑，学生按固定位置上课，出现设备故障，应做好登记后方可更换电脑。待设备正常后应回到原位。

4. 耗材管理程序化

实验耗材分为实训室采购和教师自行采购两种类型。

每学期期初，实训室根据课程情况及以往经验，采购一批实验耗材存放在储藏室及实训室办公室，凡是从实训室领走的实验耗材、办公耗材，均进行登记。

教师在实践教学中或实训周前，根据需要可自行采购相应的试验耗材。采购前应在线填写建筑工程实训中心实验耗材费申请单（图 3-11）。

| C | D | E | F | G | H | I | J | K | L | M | N | O |
|---|---|---|---|---|---|---|---|---|---|---|---|---|
| 2021年 建筑工程实训中心实验耗材费申请单 | | | | | | | | | | | | |
| 序号 | 申请日期 | 验收日期 | 货物名称 | 数量 | 单位 | 金额（元） | 存放地址 | | 用途 | 申请人 | 审批人 | 验收人员 |
| 1 | 2021/5/6 | 2021/5/7 | HDMI线 | 4 | 根 | 180 | 南101 | 实训室办公室 | 机房维护 | 黄一凡 | 徐正炜 | 张燕珠、徐正炜、李云雷 |
| 1 | 2021/5/6 | 2021/5/8 | 可行性报告 | 4 | 份 | 138.8 | 南101 | 实训室办公室 | 氛围布置打印材料 | 徐正炜 | 李云雷 | 黄一凡、薛晓珊、李云雷 |
| 1 | 2021/5/6 | 2021/5/7 | 监控摄像头 | 3 | 台 | 921.5 | 南206 | 工程造价软件实训室 | 机房监控用 | 徐正炜 | 李云雷 | 黄一凡、薛晓珊、李云雷 |
| 1 | 2021/5/10 | 2021/5/12 | 网线 | 4 | 袋 | 68.02 | 南305 | 工程造价竞赛实训室 | 造价协会训练用 | 康东坡 | 徐正炜 | 张燕珠、徐正炜、李云雷 |
| 1 | 2021/6/2 | 2021/6/6 | 门帘 | 2 | 片 | 131 | 南204 | 建筑测量实训室 | 防蚊 | 徐正炜 | 李云雷 | 薛晓珊、黄一凡、李云雷 |
| 1 | 2021/6/2 | 2021/6/4 | 纱窗 | 3 | 套 | 242 | 南204 | 建筑测量实训室 | 防蚊 | 徐正炜 | 李云雷 | 薛晓珊、黄一凡、李云雷 |
| 1 | 2021/6/2 | 2021/6/6 | 金属钻头套装 | 3 | 个 | 107 | 南204 | 建筑测量实训室 | 埋设控制点用 | 徐正炜 | 李云雷 | 薛晓珊、黄一凡、李云雷 |
| 1 | 2021/6/2 | 2021/6/12 | 批头、钻头 | 1 | 批 | 204 | 南204 | 建筑测量实训室 | 埋设控制点用 | 徐正炜 | 李云雷 | 薛晓珊、黄一凡、李云雷 |
| 1 | 2021/6/3 | 2021/6/11 | 卷尺 | 2 | 把 | 60 | 南104 | 综合实训室 | 塌落度实验用 | 薛晓珊 | 徐正炜 | 黄一凡、徐正炜、李云雷 |
| 1 | 2021/6/3 | 2021/6/7 | 路由器 | 1 | 台 | 200 | 南305 | 工程造价竞赛实训室 | 造价协会办公用 | 康东坡 | 徐正炜 | 张燕珠、徐正炜、李云雷 |

**图 3-11　建筑工程实训中心实验耗材费申请单**

为提高教师填写耗材申请单的意愿，本申请单与报销用的物资验收报告（图 3-12）联动，教师填完申请单后可生成相应的验收单，方便后续报销。

5. 设备维护定期化

设备维护定期化主要分以下几个时段：

（1）期初设备维护：主要检查多媒体设备、计算机是否正常运转，卫生状况是否满足上课要求；

（2）期中设备维护：包括日常教学、实训周教学、技能竞赛前、技能鉴定前等进行维护；

（3）期末设备维护：主要对实训周设备、计算机等进行维护。

设备维护的形式有以下几种：

（1）专业设备由实验员、教师自行检修或供应商维修；

（2）机房电脑硬件由第三方按年度签订维护合同，随叫随到，确保正常教学；机房软件由专业教师安装或软件供应商修复；

（3）家具、照明、窗户、门锁等由实训部日常检查并上报维修。

**（三）经费管理**

教师是实训设备、耗材采购的发起人之一，但偏重教学，对采购业务不熟悉，因此实

| 物资验收报告 | | | 申请人: | 康东坡 | 1. 只填写申请人和验收日期，其他不要删除； |
|---|---|---|---|---|---|
| 项目内容 | 建筑工程系实训室耗材 | | 验收日期: | 2021/1/18 | 2. 打印时，空白行隐藏掉就可以，不要删除；3. 请自行检查总金额是否正确。 |
| 验收时间 | 2021年1月18日 | | | | |
| 验收地点 | 建筑工程系 | | | | |
| 验收人员 | 张燕珠、徐正炜、李云雷 | | | | |
| 验收情况 | 货物验收一览表 | | | | |
| | 序号 | 货物名称 | 数量 | 单位 | 金额（元） | 存放地址 | 用途 |
| | 1 | 纸杯 | 1 | 袋 | 8 | 南308工程造价综合实训室 | 认知实训模型制作用 |
| | 2 | 烧烤签 | 6 | 袋 | 29.4 | 南308工程造价综合实训室 | 认知实训模型制作用 |
| | 3 | | | | | | |
| | 4 | | | | | | |
| | 5 | | | | | | |
| | 合计 | | | | 37.4 | | |
| | 经验收，上述材料的数量、规格、金额与实际相符，予以验收合格。 | | | | | | |
| 验收人签名 | | | | | |
| 备注 | | | | | |

注：验收情况内容：品牌、型号规格、数量、安装调试、培训等是否附合要求。

**图 3-12　物资验收报告**

训室是采购流程的梳理人。为了节省教师采购设备的精力，实训室负责根据后勤处的相关文件，将常规流程直接整理成模板，教师不用了解文件要求，只要按部就班填写模板材料即可完成采购。

目前设备采购分为以下三种情况：

（1）低值易耗品采购注意事项（<0.3万元）；

（2）采购0.3万~3万元以内物资流程；

（3）采购3万元及以上物资流程。

教师和实验员按流程配合即可。

## 【案例小结】

系部管理按管理的内容分为人、财、物的管理。高职院校的人、财、物管理有其特殊性。教师作为一个群体有其特殊性，都是高级知识分子，大多数教师工作比较自觉、比较自律、比较爱面子，利益诉求渠道隐涩，作为管理者要高度敬重教师，你越敬重教师，他越敬重你。因此管理上适宜用开诚布公的方式，管理者下任务时少讲大道理，直截了当布置任务；推进任务时，少督促进度，多些帮扶；任务结束时，少些批评、少用惩罚，多些鼓励、多用奖励。在绩效分配上，应全员参与、全程公开，减少内部矛盾。实训室建设或物资采购，应当总量控制、先急后缓、全员提采购要求、全员参与论证、全程公开，既减少内部矛盾也能相对科学合理。

**【思维导图】**（图 3-13）

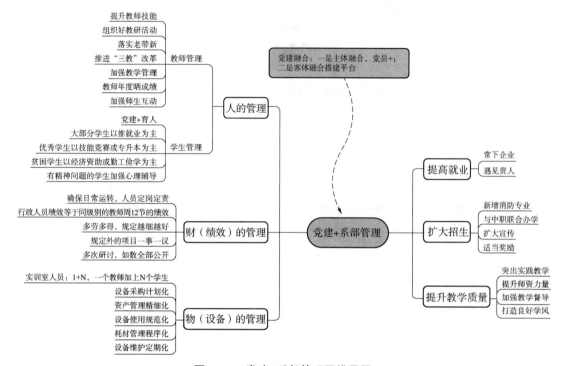

图 3-13　党建+系部管理思维导图

## 第四节　党建+教学改革

### 【案例9　党建+教学改革】

#### 一、面临问题

教学能力是一位高职教师最为重要的基本功，提升教学能力也是贯穿教师职业生涯的毕生话题，但是究竟如何开展教学改革以提升教学能力却是一大难题。

#### 二、分析问题

高职教师开展教学改革以提升教学能力是一个渐进的过程：

（1）教师的自我学习与自我教育，这是教学能力提升最为核心的一环。高职教师大多来自各行各业，缺乏教师基本功的专业训练，教师的基本素养亟待提升，而解决这一问题的最佳路径是坚持自我学习与自我教育。

（2）学习过程中要坚持悟道为本、砺器为先，注重方法与策略，努力将自己培养成为双师型教师。

（3）适度地进行教研，教研的过程中可以促使自己对"三教"改革有更深入的思考。

（4）广泛地进行同行交流。教学能力的提升离不开的同事的帮助，善问也是成长的助推器；积极参加相关培训，也是在短时间提升教学能力的一大利器。

（5）参加教学能力大赛迫使自己处于高压状态，与同行高手同台竞技是提升教学能力的一条快速通道。关于教学的思考散见笔者的党建+育人体系的部分，限于篇幅不再赘述。

### 三、解决方案

教学是"双带头人"必须具备的一个重要的基本功，唯有坚持——滴水穿石、久久为功，才能扎实前行，为此：认真上好每一堂课，积极申报精品课程与编写校企合作教材，组织参加教学能力大赛，申报教学成果奖，制定专业群建设方案，指导好专业主任制定切实可行的人才培养方案。这些项目需要花费大量时间，需要与工作室成员之间经常打磨，才能不断推进教学改革、提升教学水平。

（1）作为高职院校教师，应当积极申报"双师型"教师。在设计教案时，应吃透学生学情，紧密结合学生将来的就业岗位以及建筑类执业资格考试，以项目化教学、工作场景化为重点，利用教学信息技术，植入课程思政元素，实现人才培养目标。

（2）参加教学能力大赛要想取得好成绩，关键要：选择好比赛科目与项目，组织好参赛教师队伍，拍摄好比赛视频，整理好内业资料。同时作为"双带头人"要做好服务，为参赛队伍做好后勤保障。

（3）教学成果奖是教育界的最高奖项，作为"双带头人"要勇于参与，带领"双带头人"工作室成员积极申报。教学成果奖是团队作战，更是多年积累推广的结果，千万不能急于求成，更不能为了获奖而走包装之道，却忽视了教学的本来之义与设立教学成果奖的初心。

（4）制定专业群建设方案时，关键要做好：一是充分调研，特别是所在区域的产业现状与结构调研、学情调研；二是充分借鉴，特别是借鉴兄弟院校的专业群建设经验；三是充分论证，特别是邀请行业专家、企业一线人员、中职资深教师一同论证；四是及时调整，高职院校的专业群建设方案一定要随着产业走、技术走，产业调整必然引起专业群建设方案的调整，技术迭代更新，其人才培养方案也要跟着更新。

### 四、初步成效

在教学能力大赛中获得省赛一等奖 2 次、省赛二等奖 2 次、省赛三等奖 1 次；教学成果获校赛二等奖，专业群建设方案获校赛二等奖。

### 五、实例材料

（1）教学能力大赛教学设计（见附后实例材料1）
（2）教学成果奖申报书（见附后实例材料2）。
（3）专业群建设方案（见附后实例材料3）。

## 实例材料1：教学能力大赛教学设计①

| 授课日期 | 2019年11月11日 | 计划学时 | 2课时 |
|---|---|---|---|
| 授课地点 | 工程造价综合实训室 | 授课形式 | 理实一体化 |
| 使用教材 | | 《建筑工程计量与计价》<br>李伙穆主编<br>厦门大学出版社<br>福建省高职高专土建大类十二五规划教材 | |
| 学情分析 | 教学对象：高职二年级工程造价专业的学生。<br>前置教学内容：以1号实训楼工程算量为项目任务，通过建筑面积计算、土石方工程计量和桩基工程计量、混凝土柱、有梁板计量等知识点的学习，学生已经能够自主进行建筑面积、土石方工程、桩基工程、有梁板工程计量，并且熟悉1号实训楼工程图纸。<br>知识储备：目前学生已经具备一定的专业基础知识，了解建筑材料的性质，掌握建筑识图及建筑CAD绘制能力。<br>学生特点：工程造价专业的学生知识水平存在一定差距，学习主动性不强，存在依赖性，动手能力较强，喜欢实践性较强的课程。本节课通过"项目导入—任务驱动—教师讲授—学生练习—学生反馈"的教学流程，教师评价，学生小组自评与互评，学生的思维得到肯定 | | |
| 教学策略 | 根据学情分析，采用的教学策略如下：以学生为主体，以教师为主导的教育思想，采用"翻转课堂"+"线上+线下"混合式教学模式，充分发挥学生的主动性。<br>模拟情境：某造价咨询公司，造价部有4个科室，为进行年末优秀部门评选，综合考核科室表现情况，包括项目成果、团队建设，不仅考核业务能力，也考核协作精神。<br>学生分组：全班16人，将学生分成4个科室进行教学布置。<br>"轮动选优、等级搭配"：每次模块作业成绩为优的同学，担任科室科长，每个科室形成"优、中、及格"的搭配，实现"以快带慢"，培养学生的团队协作能力及竞争意识。<br>"共同学习，分工合作"：科室4名成员，在任务1与任务2的环节，共同学习、完成任务。在任务3的反馈练习中，同一科室A、B两名成员和C、D两名成员互相搭配，任务互换，形成组内对量，组间对量，双重对量的形式。<br>项目导入，任务驱动：进行工程项目计量，结合工程图纸，布置知识点相互衔接及程度深浅递进式的任务，引导学生在"学中做，做中学" | | |

---

① 本实例材料由湄洲湾职业技术学院建筑工程系薛晓珊老师提供，本教学能力大赛由薛晓珊、康东坡、郑慧仙、庄晓晴4位教师完成并获2020年福建省教学能力一等奖。

续表

| 教学目标 | 知识目标 | 熟悉墙体、门、窗的绘制步骤；<br>掌握墙体工程的计算规则 |
|---|---|---|
| | 能力目标 | 能够独立进行工程墙体、门、窗的绘制及计算；<br>能够通过分析砌筑工程手算和电算的差异，检查错漏 |
| | 素养目标 | 培养学生团队合作精神，探究精神，认真踏实、严谨、精益求精的职业精神和工匠精神。 |
| 教学重难点 | | 重点：墙体工程的软件绘制及计算<br>难点：墙体高度的确定；绘制墙体时，构件的定义 |
| 教学方法 | | 模拟情境法、项目导入法、任务驱动法、小组活动法、讨论探究法 |
| 重难点突破 | | 采用"翻转课堂"+"线上+线下"混合式教学模式。在实施过程中把难懂的二维平面图纸，通过BIM三维模型方式呈现，把繁多的文字规范、计算规则转换为学生易理解的公式，把知识点从书本转化为实操点评，从独立建模算量发展到团队协作。<br>课前自主学习：<br>1. 学生学习微课，进行课前试做；<br>2. 微信群互动探讨。<br>课堂教学：<br>1. 利用学习通"签到""分组任务""抢答""选人""投票""学生反馈"等功能，进行课堂互动；<br>2. 实行分组教学，培养学生的团队意识和竞争意识，引导学生进行讨论探究；<br>3. 以1号实训楼工程算量为任务，按"项目导入—任务驱动-教师讲解—学生练习—学生反馈"的流程实施；<br>4. 针对任务内容"手工算量—软件计量—工程量对比检查"，以传统算量形式和建模算量相结合的形式，加深对知识点的理解。<br>课后巩固：<br>1. 参与企业导师知识讲座；<br>2. 落实"课中小项目，课后大项目"，以小组为单位，完成综合楼工程算量；<br>3. 参与第二小课堂；<br>4. 参与算量小组竞赛；<br>5. 与1+X证书、建筑信息模型（BIM）职业技能等级证书对接；<br>6. 工程教育测评认证平台专业技能鉴定证书认证 |
| 教学环境与资源 | | 1. 资源：微课；<br>2. 软件：土建BIM算量软件、算量手稿版软件、工程教育测评认证平台、超星学习通、智慧职教平台、微信、钉钉直播；<br>3. 硬件：多媒体教室、电脑、手机、实体建筑模型 |

续表

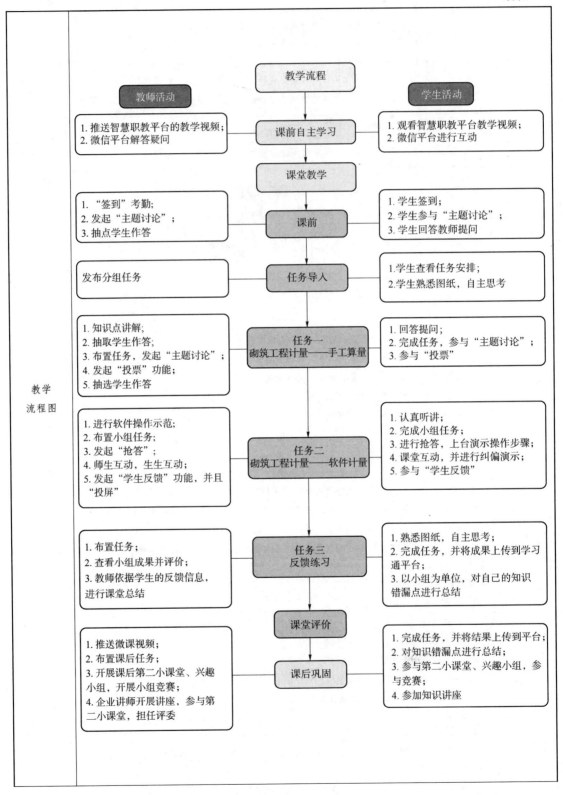

续表

| 教学过程 ||||| 
| --- | --- | --- | --- | --- |
| 教学环节 时间分配 | 教学内容 | 活动 || 媒体资源 |
| ^ | ^ | 教师活动 | 学生活动 | ^ |
| 课前 自主学习 | 1. 通过手机小游戏"建筑大师"，选择游戏等级最高的成员作为科室课前发言代表。通过通关游戏，学生可以了解北京、上海等城市主题建筑，感受中国的历史文化底蕴和现代化建设的发展，并且查找相关资料，制作讲解PPT上台展示。<br>2. 课前试做：推送微课视频，学生通过学习通、微信平台进行学习、讨论，进行1号实训楼工程一层墙体工程算量 | 1. 推送微课视频；<br>2. 教师通过微信平台解答学生疑问。 | 1. 通过"建筑大师"选择课前发言代表，小组制作"中国建筑"PPT。<br>2. 观看教师推送的智慧职教平台教学视频；<br>3. 进行课前试做，完成1号实训楼一层墙体工程算量。通过微信平台，与同学、老师进行互动，提出疑问，互相作答。 | 1. 智慧职教；<br>2. 微信平台；<br>3. 土建BIM算量软件；<br>4. 算量手稿版软件 |
| 课中教学 (40 min) | 任务导入（5 min） ||||
| ^ | 任务内容 | 活动 || 媒体资源 |
| ^ | ^ | 教师活动 | 学生活动 | ^ |
| ^ | 课堂教学环节 ||||
| 课前 (5 min) | 1. 学习通平台考勤，教师通过平台发放任务书；<br>2. 小组发言代表上台进行"中国建筑"PPT介绍；<br>3. 小组发言代表上台展示"课前试做"成果及心得 | 1. 教师通过学习通"签到"功能进行考勤；<br>2. 教师通过平台发布主题讨论，选人；<br>3. 教师进行点评，了解学生的掌握程度；<br>4. 教师通过学习通"主题讨论"功能，发起全员讨论；<br>5. 教师通过学习通"选人"功能，抽点学生回答问题。 | 1. 学生通过软件平台进行签到；<br>2. 学生进行"中国建筑"PPT介绍；<br>3. 学生通过软件平台进行"主题讨论"；<br>4. 学生通过软件平台"选人"功能，回答教师提问。 | 超星学习通 |

续表

| 阶段 | | | | |
|---|---|---|---|---|
| 课前<br>(5 min) | | | 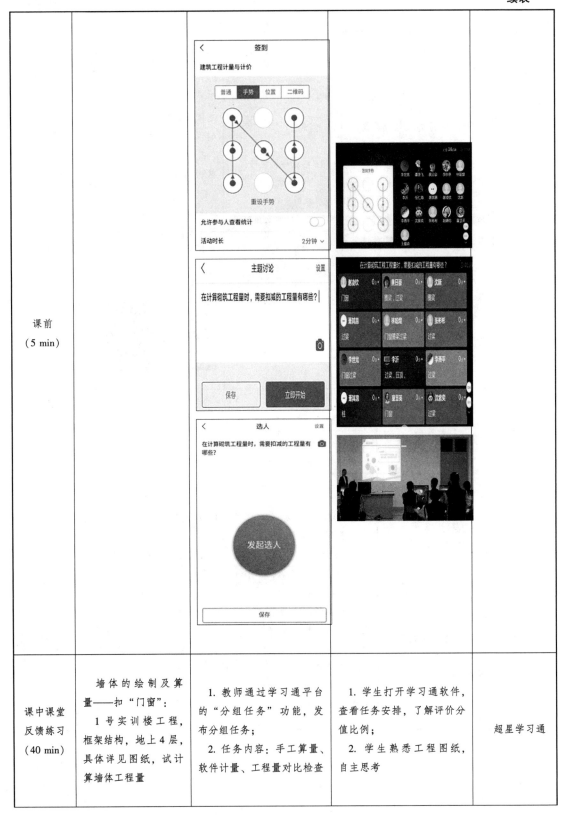 | |
| 课中课堂<br>反馈练习<br>(40 min) | 墙体的绘制及算量——扣"门窗"：<br>1号实训楼工程，框架结构，地上4层，具体详见图纸，试计算墙体工程量 | 1. 教师通过学习通平台的"分组任务"功能，发布分组任务；<br>2. 任务内容：手工算量、软件计量、工程量对比检查 | 1. 学生打开学习通软件，查看任务安排，了解评价分值比例；<br>2. 学生熟悉工程图纸，自主思考 | 超星学习通 |

续表

| 课中课堂反馈练习(40 min) | | 3. 分组方式：4人一个小组，分为4个小组；评价设置：教师评价、组内互评、组间互评。<br><br>评价设置<br>总权重100%才可发放，当前总和100%<br>1. 教师评价　30 %<br>2. 组内互评　30 %<br>3. 组间互评　30 %<br>4. 自评　　　10 %<br><br>分组任务详情<br>砌筑工程计量<br>1. 手工算量；<br>2. 软件计量；<br>3. 工程量对比、检查。<br>分组<br>小组1<br>小组2<br>小组3<br>小组4 | 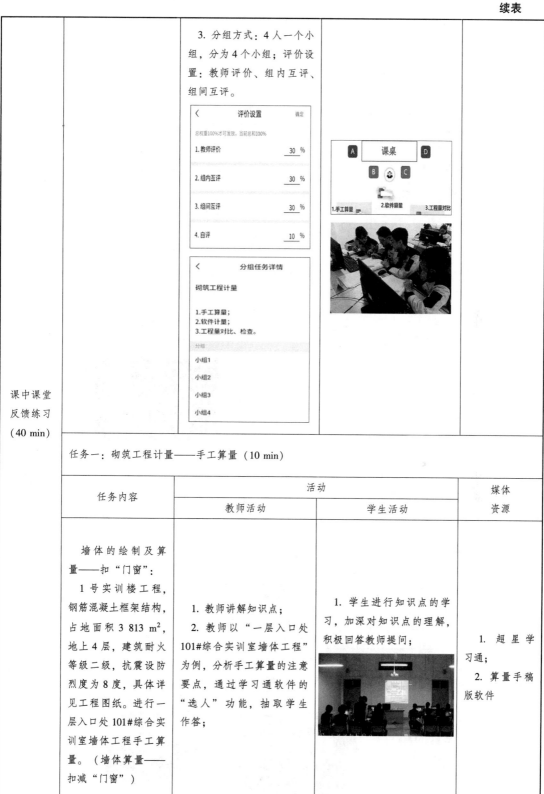 | |
|---|---|---|---|---|

任务一：砌筑工程计量——手工算量（10 min）

| 任务内容 | 活动 | | 媒体资源 |
|---|---|---|---|
| | 教师活动 | 学生活动 | |
| 墙体的绘制及算量——扣"门窗"：<br>1号实训楼工程，钢筋混凝土框架结构，占地面积3 813 m²，地上4层，建筑耐火等级二级，抗震设防烈度为8度，具体详见工程图纸。进行一层入口处101#综合实训室墙体工程手工算量。（墙体算量——扣减"门窗"） | 1. 教师讲解知识点；<br>2. 教师以"一层入口处101#综合实训室墙体工程"为例，分析手工算量的注意要点，通过学习通软件的"选人"功能，抽取学生作答； | 1. 学生进行知识点的学习，加深对知识点的理解，积极回答教师提问； | 1. 超星学习通；<br>2. 算量手稿版软件 |

续表

| 课中课堂反馈练习（40 min） | 工程量计算规则：按设计图示尺寸以体积计算。扣除门窗、洞口、嵌入墙内的钢筋混凝土柱、梁、圈梁、挑梁、过梁及凹进墙内的壁龛管槽、暖气槽、消火栓箱所占体积。不扣除梁头、板头、檩头、垫木、木楞头、沿缘木、木砖、门窗走头、砖墙内加固钢筋、木筋、铁件、钢管及单个面积≤$0.3 \text{ m}^2$的孔洞所占的体积。凸出墙面的腰线、挑檐压顶、窗台线、虎头砖、门窗套的体积亦不增加。凸出墙面的砖垛并入墙体体积内计算。<br>墙体工程量=（墙长×墙高-门窗等面积）×墙厚-过梁、圈梁、构造柱等体积+凸出墙面的砖垛等体积。 | 3. 教师布置小组任务，通过学习通软件开启"主题讨论"功能，并进行"投屏"；<br>4. 依据学生的作答情况，开启学习通软件的"投票"功能 | 2. 学生完成小组任务"1号实训楼工程一层101#综合实训室墙体工程手工算量"，参与"主题讨论"；<br>3. 学生依据自己的答案，进行"投票"。<br>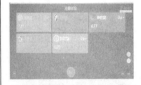<br>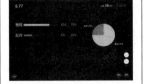 | |

任务二：砌筑工程计量——软件计量（25 min）

| 任务内容 | 活动 | | 媒体资源 |
| --- | --- | --- | --- |
| | 教师活动 | 学生活动 | |
| 墙体的绘制及算量——扣"门窗"：1号实训楼工程一层入口处101#综合实训室墙体软件计量。 | 1. 教师以"一层入口处101#综合实训室墙体"为例，进行软件操作示范。 | 1. 学生认真听取教师的讲解，掌握教师操作步骤； | 1. 超星学习通； |

续表

| 课中课堂反馈练习（40 min） | 1. 建立墙体，定义属性，画图；<br>2. 建立构件"门"，定义属性，画图；<br>3. 建立构件"窗"，定义属性，画图；<br>4. 汇总计算并查看工程量，与手算工程量对比，检查纠错<br><br>墙体的绘制及算量——扣"门窗"：<br>1号实训楼工程，一层103#综合实训室墙体工程软件计量。<br><br>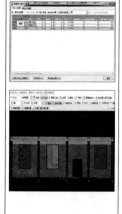 | 2. 教师布置小组任务。<br>3. 教师开启学习通"抢答"功能，引导学生积极完成任务，请首先完成任务的小组成员上台演示。<br><br><br><br>4. 依据学生的演示情况，师生互动，生生互动，再次抽取学生上台演示，实现互相纠偏，查找错漏。<br>5. 教师开启学习通平台"学生反馈"功能，并且"投屏"。<br><br> | 2. 通过任务引导，进行"一层103#综合实训室墙体工程软件计量"，熟悉工程图纸，引发思考，完成小组任务；<br><br><br><br>3. 进行抢答，学生上台演示操作步骤；<br>4. 课堂互动，师生一起进行工程量对比检查，依据检查结果，如果出现误差，学生积极上台进行纠偏演示，学生之间进行相互纠偏，查找错漏；<br>5. 积极参与"学生反馈"，将意见和心得发送学习通平台。<br><br><br><br><br><br> | 2. 土建BIM算量软件 |

续表

| | 任务三：砌筑工程计量——对量（5 min） | | | |
|---|---|---|---|---|
| | 任务内容 | 活动 | | 媒体资源 |
| | | 教师活动 | 学生活动 | |
| 课中课堂反馈练习（40 min） | 墙体的绘制及算量——扣"门窗"：1号实训楼工程一层、二层墙体工程手工算量及软件计量。 | 1. 教师布置任务，引导学生思考，提高学生自主学习的积极性；<br>2. 教师查看学生的小组成果，并给出评价；<br>3. 教师依据学生的反馈信息，进行课堂总结。 | 1. 学生熟悉工程图纸，自主思考。<br>A、B成员→一层墙体软件算量；<br>C、D成员→一层墙体手工算量。<br>完成该任务后，任务互换：<br>A、B成员→二层墙体手工算量；<br>C、D成员→二层墙体软件算量。<br>以组内对量、组间对量、双重对量的形式。<br>2. 学生以小组为单位，完成任务，并将小组成果通过平台实现对量。<br>3. 以小组为单位，对自己的知识错漏点进行总结。 | 1. 超星学习通；<br>2. 土建BIM算量软件；<br>3. 算量手稿版软件；<br>4. 工程教育测评认证平台 |

课堂表现评价

通过学习通平台"分组任务"功能，发布任务。

| | 评价内容 | 评价指标 | 分值 | 科室自评（40%） | 科室互评（30%） | 教师评价（30%） |
|---|---|---|---|---|---|---|
| 课堂评价（5 min） | 任务1 | 识读工程图纸 | 10 | | | |
| | | 理解工程量计算规则 | 15 | | | |
| | 任务2 | 建筑三维建模 | 20 | | | |
| | | 工程量对比分析 | 10 | | | |
| | 任务3 | 手工算量数据准确 | 15 | | | |
| | | 软件算量数据准确 | 15 | | | |
| | 课堂表现 | 科室协作，分工合理，团队意识，竞争意识 | 10 | | | |
| | | 积极参与讨论与交流 | 5 | | | |
| | 合计 | | 100 | | | |

续表

| 课堂评价<br>（5 min） | 总评价 |||
|---|---|---|---|
| | 实行多角度评价，包括课堂表现评价（30%）（由上表得出）、分组任务评价（30%）（由学习通软件导出）、企业导师评价（30%）、课后作业评价（10%）。评价更加客观，贯穿课前、课中、课后。 |||
| | 总评价 |||
| | 评价体系 || 得分 |
| | 课堂表现评价（30%） || |
| | 分组任务评价（30%） || |
| | 企业导师评价（30%） || |
| | 课后拓展评价（10%） || |
| | 总分 || |

| | 任务布置 | 教师活动 | 学生活动 | 媒体资源 |
|---|---|---|---|---|
| 课后 | 课后作业：<br>1. 通过平台观看《砌筑工程计量》知识拓展视频，参与线上小直播答疑交流。<br>2. 布置作业：以小组为单位完成1号实训楼工程三、四层墙体工程算量，小组内自主分工，可选择自己较薄弱的环节加强练习。<br>课后拓展：<br>1. 参与企业导师知识讲座；<br>2. 落实"课中小项目，课后大项目"，以小组为单位，完成综合楼工程算量；<br>3. 参与第二小课堂；<br>4. 参与算量小组竞赛；<br>5. 与1+X证书、建筑信息模型（BIM）职业技能等级证书对接；<br>6. 工程教育测评认证平台专业技能鉴定证书认证。 | 1. 教师在平台上推送《砌筑工程计量》知识拓展视频，进行线上直播答疑交流；<br>2. 通过软件平台发布课后作业；<br>3. 在软件平台上与学生互动，查看相关作业情况；<br>4. 组织课后第二小课堂、兴趣小组，开展小组算量竞赛；<br>5. 邀请校企合作单位的造价工程师到校开展知识讲座，与企业衔接，邀请4名企业工作者分别担任4个小组的第二课堂导师，参与学生的第二小课堂，引进企业先进理念，指导并担任小组竞赛的评委 | 1. 观看平台上教师推送的知识拓展视频，参与直播；<br>2. 完成教师在软件平台上发布的任务，将结果上传学习通平台；<br>3. 参与课后第二小课堂、兴趣小组，参与小组算量竞赛；<br>4. 参加知识讲座。<br> | 1. 智慧职教；<br>2. 超星学习通；<br>3. 土建BIM算量软件；<br>4. 算量手稿版软件 |

续表

| | |
|---|---|
| 板书设计 | 砌筑工程计量：<br>墙体体积=（墙长×墙高−门窗洞口面积）×墙厚−嵌入墙体的圈梁、过梁、构造柱体积+凸出墙面的墙垛等体积<br>1. 手工算量<br>2. 软件计量<br>3. 工程量对比检查 |
| 教学反思 | 本课堂教学引入信息化教学，"翻转课堂"+"线上+线下"混合式教学模式，通过软件平台的互动，增加课堂趣味性，增强师生沟通的高效性。采用小组活动法，增强学生的团结协作意识及竞争意识，激发学生的学习积极性。实行项目导入，任务驱动，引导学生在"学中做，做中学"，以1号实训楼工程项目贯穿知识点，层层递进的任务，实现对知识的融会贯通，提高学生自主学习的能力。使用BIM软件，将传统算量模式和建模算量相结合，强化学生对知识点的理解。与"1+X"证书、建筑信息模型（BIM）职业技能等级证书对接。利用工程教育测评认证平台，采用大数据、云计算等新技术，进行课程评价 |

## 实例材料2：教学成果奖申报书

2020 年福建省职业教育教学成果奖申报书[①]

成 果 名 称　"四联动、三结合、双循环、一服务"——高职土建专业师生实践能力培养模式构建

成 果 完 成 人　陈良金　郑慧仙　林志谦　陈建武
　　　　　　　　李云雷

成 果 完 成 单 位　湄洲湾职业技术学院

申报单位名称及盖章　湄洲湾职业技术学院

申 报 时 间　2021 年 9 月 22 日

成 果 所 属 类 别　高等职业教育

**福建省教育厅 制**

---

① 本项目由笔者主笔，湄洲湾职业技术学院建筑工程系郑慧仙老师参与收集资料。

## 一、成果简介

| | 获奖时间 | 获奖种类 | 获奖等级 | 授奖部门 |
|---|---|---|---|---|
| 成果曾获奖励情况 | 2021 年 | 徐信靖同学《附带自清洁系统的吸气式火灾报警探测器》获实用新型专利证书 | 国家级 | 国家知识产权局 |
| | 2020 年 | 2 位教师成为国家第一届职业能力大赛裁判 | 国家级 | 人力资源社会保障部 |
| | 2016—2021 年 | 专利 41 个（其中发明专利 10 个） | 国家级 | 国家知识产权局 |
| | 2018 年 | 全国新型职业农民培育示范基地 | 国家级 | 农业农村部科技教育司 |
| | 2020 年 | 1 位同学代表福建省参加中华人民共和国第一届职业技能大赛（瓷砖贴面） | 国家级 | 人力资源社会保障部 |
| | 2016—2021 年 | 各类技能竞赛 16 项 | 省级 | 省教育厅等部门 |
| | 2020 年 | 福建技能大师工作室 1 个 | 省级 | 福建省人力资源社会保障厅 |
| | 2020 年 | 福建省教学能力大赛一等奖 | 省级 | 福建省教育厅 |
| | 2021 年 | 福建省教学能力大赛一等奖 | 省级 | 福建省教育厅 |
| | 2021 年 | 福建省教学能力大赛三等奖 | 省级 | 福建省教育厅 |
| | 2018 年 | 福建省社区教育示范基地 | 省级 | 福建省教育厅 |
| | 2019 年 | 福建省职业与成人教育学会论文一等奖 | 省级 | 福建省职业与成人教育学会 |
| | 2017 年 | 福建省职业与成人教育学会论文一等奖 | 省级 | 福建省职业与成人教育学会 |
| | 2019 年 | 莆田市职业教育优秀论文一等奖 | 市级 | 莆田市职业教育研究院 |
| | 2017—2020 年 | 莆田市建筑业协会牵头相关企业举办三届筑梦奖助学金进校园活动，资助师生 48.6 万元 | 市级 | 莆田市建筑业协会、相关企业 |
| | 2020 年 | 莆田市应急局出资 96 万元在建筑工程系建设莆田市地震应急体验基地 | 市级 | 莆田市应急管理局 |
| | 2019 年 | 全省公办高职院校第一家开办消防工程技术专业 | 省级 | 福建省教育厅 |
| | 2020 年 | 全省第一家公办高职院校与地方政府成立应急管理学院 | 市级 | 莆田市政府 |
| | 2017—2020 年 | 莆田市农业农村局合作举办新型农民培训 1 万多人，经济收入 600 多万元 | 市级 | 莆田市农业农村局 |
| 成果起止时间 | 起始：2016 年 8 月 完成：2021 年 8 月 | | | |
| 实践检验时间 | 起始：2018 年 8 月 年限：3 年 | | | |

## 一、成果简介

近年来，职业教育受到各级政府高度重视，一方面招生规模大幅扩容，增加技能人才供应量；另一方面产业需求的技能人才缺口量越来越大。教育部、人社部、工信部联合发布的《制造业人才发展规划指南》显示，制造业十大重点领域的技能人才缺口由 2020 年 1 900 万人增加到 2025 年 3 000 万人。为什么技能人才供应量大幅增加却越来越不能满足市场需求呢？重要的一个原因是：高职院校培养的技能人才适应不了产业需求，导致供需结构失衡，应当对培养的技能人才供给侧进行改革优化，简而言之要增强职业教育适应性。习近平总书记早在 1990 年兼任闽江职业大学校长时就提出：不求最大，但求最优，但求适应社会需要。职业教育要适应社会需要，关键线路是加强职业教育师生的实践能力培养，围绕如何加强职业教育师生的实践能力培养进行理论探索与实践。

湄洲湾职业技术学院建筑工程系是位于福建省莆田市的一所地方高职院校的二级院系，建筑工程系主动作为，充分利用各种教育资源，构建"四联动、三结合、双循环、一服务"实践能力培养模式，提高了师生实践能力，增强了职业教育适应性。"四联动"：即构建政校、校行、校企、校校四方联动的培养机制，充分挖掘与整合本土教育资源，充实多元的实践能力的培养主体。"三结合"：即构建校内实训与校外实习相结合、技能训练与技能比赛相结合、技能教学与技能考核相结合的培养方式，充分发挥学校与产业各自优势，形成多种实践能力的培养方法。"双循环"：即构建从学校到社会、再由社会到学校的循环系统，以增强职业教育适应性；构建从个人到团队、再由团队到个人的循环系统，以增强师生实践能力；搭建两条实践能力的培养路径。"一服务"：即构建以助力乡村振兴这一项目为载体的社会服务体系，搭建一个实践能力的培养平台。

本成果运用"扎根"理论，在教学实践基础上提出解决问题的方案，再把解决方案付之教学实践，形成初步理论，进一步修正形成培养模式，再进行培养模式应用与推广，实践证明切实可行有效。本成果解决职业教育如何增强师生实践能力的培养以及更好地适应社会需要的问题。项目实施 8 年及 3 年推广，硕果累累，成为学院提升师生实践能力培养成效的样板，培养模式推广辐射到校内相关专业及 3 所兄弟院校。累计培养全日制 2 000 多名技术技能人才，培训新型农民 1 万多人，社会服务收入高达 600 多万元，教师团队开发专利 41 项，学生获专利 1 项，学生获各类竞赛奖项 20 多项，学生受行业资助金额 48.6 万元，建设国家级项目 5 项，省市级项目 10 多项，发表论文 25 篇。

## 二、成果主要解决的问题及解决教学问题的方法

### （一）构建政行校企四方联动培养机制，解决师生实践能力培养的主体单一问题

一是校地联动。在莆田市应急管理、消防支队等有关部门大力支持下，于 2019 年在湄洲湾职业技术学院建筑工程系开办福建省第一家公办高职院校消防工程技术新专业，成立了福建省第一家高职院校应急管理学院（两块牌子、一套人马）。之后，又由莆田市应急局在建筑工程系实训室全额投资 96 万元建成莆田市地震应急体验基地，充分发挥地方政府或主管部门在职业教育上的政策引导、增加资金投入的作用。校地联动，为师生实践能力培养提供了较好的经济基础。

二是校行联动。行业协会能及时充分了解行业发展状态、掌握行业发展的最新技术，引领行业的健康发展，与行业协会合作可以填补学校在教学中技术滞后的问题。通过市建筑业协会等协会联姻搭桥、搭建平台，带动整个行业内的企业开展校企合作，同时相互任职，举办与学生面对面零距离的"匠心筑艺"讲堂，设立筑梦奖助学金，资助金额 24.8 万元，资助学生 195 位，发挥搭建平台、丰富校园文化的作用。校行联动，为师生实践能力培养提供了较好的技术支持。

三是校企联动。企业是生产一线，拥有大量的实验实训的设备与平台，与有关企业合作，建立校企"5G"体系，共建专业、共建课程、共建实训基地、共建"双师型"教师队伍、共育学生成才，发挥校企双方共建共享、增强实训资源的作用。校企联动，为师生实践能力培养提供了较好的实训基地。

四是校校联动。成立莆田市土木开教联盟，与中职院校开展"3+2"中高职衔接人才培养，与本科院校开展专升本培养；建设开发相关课程，发挥职职贯通、职普连通作用。校校联动，为师生实践能力培养整合了较好的教育资源。

### （二）构建政行校企"四方联动"+"三个结合"共同促进学生实践能力提升的模式，解决学生实践能力培养的方法不多问题

政行企直接参与学生培养，将政行企专家聘为外聘教师与客座教授，有些企业专家直接参与实践教学、技能大赛

指导，实现产教融合。实行双导师制，与政行企合作，按照一个校内教师加一个企业导师的方式组成教师团进行实践教学、比赛指导、技能考核。

一是校内实训与校外实习相结合。将校内实训项目（实训周课程设计、专业技能训练、1+X 技能训练、各类实验等）与校外实习（专业认知、工学交替、顶岗实习、社会调查）结合起来，组成学生实践能力体系，由双导师一起负责实训实习。

二是技能训练与技能比赛相结合。以训为主，以赛导训。重视动手操作，通过技能训练，提高技能证、职业资格证考试通过率；实行以技能比赛分替代学分制度，鼓励学生参加技能竞赛。

三是技能教学与技能考核相结合。从以课程为主的技能教学转化为以项目为主的技能教学，从注重结果考核转化为注重过程与结果相结合的方式进行考核。围绕 1+X 技能考核对技能教学进行重构，提升技能教学与技能考核的紧密度。

通过政行校企"四方联动"+"三个结合"，有效地提升了学生实践能力，学生技能竞赛取得较好成绩，省级技能竞赛 16 项，国家级技能大赛 1 项；完成建筑识图、工程算量、房产测绘等 3 个 1+X 项目申报与考试；促进了学生就业，整体就业率由 2016 年 81% 提高到 2019 年 98% 以上，专业对口率提高到 85%，学生的薪资由每月的 2 800 元提高到每月 4 000 元。

**（三）构建政行校企"四方联动"+"两个循环"共同增强教师实践能力提升的模式，解决教师实践能力培养的路径不明问题**

一是构建从学校到社会、再由社会到学校的循环系统，增强了职业教育适应性。教师从学校到社会的主要举措是教师直接去地方政府协同开展危房排查、直接到行业协会任职锻炼、直接下企业开展技术服务三条路径。2018 年以来，多次协助地方政府排查危房 1 万多栋。2017 年，建筑工程系陈建武老师任莆田市建筑业协会副会长，张少海老师任副秘书长，郭俊驱老师任会员，直接对接建筑业协会，了解行业动态，确保教学与生产的对接。2019 年，建筑工程系 3 位教师到山海测绘公司，开展技术服务。通过这三条路径，有效提升了教师实践能力。教师从社会到学校的主要举措是开展项目化教学改革。与政府部门、行业协会、企业合作，直接拿实际的工程项目作为实训项目，缩短技能教学与工作实操之间的距离，有利于"双师型"的教师培养。

二是从个人到团队、再由团队到个人的循环系统，增强了教师实践能力。教师从个人到团队的主要举措是按项目将教师与行业专家、企业人员组成团队，依靠团队力量才能拿到大项目；发挥教师团队整体作用，培养协作精神，依靠团队力量才能完成大项目。教师从团队到个人的主要举措是将项目按专业进行细化分工，依靠这个模式将项目做细，将研究做深。

通过这两个循环，有力提高教师的双师双能，"双师型"教师占比由 2016 年的 40% 提高到 2019 年的 75%。教师实践能力与科研能力得到大幅提升，科研项目也由原来单一的校内教师申报改成校内教师与政行校企专家联合申报，省级的项目有 5 个，莆田市科研项目有 3 个，编写 4 本校企合作教材，围绕政行校企四方合作进行理论思考与总结，发表 16 篇论文，共同研发获得专利 22 项，获得福建省教学能力大赛一等奖。

**（四）构建政行校企"四方联动"+"一个服务"共同增强师生实践能力提升的平台，解决师生实践能力培养的平台缺失问题**

能否开展社会服务是检验师生是否具备较强实践能力的展现。有效开展社会服务关键在于项目实施与运营。为此建筑工程系以推动项目实施作为师生实践能力提升的平台。

一是校地联动，按照政府出项目、师生出技术的模式，在项目运营中提升师生实践能力。地方政府部门锁定"助力乡村振兴"这一项目作为建筑工程系师生开展社会服务的项目，让师生为莆田乡村实现"产业振兴、人才振兴、文化振兴、生态振兴、组织振兴"目标精准助力。

二是校行联动，组织行业协会专家一道助推乡村建筑产业，将建筑行业新技术用农民听得懂的语言讲授，强化农民工匠技术技能培训，培训新型农民工匠 1 万多人，实现社会服务收入 600 多万元。同时与莆田市建筑业协会联合举办监理师、监理员培训，2017 年培训 204 人，2018 年培训 602 人，2019 年培训 723 人，3 年共进行 11 期 1 529 人培训。举办农民工学历提升函授班，与莆田市、仙游县建筑协会等行业协会合作，直接进企业开办了大专班、本科班函授，已毕业 574 名。

三是校企联动，充分利用企业技术力量与设备，一同持续推进"六进社区"和"三下乡"服务，助力提升乡村村容村貌与农民文化水平，成为全国新型职业农民培育示范基地和福建省社区教育示范基地。

四是校校联动，开展社会服务需要各类人才，按照各自的技能优势，组成技术服务团队，助推项目落地。

**（五）其他解决问题的方法**

一是采用扎根理论（哥伦比亚大学的 Anselm Strauss 和 Barney Glaser 两位学者共同发展出来的一种研究方法）提出问题、解决问题。(1) 从职业教育教学实践、职业教育的背景等各种资料中确定研究对象（本项目为：技能人才实践能力培养）；(2) 描述研究对象，通过一组或数组相关的数据分析，确定研究视角（本项目为：增强职业教育适应性）；(3) 对研究对象及其行动开展分析，提出解决问题方案（本项目的解决方案为：按照"四联动、三结合、双循环、一服务"实践能力培养的方式来增强职业教育适应性）；(4) 得到较为普适的严谨的学术结论（建立的初步理论是：通过多元的培养主体、多种的培养方法、多条的培养路径、明确的培养平台提升师生实践能力）；(5) 实践证明理论阶段，即修正其中的参数，改成一元的培养主体，发现培养效果不如多元，照此方式，逐个参数检查，实践证明理论是切实可行有效的；(6) 应用与推广阶段，进一步修正形成培养模式，即提升师生实践能力的模型架构：按照四方联动、构建多元的培养主体，三个结合、构建多种的培养方法，两个循环、构建多条的培养路径，一个服务、构建一个明确的培养平台，以增强职业教育适应性。

二是采用系统方法。从大系统的角度出发，以政校合作、行校合作的方法带动校企合作，从而实现四方紧密合作。

三是采用 PDCA 法（美国管理专家戴明提出的管理方法）。即全面质量管理的科学程序是要经过 Plan（计划）、Do（执行）、Check（检查）和 Act（修正）四个阶段，并按照这样的顺序循环不止地进行下去。一个循环下来对成功的经验加以肯定，并予以标准化；对于失败的教训也要总结，引起重视；对于没有解决的问题，应提交给下一个 PDCA 循环中去解决。

四是应用理论分析法、比较研究法、个别访谈法、查询文献法、实地调研法，深入研究社会服务办法。

五是大胆实践。设立莆田市地震应急体验馆、莆田市建筑业协会筑梦奖奖学金，教师加入莆田市建筑业协会并任职，联合举办培训班，建立校企"5G"体系，邀请行业专家直接参与教育教学，开展技术服务与社会培训，帮助地方政府、行业协会、企业解决实际问题，提高社会服务质量。

### 三、成果的创新点

**（一）开拓办学资源整合联动新路径，增强职业教育适应性**

在学校教育资源不足的情况下，能整合政府行政资源、院校智力资源与行业企业信息、技术、平台优势，做到政行校企四方联动，围绕建筑产业的人才需求及创新发展的共同愿景，不断挖掘与整合本土教育资源，提升师生实践能力；围绕适应社会需要，形成政行校企利益共同体，构建了灵活、有效、多元的协同育人机制。

**（二）利用扎根理论，构建从教学实践中建构理论，到实践中去检验理论建构的新模式，有效提升师生实践能力**

扎根理论是职业教育的前沿理论，其建构理论模式的六大步骤（基于实践、应用数理分析、抽象理论、回归实践、数据分析检验理论、形成理论模式）被本项目应用，并依据扎根理论对师生实践能力提升进行研究，提出理论模型为：提升师生实践能力的模型——按照四方联动、构建多元的培养主体，三个结合、构建多种的培养方法，两个循环、构建多条的培养路径，一个服务、构建一个明确的培养平台，以增强职业教育适应性。

**（三）开辟项目化服务社会的新领域，提高社会服务质量**

提升师生实践能力必须依托项目，即助力乡村振兴作为社会服务的项目。与政行企合作做好职业培训与学历提升，举办 3 期 1 500 多人监理员监理师培训班、1 万多人新型农民培训班、500 多人学历提升班，社会服务收入高达 600 多万元。为东庄镇策划打造福建省美丽乡村，助力济川村打造福建省历史文化名村，"乡愁记忆在乡村规划建设项目中的体现途径研究"立项省级课题。这些举措有力推动了建筑产业转型升级和乡村振兴战略实施，提升了师生实践能力。

## 四、成果的推广应用效果

### （一）应用效果

一是师生实践能力得到全面提升。教师获省级教学能力大赛奖项一等奖，省级技能大师1位，2位教师成为国家第一届职业能力大赛裁判，立项省级以上教改课题16项，发表论文25篇，多次获得省市职业教育论文一等奖，教师获专利41项，学生获专利1项，参加国家级技能大赛与省级技能大赛20多次，毕业生就业率达95%以上，平均月收入高于4 000元。

二是社会服务质量全面提高。举办3期1 500多人监理员监理师培训班、1万多人新型农民培训班、500多人学历提升班，社会服务收入超过600万元，助力东庄镇评为省级美丽乡，助力济川村打造历史文化名村品牌，成为全国新型职业农民培育示范基地和福建省社区教育示范基地。

### （二）推广情况

一是引领校内教学改革。成果为院内其他专业教学改革提供借鉴参考，提高了学院整体办学水平和实践能力。

二是为兄弟院校提供参考。学院主导组建莆田市职业教育联盟，成果在联盟内中高职院校得到推广。学院办学经验先后在人民日报（地方版）、中国教育报、福建日报宣传报道。漳州职业技术学院等10多所兄弟院校来校交流，借鉴办学经验。

三是加强闽台合作交流。台湾兰阳技术学院等台湾高校先后到访，高度肯定本人才培养模式。

### （三）领导重视及媒体报道

2013年以来，省部级领导干部考察指导4人次，市厅级领导干部考察指导60多人次，10多所省内外职业院校来学院交流考察。人民日报（地方版）、中国教育报、福建日报、福建电视台、东南电视台、莆田电视台等主流媒体报道学院开展社会服务、助力乡村振兴30多次，取得良好的社会反响。

## 二、主要完成人情况

| 第（一）完成人<br>姓　名 | 陈良金 | 性别 | 男 |
|---|---|---|---|
| 出生年月 | …… | 最后<br>学历 | 本科 |
| 参加工作<br>时间 | 199901 | 院校<br>教龄 | 8 年 |
| 专业技术<br>职称 | 副研究员 | 现任党政<br>职务 | 建筑工程系主任 |
| 工作单位 | 湄洲湾职业技术<br>学院建筑工程系 | 办公电话 | …… |
| 现从事工作<br>及专长 | 教学管理、工程管理 | 移动电话 | …… |
| 电子信箱 | …… | 邮政编码 | 351119 |
| 何时何地受何种<br>省部级及以上奖励 | | | |

| 主要贡献 | 1. 本成果的总体设计、理论思考、材料撰写，实践探索的主导者；<br>2. 应用扎根理论以及 PDCA 方法，积极探索，大胆实践，构建提升师生实践能力的模型——按照四方联动、构建多元的培养主体，三个结合、构建多种的培养方法，两个循环、构建多条的培养路径，一个服务、构建一个明确的培养平台，以增强职业教育适应性；<br>3. 进行思考总结，发表相关论文 6 篇；<br>4. 对成员进行分工，协调解决相关问题，积极进行本成果的应用推广。<br><br>　　　　　　　　　　　　　　　　　　　　　　　本人签名：<br>　　　　　　　　　　　　　　　　　　　　　　　　年　月　日 |
|---|---|

| 第（二）完成人姓名 | 郑慧仙 | 性别 | 女 |
|---|---|---|---|
| 出生年月 | …… | 最后学历 | 本科 |
| 参加工作时间 | 201307 | 院校教龄 | 6年 |
| 专业技术职称 | 助教 | 现任党政职务 | 组织员 |
| 工作单位 | 湄洲湾职业技术学院建筑工程系 | 办公电话 | …… |
| 现从事工作及专长 | 党建工作 | 移动电话 | …… |
| 电子信箱 | …… | 邮政编码 | 351119 |
| 何时何地受何种省部级及以上奖励 | 2020年福建省教师教学能力大赛一等奖 | | |
| 主要贡献 | 1. 参与方案设计、论证、研究和实践过程，协调解决相关问题；<br>2. 负责该项目的内业资料整理；<br>3. 牵头相关制度的起草；<br>4. 负责材料上报。<br><br>本人签名：<br>年 月 日 | | |

| 第（三）完成人姓名 | 林志谦 | 性别 | 男 |
|---|---|---|---|
| 出生年月 | …… | 最后学历 | 本科 |
| 参加工作时间 | 199309 | 院校教龄 | 28 年 |
| 专业技术职称 | 高级技师 | 现任党政职务 | 成教部主任 |
| 工作单位 | 湄洲湾职业技术学院 | 办公电话 | …… |
| 现从事工作及专长 | 教育管理、行政管理 | 移动电话 | …… |
| 电子信箱 | …… | 邮政编码 | 351119 |
| 何时何地受何种省部级及以上奖励 | | | |
| 主要贡献 | 1. 主持本成果社会服务部分的方案设计、论证、研究和实践过程；<br>2. 参与省教育厅高校教学改革研究专项课题；<br>3. 参与人才培养方案制订，负责全国新型职业农民培育示范基地、福建省社区教育示范基地的创建，成人教育的培训师资队伍建设；<br>4. 协助项目负责人推进工作落实，跟进项目进程，适时总结项目典型经验做法，参与成果的推广应用。<br><br>本人签名：<br>年  月  日 | | |

| 第（四）完成人姓名 | 陈建武 | 性别 | 男 |
|---|---|---|---|
| 出生年月 | …… | 最后学历 | 硕士 |
| 参加工作时间 | 199809 | 院校教龄 | 21年 |
| 专业技术职称 | 副教授、福建省技能大师、高级技师 | 现任党政职务 | 建筑工程系书记 |
| 工作单位 | 湄洲湾职业技术学院建筑工程系 | 办公电话 | …… |
| 现从事工作及专长 | 教育管理、行政管理 | 移动电话 | …… |
| 电子信箱 | …… | 邮政编码 | 351119 |
| 何时何地受何种省部级及以上奖励 | 2017年省党代表、2019年省学科带头人、2020年福建省技能大师 | | |
| 主要贡献 | 1. 参与办学方案设计、论证、研究和实践过程；<br>2. 参与省教育厅高校教学改革研究，发表论文12篇，课题2项；<br>3. 参与人才培养方案制订，负责队伍建设；<br>4. 参与总结项目研究成果，获专利2项。<br><br>本人签名：<br>年　月　日 | | |

| 第（五）完成人姓名 | 李云雷 | 性别 | 男 |
|---|---|---|---|
| 出生年月 | …… | 最后学历 | 硕士 |
| 参加工作时间 | 201503 | 院校教龄 | 6年 |
| 专业技术职称 | 讲师、二级建造师 | 现任党政职务 | 建筑工程系副主任 |
| 工作单位 | 湄洲湾职业技术学院建筑工程系 | 办公电话 | …… |
| 现从事工作及专长 | 建筑结构、教学教育管理 | 移动电话 | …… |
| 电子信箱 | …… | 邮政编码 | 351119 |
| 何时何地受何种省部级及以上奖励 | 2020莆田市优秀教育工作者 | | |
| 主要贡献 | 1. 参与办学方案设计、论证、研究和实践过程；<br>2. 协助项目负责人完成项目成果报告，发表论文2篇，课题1项；<br>3. 参与人才培养方案制订，负责师资队伍建设；<br>4. 参与总结项目研究成果，获专利2项。 | | |

本人签名：
年　月　日

## 三、主要完成单位情况

| 第一完成单位名称 | 湄洲湾职业技术学院 | 主管部门 | 莆田市教育局 |
|---|---|---|---|
| 联 系 人 | 陈良金 | 联系电话 | …… |
| 传　　真 | …… | 电子信箱 | …… |
| 通信地址 | 福建省莆田市涵江区梧塘镇荔涵大道1001号 | 邮政编码 | 351119 |
| 主要贡献 | 1. 本成果的主要实施单位，负责策划、论证、理论研究和实践实施。<br>2. 负责开展建筑业产业的人才需求情况调研，研究并提出总体思路，应用扎根理论以及PDCA方法，积极探索，大胆实践，构建提升师生实践能力的模型——按照四方联动、构建多元的培养主体，三个结合、构建多种的培养方法，两个循环、构建多条的培养路径，一个服务、构建一个明确的培养平台，以增强职业教育适应性；<br>3. 争取相关部门支持，联系协调地方政府、行业企业、部分学校，建立政行校企三方协同育人机制，明确各方工作职责；<br>4. 与政府部门行业企业签署合作办学协议，抓好教学管理、实训管理、学生管理、校园文化、师资队伍建设等工作；<br>5. 制订人才培养方案，邀请行业企业共同参与，根据产业需求设置专业，推进产教融合的教学改革，开发项目化课程体系，加强教学质量及人才培养质量评价；<br>6. 推进"双师型"教师队伍建设，改革教学模式；指导行业企业进行实训基地规划与建设，规范实训工作；<br>7. 及时上报资料并总结工作经验，积极推广该成果的应用。 |||

单位盖章
　　年　月　日

## 四、申报、推荐意见

| | |
|---|---|
| 申报意见 | 该成果对提升师生实践能力具有理论价值又有实践意义，在师生实践能力、人才培养、校企合作、产教融合、社会服务等方面取得了明显成效。多年来的实践，硕果累累，具有较高的推广应用价值。同意申报福建省职业教育教学成果奖。<br><br>申报单位公章<br><br>年　月　日 |
| 推荐意见 | <br><br><br><br>推荐单位（设区市教育局或主管部门）公章<br><br>年　月　日 |

## 五、附件目录

1. 反映成果的总结（不超过 6 000 字，略去）
2. 成果应用和效果证明材料

实例材料3：专业群建设方案

# 建筑工程技术高水平专业群项目建设方案[①]

## 一、建设基础与背景

### （一）专业群基本情况

1. 专业与产业适应性分析

建筑业是我国重要的支柱产业，据统计2021年建筑业总产值约占全国GDP的26%。《福建省建筑业"十四五"发展规划》提出十四五末福建省建筑业产值将达到2万亿元，占全省GDP的29%，实现"建筑业大省"向"建筑业强省"迈进，建筑行业依然前景广阔、大有作为。莆田市2021年建筑业总产值839.99亿元，也是市重点产业之一。

2. 专业群改革与发展状况

专业群以建筑工程技术专业为核心，由建筑工程技术、工程造价、建筑设计、建筑室内设计、建筑消防技术等5个专业组成，通过专业群有机组合对应建筑业全产业链岗位群，即建筑主体施工前、建筑主体施工时、建筑主体施工后三个阶段，具体为施工准备阶段（包括建筑设计、工程造价两个专业承担的设计与预算）—主体施工阶段（建筑工程技术专业承担的施工）—主体施工后（包括建筑室内设计、建筑消防技术两个专业承担的建筑装饰、建筑消防装备）。该专业群获得国家级社区教育"能者为师"实践创新项目，全国样板支部遴选单位，省"二元制"、省级"智慧助老"课程资源，承办瓷砖贴面省赛等项目；获得省级教学能力一等奖2项、二等奖2项；培养了国家级教练兼裁判2名以及数以千计的高素质技能型人才，师生参加各类比赛，成果丰硕。

### （二）专业群主要优势特色和存在问题

1. 主要优势特色

（1）组群逻辑清晰，以群建院壁垒较小，专业群建设基础扎实。组建专业群最忌为组群而强行拼凑不同专业、强行拼接不同院系。建筑工程技术专业群组群逻辑是：以建筑主体施工为主线、向前拓展（设计与预算）、向后延伸（消防设备与装饰）的全产业链岗位群组建专业群，群内专业设置既特又新跨度小。有特色专业——全省公办高职第一家也是目前仍是唯一一家开办的建筑消防技术专业，有最新专业——全省高职首批开办的智能建造专业，并以此改造传统的建筑工程技术，使该专业沿着智能建造方向发展。组群前的5个专业中4个专业在建筑工程系，一个专业在工艺美术系，工艺美术系的建筑室内设计的实训室也与建筑工程系4个专业的实训室相连而建，相同的专业基础课较多，专业跨度小。建筑工程技术专业群可以率先实现当前高职教育倡导，进行以群建院改革，其以群建院成本低，壁垒也较小，新组建专业群对原有组织体系冲击不大，改革代价较低，组群难度较小，以群建院能较快落地。建筑行业是国民经济重要的支柱产业，也是人类衣食住行

---

[①] 本专业群建设方案由笔者执笔，表格数字由笔者、李云雷、康东坡、张燕珠四位教师共同商讨，本方案获校赛第三名。

四大基本需求之一,可以说建筑工程技术专业群背靠大产业,面临解决人类基本需求,其专业群建设可靠度毋庸置疑。

(2) 产教融合紧密,政教行企四方共建,专业群建设资源丰富。推进专业群建设不能仅靠学校资源,而必须依靠丰富的社会资源来补充办学资源。一是校地联动紧密,充分利用地方资源补充办学资源,与莆田市地方政府多家部门高度紧密合作。与莆田市消防支队、莆田市应急管理局合作开办福建省公办高职院校第一家消防工程技术专业,与莆田市应急管理局合作成立福建省第一家高职院校应急管理学院,与莆田市地震局合作共建莆田市地震应急体验基地,与莆田市人社局、住建局合作举办工程测量、砌筑等行业大赛,与莆田市总工会合作举办BIM大赛。二是校行联动亲密,充分利用行业资源补充办学资源,与莆田市建筑行业高度紧密合作。与市建筑业协会合作,人员相互交叉任职,举办与学生面对面零距离的"匠心筑艺"讲堂;设立筑梦奖助学金,开展四届资助金额合计80.4万元,资助学生295位。三是校企联动繁密,充分利用企业资源补充办学资源,同多家知名企业高度紧密合作。与三棵树涂料有限公司成立三棵树产业学院,与中天建设集团、福建一建、福建巨岸建设集团等18家大型企业合作共建专业、共建课程、共建实训基地、共建"双师型"教师队伍、共育学生成才,加入1家省级职教集团,建设省级技能竞赛基地1个;建成了集教学、研发、技能鉴定、社会服务"四位一体"的校内实训基地15个,校外实训基地30个。四是校校联动紧密,充分利用不同学校资源互补,同多家中职校高度紧密合作。成立莆田市土木职教联盟,与湄职校、仙游华职校等中职院校开展"3+2"中高职衔接人才培养,与莆田学院、集美大学、三明学院等本科院校开展专升本、专本衔接、函授本科培养,促进职职贯通、职普连通。

(3) 教改步伐加快,教师队伍双师双能,专业群建设成果初显。已进行省级"二元制"人才培养模式改革,组建了三棵树产业学院,利用"二循环"提升教师队伍双师双能。一是以社会服务实操项目作为实训项目推进项目化教学改革,进而构建从学校到地方、再由地方到学校的循环系统。二是构建从个人到团队、再由团队到个人的循环系统,"理实一体、知行合一、工学交融、工学赛创、四位一体"的教学模式,增强教学实效性。专业群建立了一支由业内专家、注册消防师、注册建造师、注册造价师、注册结构师、教学名师、企业高级工程师、一线技术人员等多元化专兼结合组成的教学团队,编写校企双元教材、活页式教材4本,打造校企精品课程3门,丰富教学资源,提高教学信息化水平。2位教师成为国家级职业能力大赛裁判,组织教师参加省级教学能力大赛,获省赛一等奖的教师有8人次,二等奖12人次,福建省科技特派员3位,莆田市科技特派员2位,"双师型"教师的比例提高到75%。

2. 存在的问题

(1) 制度不健全,缺乏系统、规范的专业群管理制度。

(2) 专业群建设起步较迟,2022年刚启动专业群建设,其弯道超车的办法不多。

**(三) 机遇挑战**

1. 面临的机遇

(1) 政策红利、政府重视助推专业群建设。国家、省市各级政府高度重视职业教育发展,不断出台鼓励职业教育发展的新政策,职业教育全面进入提质培优、增值赋能高质量发展阶段。2020年,莆田市委市政府出台了《关于大力发展职业教育培养和集聚实用型技术技能人才加快构筑创新创业创造高地的实施意见》(莆委发〔2020〕5号)等文件,把大力发展职业教育摆在"强产业、兴城市"的大格局中谋划。这些政策有力助推专业群建设。

(2)产业更新、技术变革助推专业群建设。新经济新技术新业态发展促进建筑业转型升级。物联网、大数据、工业化、信息化、智能化、装配式工程、一体化装修等新技术的飞速发展,国家推行绿色、安全、健康的施工模式,进一步助推建筑业变革,为专业群建设提供了更广阔的空间和契机。

2. 面临的挑战

(1)产业快速变革带来冲击波。人才培养方式面临挑战,在"互联网+"、信息技术迅猛发展的影响下,建筑产业由劳动密集型正逐步走向劳动与知识、技术、创新紧密结合型产业,产业重构,业态重塑带来冲击,技术技能人才培养方式需要变革,向复合型高素质方向发展,需要在教育链、产业链、人才链、创新链紧密对接上深耕用力。

(2)生源多元化带来教学改革复杂化。高职院校招生考试制度改革、招生规模扩大、退役军人扩招、五年一贯制、二元制等生源多元化,客观上需要教学分类精细化,这给教学改革增加不少难度,造成教学资源更加缺乏,对如何高效配置教学资源,精细培养技能人才提出了全新挑战。

## 二、建设目标与思路

### (一)项目建设总体目标与分年度目标

1. 项目建设总体目标

学校以习近平新时代中国特色社会主义思想为指引,聚焦国家战略,贯彻"职教20条""提质培优"和全国职教大会以及新修订的《职业教育法》精神,围绕"引领改革、支撑发展、区域特色、国内影响"的总目标,聚焦专业群"十大任务",适应职业发展国家战略和福建省"六四五"产业新体系以及莆田市产业布局,对接建筑行业转型升级,高质量、创特色、树品牌,打造高水平专业群。

秉承"学为成人"的校训,以立德树人为根本任务,精准对接建筑工业化、信息化、智能化等建筑产业高端发展需求,坚持课证融通、产教融合、工学结合、育训并举,发挥我校的办学优势,将建筑工程技术专业群打造成省内高水平特色示范性专业群。群内各专业优势互补、融合发展,充分发挥专业群集聚效应和服务功能,实现校企精准对接、精准育人,到2025年建筑工程技术专业群跻身"省内领先、特色鲜明"职业院校行列。

2. 分年度目标

(1)2022年度(2022年5月1日—2022年12月31日):

①启动专业群运行保障机制建设。

一是深入调研建筑产业链,撰写调研分析报告。二是成立专业群指导委员会和相应工作小组,制定相应的运行保障机制,确保专业群内各专业间的协同性、群内专业与产业链的对应性。三是建立专业群内专业结构进行调整和优化动态保障机制。四是完成专业群建设方案与任务书编写与论证。

②启动专业群课程体系建设。

一是挖掘企业教学资源，邀请企业技术人员参与专业群课程体系建设。二是搭建底层可共享、中层可融合、上层可互选有机组合的课程体系，修订专业群人培方案和课程标准。三是健全1+X证书制度、"岗课赛证创融通"制度。四是完善学生实习管理制度和学生实习全过程跟踪监管机制。

③启动专兼结合的师资队伍建设。

一是探索和建立校企共建的师资队伍管理办法。完善教师下企业挂职锻炼和实践机制以及企业导师兼职制度。完善校企人才双向聘用制度，"双师型"教师队伍制度、"访问工程师"制度。

④启动专业群保障机制建设。

一是引进ISO 9000认证理念，建立专业群相关管理制度。二是建立专业群共建共享保障机制。实现群内课程、师资队伍、实习实训基地等资源的共享，依据岗位群、专业群要求统一规划实训基地、生产基地，将专业群人力、智力资源与企业技术资源相结合，形成校企合作，双方共享研发和生产成果。三是建立专业群建设工作评价制度，达到"以评促建，以评促改"的目的。

（2）2023年度（2023年1月1日—2023年12月31日）：

①探索和推进党建引领下的"三全育人"体系建设。

落实立德树人目标，在总结提升原有的"省级样板支部"基础上积极申报"国家级样板支部"，申报省级支部好案例、党支部立项活动，打造一批院级课程思政示范课程和德育特色案例。

②探索和推进专业群课程体系建设。

建设一批专业群共享平台课和互选课，校企合作编写和出版一批教材或著作。在教育部1+X证书试点的基础上，推广提升专业群课程体系改革。获得省级职业技能大赛或行业部门技术技能大赛一等奖以上1个，获得省级创新创业大赛1项。

③探索和推进专兼结合的师资队伍建设。

校企共建教师企业双师培训基地1个、实践流动站1个，新增一批校企互兼互聘教师，聘请产业导师1名。申报1名省级专业带头人，校企合作建设院级名师工作室、技能大师工作室等。

④探索和推进产教融合、校企合作机制建设。

整合资源成立1个职教集团，培育产教融合型企业1个，推进产业学院建设，合作建设一批校内校外实训基地，探索提炼产教融合、校企合作新模式。

⑤探索和推进信息技术与教学深度融合机制建设。

校企共建一批在线精品课程，立项院级精品在线开放课程2门，合作开发虚拟仿真教学资源1项，建设一批线上线下混合式教学示范课程。持续加大教师信息化能力培养，获得省级教师教学能力比赛或课堂教学技能比赛二等奖以上1项。

⑥探索和推进国际、校际交流合作。

加强与境外院校、研究机构及建筑企业合作交流，探索举办中外合作办学项目和海峡两岸职业教育融合发展新路。

（3）2024年度（2024年1月1日—2024年12月31日）：

①凝练和创新"三全育人"体系建设。

配合学院创建省级"三全育人"示范校，全面推进"三全育人"工作。持续建设"国家级样板支部"和申报1个省级"支部'双带头人'工作室"。继续打造一批课程思政示范课程和德育特色案例，争创1项省级德育特色案例。

②凝练和创新专业群课程体系建设。

持续探索专业群"三教"改革，争取入选省级以上"课堂革命"典型案例1个。总结凝练专业群教学成果，申报1项省级教学成果奖，凝练一批课题和论文。优化专业群共享平台课和互选课，校企继续合作编写和出版一批教材。持续开展"岗课赛证创"教学改革，总结年度案例。获得省级职业技能大赛或行业部门技术技能大赛一等奖以上1个，获得省级创新创业大赛1项。

③凝练和创新跨"界"组合的专兼结合师资队伍建设。

凝练校企共建"双师型"教师培养基地和教师企业实践流动站的经验和做法，不断修订共建机制。新增一批校企互兼互聘教师，聘请产业导师1名。引进或培育1个省级技能大师工作室，培养1名省级专业带头人，培育省级名师工作室或技能大师工作室等，争取入选省级职业院校教师教学创新团队1个。

④凝练和创新产教融合、校企合作项目。

凝练职教集团、产业学院的经验和做法，不断修订共建机制，形成产教融合案例。继续合作建设一批校内校外实训基地，完善学生实习管理制度和学生实习全过程跟踪监管机制。

⑤凝练和创新信息技术与教学深度融合机制建设。

凝练在线精品课程、虚拟仿真教学资源和线上线下混合式教学示范课程实施过程中的经验和做法，不断优化建设方案。立项省级精品在线开放课程1门，加强教师信息化能力培养，获得省级教师教学能力比赛或课堂教学技能比赛二等奖以上1项，争创国家级教师教学能力奖项1项。

⑥推进和创新国际、校际交流合作机制建设。

继续推进与境外院校、研究机构及建筑企业合作交流，探索举办中外合作办学项目和海峡两岸职业教育融合发展新路。积极开展欠发达地区薄弱职业院校对口支援，推进协同发展区建设和乡村振兴战略。

（4）2025年度（2025年1月1日—2025年12月31日）：

①总结和提升"三全育人"体系建设水平。

总结省级思政课程和案例的有效做法，立项一批思政课题和总结一本德育案例集，积极配合学院创建省级"三全育人"示范校，全面推进"三全育人"工作。

②总结和提升专业群课程体系建设水平。

总结专业群教学的有效做法，立项一批课改课题并撰写相关论文，入选1个以上省级"课堂革命"典型案例。校企继续合作编写和出版一批教材，争取一本教材申报国家规划教材。总结"岗课赛证创"教学改革成果，撰写课改案例。获得国家级职业技能大赛或行业部门技术技能大赛奖项1个。

③总结和提升专兼结合的师资队伍建设水平。

总结校企共建"双师型"教师培养基地和教师企业实践流动站的经验和做法，加大校企互兼互聘教师和聘请产业导师力度。培养1名省级专业带头人，校企合作继续建设省级名师工作室或技能大师工作室。

④总结和提升产教融合、校企合作机制建设水平。

总结职教集团、产业学院的经验和做法，不断修订共建机制，形成一批产教融合案例，建设省级产教融合实训基地1个和校外专业实训基地2个。

⑤总结和提升信息技术与教学深度融合机制建设水平。

总结在线精品课程、虚拟仿真教学资源和线上线下混合式教学示范课程实施过程的有效做法，不断优化建设方案。建设院级在线精品课程2门，立项省级精品在线开放课程1门，开发虚拟仿真教学资源1项，建设线上线下混合式教学示范课程2门。持续加大教师信息化能力培养，获得省级教师教学能力比赛或课堂教学技能比赛二等奖以上1项，争创国家级教师教学能力奖项1项。

⑥总结和提升国际、校际交流合作机制建设水平。

加强国际交流合作，实施"中文+职业技能"国际化项目1个。积极开展欠发达地区薄弱职业院校对口支援，推进协同发展区建设和乡村振兴战略。

### (二) 项目建设思路

**1. 强化党建引领，坚持立德树人**

坚持党的教育方针，以高质量党建引领高质量发展，把牢社会主义办学方向，深化德技并修、育训并举、为党育人、为国育才，培养德智体美劳全面发展的社会主义事业建设者和接班人。

**2. 强化服务导向，坚持产教融合**

以服务导向响应产业升级和经济结构调整要求，面向产业需求，深化产教融合、校企合作，形成校企命运共同体，建成产教融合发展新格局，服务产业转型升级发展，实现人才培养供给侧和产业需求侧结构要素全方位融合。

**3. 强化目标导向，坚持改革创新**

以目标导向强化类型教育特色发展，针对办学内涵建设中存在的特色不鲜明、校企合作而不深、教学质量不高、体系机制不完善等深层次问题，敢于自我革新，找准差距，狠抓整改，探索提升十大重点任务工作水平的实现路径，创造可借鉴、可推广的改革经验和模式，引领我省建筑类职业教育改革发展。

**4. 强化绩效导向，坚持狠抓落实**

以目标导向促进项目建设加快落地，围绕新时代职业教育提出的理念、体系、制度、内容、方法、治理等一系列新目标，先行先试，率先发展，凝聚思想共识与行动共识，将项目建设目标任务细化为具体行动方案，形成任务清单，列出时间表和路线图，强化目标管理和绩效考核，一级抓一级，层层抓落实。

## 三、建设任务与举措

### （一）专业群建设与运行机制

**1. 跨系建群合力协作，建立健全专业群建设机制**

（1）建立组织架构。成立由职教专家、行业教授、产业专家、校内老师组成的专业群建设指导委员会并有效运行。成立由分管教学副院长为主任的专业群工作专班。建立专业群联席会议制度，设立由系主任为组长的各项目建设工作组，形成专业群工作小组统筹规划与协调管理，负责项目建设的规划与实施。

（2）合力建设专业群。采取"跨系建群"模式，调整优化学校二级组织机构设置，成立专业群教学工作小组和办公室，统筹协调好专业群内各专业之间的关系。确保群内各专业资源共享、优势互补、协同发展，实现专业集群、资源集成、管理集约，不断提升专业群建设水平。

**2. 动态调整紧密对接，建立健全专业群运行机制**

（1）专业群紧密对接产业链。建筑工程技术专业群由建筑工程技术、工程造价、建筑设计、建筑室内设计、建筑消防技术等5个专业组成，通过专业群有机组合对应建筑业"建筑设计—工程预算—建筑施工—建筑装饰—消防装备"全产业链岗位群。主动适应省市产业布局，依据建筑业产业链的最新技术发展，培养懂预算、能施工、会管理的建筑业高素质复合型技术技能人才。

（2）专业紧密对接产业。定期分析，确保每月至少一次对专业建设进行深入剖析，依据产业链发展动态对理论知识、技能操作和创新创业能力进行动态调整，保证群内专业与产业的紧密对接，保证专业群活力，提高人才培养与产业发展的契合度。将"1+X"培训考核与专业课程教学相结合，促进专业群与产业链、教学过程与生产过程、课程内容与职业技能等级证书标准的有效对接，提高专业群人才培养目标与企业岗位需求的吻合度，提升行业企业等利益相关方对人才培养质量的满意度。建立和导入基于专业群建设为目标的KPI管理系统，积极引进先进地区的职业教育专业标准、课程标准、职业标准及质量保证体系，并消化吸收为自身的建设资源。

### （二）立德树人与课程思政

**1. 坚持党建引领，建立德技并修育人体系**

（1）五育并举、三全育人。以党的领导统领专业群建设，加强系部党组织对思想政治教育和育人工作的领导。扎实开展五育并举活动，即党建引领，扎实推进服务乡村振兴志愿活动、垃圾分类等德育工程，技能大赛、1+X考证等智育工程，师生晨练、师生同台赛、健身积分等体育工程，劳模进校园、劳动比赛、勤工俭学、社会实践、节假日劳动记等劳育工程，邀请艺术家开展美育大讲坛、师生书画大赛、校园摄影写真等美育工程，促进学生全面发展。充分发挥系部基层党组织先锋和战斗堡垒作用，统筹专业群各专业育人资源和育人力量，构建全员、全过程、全方位育人的思想政治工作格局，利用省级"三全育人"典型学校，全面高质推进"三全育人"活动，积极开展德育研讨，注重德育研究，及时征集德育案例，立项省级德育特色案例1项。

（2）丰富校园文化。一是优秀文化进校园活动，启动校园文化新生态建设，开展优秀企业文化、工匠文化、职业文化进校园活动，结合专业特点统筹推进实践育人、活动育人和文化育人，弘扬精益求精的工匠精神。二是坚持每月一次开展匠心筑艺讲坛，邀请大国工匠、行业大师、业内精英、行业劳模、优秀企业家等来校开讲。三是坚持每年一次开展筑梦奖助学金活动，帮扶经济困难的同学，奖励学习优秀、技能大赛获奖同学。四是将职业素养教育融入教育教学全过程，打造1门及以上职业素养示范课程。

2. 坚持同向同行，推动思政融入专业教学

（1）加强专业课程思政建设，提升专业教师课程思政意识和能力，将思想政治教育内容纳入专业人才培养方案，有机融入专业课程教学，全力构建思政课程与课程思政协同育人格局，打造不少于5门院级课程思政示范课，争创1门省级课程思政示范课。

（2）结合建筑工程技术专业群特点，深入挖掘专业特点，注重教育引导学生树立正确的职业观，挖掘专业课程的思政元素，结合大师工作室等载体建设，把思政融入专业教学。

**（三）产教融合与校企合作**

1. 深度融合，精准对接产业人才需求

（1）建立数据互用、技艺互比的融合路径。与人社局、行业协会、广大用人单位充分合作，建立基于专业群的人才需求的调查机制，建立人才数据平台，积极与产业对接；建立专业群人才需求动态收集供应机制，更适应市场需求的促进人才培养的规模及模式、方向。建立校内技能人才与社会技能人才定期同台切磋技艺的长效机制，使高职教育与区域行业发展、产业需求高度契合。

（2）专业群对接建筑产业链需求，教学内容参考国家建筑行业标准，对接职业标准，开发校本特色教学标准与课程标准。每一个专业引入一家企业真实生产制作任务，及时将新技术、新工艺、新规范纳入课程标准和教学内容，开展实战型项目化教学，增强课程标准与行业需求的契合度，实现产、教、研、学一体化发展。

2. 深度合作，精心打造校企协同育人

（1）筹建职教集团，成立并有效运行建筑行业教学指导委员会，培育建设省级产业学院试点1个，校企共同编制专业建设规划，共同制订专业人才培养方案，共同开发课程教材，共建实训基地、共建"双师型"教师队伍、共育学生成才，推动技术创新，打造校企合作协同育人机制，将专业群建设成为建筑专业技能人才的培养摇篮、区域行业实训基地和建筑企业的人才培养中心。

（2）持续开展1+X证书制度试点，将1+X证书课程纳入人才培养方案课程体系中，优化课程设置，对接生产前沿和工作过程，同步更新教学内容，推进"1"和"X"的有机衔接，推进教师、教材、教法改革，促进"课证融合，书证融通"，培育一批具有职业技能等级证书培训能力的校内教师，打造一支拥有新技术、新技能的教师教学创新团队。

**（四）人才培养与改革创新**

1. 强调科学性，优化专业人才培养方案

（1）优化专业群人才培养方案。对接国家专业教学标准，制订专业群人才培养方案，充分利用莆田市建筑行业教学指导委员会的作用，共同参与专业群人培方案修订工作；落实人才培养方案公开制度，主动向社会公开，接受全社会监督。建立健全专业人才培养方案实施情况的评价、反馈与改进机制，及时优化调整，不断优化人才培养方案的科学性、适应性和可操作性。制定并实施师生参加各级竞赛的管理与奖励办法、学分银行管理办法，实行"两证一奖"制度，建立"岗课赛证创"综合育人机制，搭建"二级院系、学校、省级、国家"四级竞赛促学平台，把职业岗位所需要的知识技能、职业素养以及职业技能大赛内容、职业技能等级证书标准融入相关专业教学中，提升学生职业技能和就业能力。

（2）深化专业群"三教"改革。加强专业群教学团队建设，培养教学名师与专业带头人，优化专业群教学资源，建立质量监控机制，建立快速完备的专业群调研、分析、诊断、改革工作流程，推动专业群建设的自我更新与完善，为专业群的健康可持续发展提供保障。加快编写校企合作教材、项目化教材、活页式教材，推进教学方法改革，使教学链与产业链紧密对接。开展第三方评测，形成从行业政策分析、人才需求分析、专业动态调整、专业优势及问题分析、专业竞争力评测、项目数据监测、实习数据监测、就业数据监测、毕业生数据监测等一系列重要指标数据监测管控。

2. 提升适应性，优化专业人才培养模式

以二元制人才培养模式为载体，健全教学管理与运行机制，构建"四联动、三结合、双循环、一服务"实践能力培养模式，提高了师生实践能力，增强了职业教育适应性。"四联动"：即构建政校、校行、校企、校校四方联动的培养机制，充分挖掘与整合本土教育资源，形成多元的实践能力的培养主体。"三结合"：即构建校内实训与校外实习相结合、技能训练与技能比赛相结合、技能教学与技能考核相结合的培养方式，充分发挥学校与产业各自优势，形成多种实践能力的培养方法。"双循环"：即构建从学校到社会、再由社会到学校的循环系统，以增强职业教育适应性；构建从个人到团队、再由团队到个人的循环系统，以增强师生实践能力；搭建两条实践能力的培养路径。"一服务"：即构建以助力乡村振兴这一项目为载体的社会服务体系，搭建一个实践能力的培养平台，培育建筑产业急需的高素质复合型技术技能人才。

**（五）课程教学与质量评价**

1. 搭建平台模块，助推专业课程体系改革

（1）根据国家专业教学标准，以专业调研为依据，打破专业间的壁垒，结合行业企业调研职业领域的岗位人才需求和学情分析，结合1+X证书制度职业标准，校企共同开发校本特色专业教学标准和专业人才培养方案；以技术能力培养为主体，构建模块化课程体系，夯实专业群共享基础平台，畅通专业群链条，科学设置专业群各专业模块化课程，实现专业课程设置合理化、特色化，体现课程教学内容设置项目化、职业化。

（2）对接建筑产业与职业岗位群，以岗位需求为导向，按照"底部共建共享、中部

针对专业分立、上部课程互选、顶部复合综合"原则,专业群构建"平台共享、能力共拓、三创互融"专业群课程体系,大力构建理实一体化教学课程,通过与企业共同研讨,扎实落实基于企业实际工作过程构建的"四联动、三结合、双循环、一服务"实践能力培养模式。

2. 锚定产业升级,助推专业教材开发使用

严格执行《福建省职业院校教材管理实施细则》,规范教材选用程序,落实教材选用"四级责任制",优选国家规划教材和省级及以上优秀教材,规划教材或优秀教材选用率达70%以上。组建结构合理、校企共同参与的教材开发团队,根据专业群人才培养和教学实际需要,组织编写反映自身特色的校本专业教材,出版校企双元合作编写的新型活页式、工作手册式教材2部。

3. 拓展培养路径,助推教学方法模式改革

(1) 适应普通高考生、中高职衔接、二元制、扩招等生源多样化特点,充分调研和分析学情,有针对性地实施不同的教学模式和教学方法。推广实施项目教学、案例教学、情景教学、工作过程导向教学以及混合式教学、理实一体教学、模块化教学等新型教学模式,推广远程协作、实时互动、翻转课堂、移动学习等信息化教学模式。推动"课堂革命",将课程教学改革推向纵深,形成省级"课堂革命"典型案例1个。

(2) 适应专业群教学改革需要,鼓励教师团队对接建筑产业职业标准和工作过程,组建专业课程教学团队,探索分工协作的专业课程模块化教学。参照建筑行业技术标准,将新技术、新工艺、新规范纳入专业群课程教学内容,优化专业课程体系,科学设置专业课程。

4. 持续诊改提高,助推专业教学质量评价

(1) 完善教学质量评价体系。建立健全以学习者为中心的专业和课程教学评价体系,以"课堂革命"更新教育观念、教学方法和教学方式,利用现代信息技术,开展专业和课程教学质量评价工作,完善专业群内部质量保证体系。一是改革考核体系,逐步变"集中考核"为"过程考核",变"课程结业考核"为"资格证书考核",注重方法的多样性和评价的多向性。二是实现评价体系与课程体系相匹配,线上教学动态实时评价与线下教学评价相衔接,校企双主体联合评价相融合。

(2) 完善专业群年度质量报告制度。依托行业、企业和学校组成的专业群建设质量诊改工作小组,建立健全专业群建设系列制度,以"四目标"达成度为主要依据,结合第三方评测,强化过程监管、环节管理、全程管理,形成专业群运行评价与改进机制,定期公布专业群年度质量报告。

### (六) 队伍建设与素质提升

1. 严格聘用标准,加强教师队伍管理

(1) 完善教师队伍管理制度。落实新任教师"先培训后上岗"制度、教师到企业实践制度,建立健全教师与企业人才双向聘用制度,促进专业教师向"双师型"发展。校企共建"双师型"教师培养培训基地和教师企业实践基地,增强校企人员间的交流、研究合作、资源共享。建立健全"互聘、互兼"校企合作双向交流机制,完善企业技术人员与骨

干教师互兼互聘制度及管理办法，探索"固定岗"和"流动岗"相结合的设岗用人办法，不断优化团队人员配备结构，打造一支校企合作、专兼结合的专业群"双师型"团队。

（2）完善"双师型"教师评价制度。强化师德考核，坚持师德第一标准，建设"四有"好老师，塑造优良师德师风。加强教师价值引领和思想政治工作，对标"四有"好老师，制定师德师风评审标准，将教师的师德师风纳入年度考核，完善师资培训和考核制度，建设思想政治、师德师风过硬的"双师型"教师队伍。开展教师教学能力测试，突出教师的教育教学实绩、实践技能水平和专业教学能力评价，形成科学合理的绩效考核分配导向和晋升机制，调动教师工作积极性。

（3）提升教师队伍结构素质。落实国家职业院校教师专业标准，专业教师数量结构合理，其中专业群"双师型"教师比例不低于85%，高级专业技术职称的比例≥30%，专业群生师比不高于18∶1，研究生学历或硕士学位（不含在读）以上的比例≥80%，外聘教师比例不低于40%，形成职称、学历、年龄结构合理的专业教学师资队伍。

2. 严格培养程序，加强专业带头人配备

（1）完善学院专业带头人培养制度。制定《学院支持高水平专业群建设教师引进、培养、聘用和激励的实施办法》《学院支持高水平专业群建设专业带头人、骨干教师和优秀教学科研团队培养方案》，建立名师和技能大师工作室，通过内培外引、校企互聘、项目导向，加强专业群各专业带头人选聘和培养，培育省级教学名师或专业带头人1人，申报省级名师工作室1个或省级技能大师工作室1个，培育市级教学名师或专业带头人1人。

（2）制定《学院校校企人员互兼互聘管理办法（试行）》制度。依托工作室培育或引进行业专家和产业导师1人，培育省级专业带头人1名；通过主持课程建设、教学改革和科研推广、指导青年教师、参加教学能力比赛等方式，力争获得省级及以上职业教育教学成果奖1项、省级及以上教学能力比赛奖项4项。

3. 严格双向培养，加强教学创新团队建设

（1）建设结构化专业群教学创新团队。根据课程模块，跨系跨专业组建专业群教学创新团队和各课程模块教学团队，校企专兼职教师共同完成专业建设、课程开发、教材编写，共同完成培养任务，共同承担科研项目开发，推进教育教学模式改革创新，组建各类工作室创新团队，建立健全工作室管理机制，推动教师分工协作，全面实施模块化、项目化、岗位化教学的模式改革，建成高水平、结构化的能示范引领的教师教学创新团队。

（2）制定《学院支持高水平专业群建设专业带头人、骨干教师和优秀教学科研团队培养方案》等制度。加强专业群教师教学创新团队培养，采取跟岗研修、访学研修、结对学习、联合教研、项目研究、校企交流等灵活多样的方式，促进专业群教师创新团队专业发展，争创省级职业院校教师教学创新团队。

（3）实施产业导师计划，建立产业导师特聘岗、"访问工程师"制度。聘任产业导师或兼职任教2人，协同建设专业群教学创新团队，参与专业建设、课程建设、名师工作室建设、产学研合作等工作，引进省级技能大师1名，形成以名师和大师品牌为核心的专任教师与产业导师专兼相结合的教学创新团队。

## （七）实践教学与基地建设

**1. 设立多种功能用途，有力促进实践教学实施**

（1）多种功能用途。严格按照人才培养标准，制定实践教学大纲。实践教学围绕"岗课赛证创"五个功能展开，"岗"是技能岗位、"课"是课程体系、"赛"是技能大赛、"证"是职业技能等级证书，"创"是创新创业大赛。专业群各专业实践性教学学时占总学时数60%以上，实训项目开出率达到100%。

（2）健全实践教学。一是实践教学双师制，校内技能实训与校外地方岗位实习相结合，推行校外校内双导师制共同负责实训实习。二是实践教学双融合。实践教学方式融合，做到课内与课外融合、校内与校外融合、企业真实工作任务和案例与实践教学项目融合，注重学生职业能力和职业精神的培养。

**2. 确立多元建设主体，有力促进实训基地建设**

（1）加强校内实训基地建设。校内实训基地覆盖专业群所有专业，实训场地和工位充足，实训装备达到教育部发布的专业实训教学条件建设标准，专业群生均教学科研仪器设备值达到12 000元，新增实训室6间，面积3 000 m²以上，建设智能建造、装配式施工、钢结构工法楼、室内灯光景观实训室。与莆田市地震局合作扩建莆田市地震体验馆，再投资500万元使新建的莆田市地震体验馆由原有120 m²扩建到500 m²。与莆田市消防支队合作共建莆田市消防安全科普基地，与莆田市建筑业协会、部分企业合作改造传统实训室，建成涵盖建筑设计、工程预算、装配式施工、智能建造、室内设计、消防装备的基于建筑产业链的可实训可运营的产教融合实训基地。

（2）加强校外实训基地建设。依托三棵树等名企合作建立开放共享的高水平专业化产教融合实训基地。在工业园区、建筑工地等建立实践教学场所，推动专业群与行业协会、工业园区合作，实现多家企业共同接收各专业群学生实习，使校外实训基地高达50家，形成合力，实现校企双主体培养。

**3. 建立多项实习制度，有力促进实习规范管理**

一是建立健全学生实习管理制度，认真制订实习计划，实施认知实习、跟岗实习、顶岗实习等多种实践形式，顶岗实习累计6个月以上，力争实习岗位对口率达100%。二是建立学生实习责任保险制度，要求合作企业100%为专业群顶岗实习学生购买实习责任保险；重视学生实习安全和权益保障问题，建立和完善学生实习安全和风险管理制度。三是建立学生实习双导师制，配齐配强实习指导教师和管理人员队伍，做到每位学生至少有2位指导教师，确保实习任务完成。四是建立学生实习信息管理制度，依托顶岗实习信息管理平台，建立学生实习全过程跟踪监管机制，确保实习质量和实习安全，维护学生合法权益。

## （八）信息技术与教学融合

**1. 提升配置，有序推进信息化资源建设**

（1）提升信息化配置。建设智慧教学管理一体化平台1个、智慧教室4间，建成省内一流的信息技术公共实训基地、学院教育信息化创新共享实训基地；加快建设智能化教学支持环境，实现校园5G信号全覆盖，建设省级职业教育虚拟仿真示范实训基地1个，建成省级职业教育虚拟仿真示范实训基地。

（2）加强教学资源库建设。建立健全资源共建共享机制，建设1个省级及以上专业教学资源库；参与国家级精品课程2门，建设精品课程省级2门、智慧助老课程2门，院级精品课程8门，服务学生终身学习，开发融媒体教材等信息化教学资源，建设线上线下混合式教学示范课程3门，形成线上线下相结合的"混合式"教与学新格局。

2. 加大步伐，有效推动信息化教学改革

（1）促进数字化改造。依托学院产业学院和首批省级示范性虚拟仿真实训基地，开发专业课程虚拟仿真教学资源3个，配套教材3本，推动人工智能、大数据、虚拟现实等新技术在教育教学中的应用，提高师生信息技术素养。

（2）促进信息技术与教学融合。充分利用全国第一批职业院校数字校园建设试点，推进"信息技术+专业教学"融合创新；加大教师信息化能力培养，利用超星学习通、智慧职教、腾讯等平台，有效开展教学过程监测、学情分析、学业水平测试；开展教师信息化能力测评活动，提高教师教学资源建设、设计、应用能力，推进信息技术与教育教学融合创新，打造省级"课堂革命"典型案例1个，建设一套覆盖学生学习全过程、一站式、个性化的专业学习云平台。

**（九）合作交流与内涵提升**

1. **开辟进出新路径，国际交流合作稳开局**

（1）依托"一带一路"建设，稳步开启国际项目合作共建。与"一带一路"共建国家联合举办中外合作办学项目，实施"中文+职业技能"国际化发展模式，面向"走出去"中资企业员工开展学历教育和技术技能培训。积极承办妈祖文化研习夏令营活动，提升国际学生对中国文化的认同感。

（2）依托"一带一路"建设，稳步开启国际师资交流。选派骨干教师或专业群带头人赴"一带一路"共建国家或职业教育发达国家进行文化交流和进修培训，开展专业共建、资源共享、成果共用等中外交流，促进国际经验落地提升。

2. **构建互融新路子，闽台交流合作稳步推进**

（1）依托妈祖文化，稳步推进师资交流。继续与兰阳技术学院等台湾优质职业教育院校合作，有组织、有计划地围绕闽台妈祖文化交流互派教师10人次以上，促进闽台职业教育交流互鉴、合作互融，探索海峡两岸职业教育融合发展新路子。

（2）依托妈祖文化，稳步推进文化交融。开展"妈祖文化研习夏令营活动"，在活动中融入富有职业教育特色的体验课程，提升闽台学生对妈祖文化的认同感与中国传统文化的归属感。

**（十）服务发展与示范带动**

1. **育人增值可量化，促推人才培养高质量**

（1）提高育人数量。加强行业企业调研，深入分析建筑产业链人才需求变化，确保专业群建设定位准确，人才培养与市场需求相适应，学历教育规模稳步提升，其中核心专业——

建筑工程技术专业全日制学历教育在校生人数达到450人以上。

（2）提升育人质量。完善师生参加各级竞赛的管理与奖励办法，落实学院"学分银行"实施方案，实施"两证一奖"制度。专业群学生在省级及以上职业院校技能大赛或省级及以上行业部门技术技能大赛中获三等奖15项以上、二等奖5项以上、一等奖2项以上。

（3）提增育人成效。做好毕业生的服务、管理、跟踪、反馈工作，发布专业群质量年度报告。专业群毕业生就业情况好、就业质量高和社会认可度高，毕业生就业率保持在98%以上，专业对口就业率保持在85%以上，用人单位满意度达到95%以上。

### 2. 赋能社会可接力，促推服务社会高效益

（1）开展技术服务。发挥专业群资源优势，积极开展区域技术服务，建成技术开放服务平台，全面提升专业群面向产业需求的研发能力和社会服务能力，力争群内纵向课题达10项以上，校企共同制定福建省地方标准1项、完成横向课题5项以上、专利13项以上，横向到账经费30万元以上，开展古建筑测绘技术服务，测绘面积1万$m^2$以上，协助地方政府危房排查1万栋楼以上。

（2）助力乡村振兴。贯彻党的乡村振兴政策，实施五项工程，延伸社会服务内容，助力乡村振兴。一是构建服务乡村产业工程，助力乡村产业兴旺。发挥党员教师专业优势，积极推广农村建筑产业新技术、发展新业态，开展学历教育，继续举办在职人员学历提升函授班。二是构建新型农民培育工程，助力乡村人才转型。组织"建筑工匠培训""莆田市新型职业农民培训"，技能培训和就业创业培训次数达1万人次。三是构建教育结对扶持工程，助力乡村教育发展。发挥文化辐射作用，与偏远小学共建"乡村少年宫"，通过场所布置、师资培训、项目辅导、活动联办等活动提升其教学质量。四是构建城乡社区教育工程，助力乡村文明培育。开展社区教育活动，完成全国社区教育"能者为师"实践创新项目的验收。助力仙游济川打造历史名村品牌，与涵江区住建局合作开展3个村庄古建筑保护，促进乡村旅游事业发展。五是构建乡土文化传承工程，助力乡村文化繁荣。组织党员师生开展文体项目"三下乡"活动，弘扬乡土文化，将莆田地域的耕读文化、蔡襄廉政文化、古建筑文化、妈祖信俗非遗文化等历史悠久的乡土文化进行挖掘、活化利用。

### 3. 教改成果可推广，促推示范带动高标准

（1）强化示范引领。充分发挥政教行企四方共建作用，依托行业协会与龙头企业，组建建筑行业职业教育指导委员会与筹建职教集团，培育省级产教融合型企业1个，培育建设省级产业学院试点1个。2025年将建成办学理念先进，教学成果凸显，实训条件齐全一流，教学团队实力雄厚，政教行企良性互动，专业群育人体制机制灵活创新，教学改革引领区域职业教育发展，特色鲜明、示范引领的高水平建筑工程技术专业群，争创省级高水平专业群。

（2）强化带动辐射。积极开展职业教育活动周与校际联谊共建活动，发挥高职带动辐射作用，加大与中职校联合共建力度，提高中高职衔接、五年制一贯制、"二元制"人才培养合作的办学质量。加大扶持欠发达地区薄弱职业院校的帮扶工作与对口支援，与闽东北、闽西南开展"3+2"五年制高职专业合作，推动师生与闽东北、闽西南区域联动共建。

## 四、经费预算与绩效目标

### (一) 项目专项资金预算安排表

建设项目预算金额(万元)

| | 预算资金来源 | 合计 | 专业群建设与运行机制 | 立德树人与课程思政 | 产教融合与校企合作 | 人才培养与改革创新 | 课程改革与质量评价 | 队伍建设与素质提升 | 实践教学基地建设 | 信息技术与教学融合 | 合作交流与内涵提升 | 服务发展与示范带动 |
|---|---|---|---|---|---|---|---|---|---|---|---|---|
| 2022年 | 院级财政专项 | 445 | 3 | 2 | 10 | 3 | 5 | 5 | 400 | 10 | 2 | 5 |
| | 行业企业投入 | 30 | | | | | | | | | | 30 |
| | 小计 | | | | | | | | | | | |
| 2023年 | 院级财政专项 | 457 | 4 | 4 | 12 | 5 | 5 | 8 | 400 | 10 | 4 | 5 |
| | 行业企业投入 | 30 | | | | | | | | | | 30 |
| | 院系自筹资金 | | | | | | | | | | | |
| | 小计 | | | | | | | | | | | |
| 2024年 | 院级财政专项 | 263 | 5 | 6 | 15 | 5 | 5 | 8 | 200 | 10 | 4 | 5 |
| | 行业企业投入 | 30 | | | | | | | | | | 30 |
| | 院系自筹资金 | | | | | | | | | | | |
| | 小计 | | | | | | | | | | | |
| 2025年 | 院级财政专项 | 283 | 5 | 8 | 20 | 7 | 7 | 10 | 200 | 15 | 6 | 5 |
| | 行业企业投入 | 30 | | | | | | | | | | 30 |
| | 院系自筹资金 | | | | | | | | | | | |
| | 小计 | | | | | | | | | | | |
| | 合计 | 1 568 | 17 | 20 | 57 | 20 | 22 | 31 | 1 200 | 45 | 16 | 140 |

## (二) 项目建设绩效目标

| 一级指标 | 二级指标 | 现有基础 | 目标值（当年增量） | | | |
|---|---|---|---|---|---|---|
| | | | 2022年 | 2023年 | 2024年 | 2025年 |
| 1. 党的建设和德技育人 | 1.1 省级及以上党建工作标杆院系 | | | | | |
| | 1.2 省级及以上党建工作样板支部 | 1 | | 1 | | |
| | 1.3 省级及以上高校"双带头人"教师党支部书记工作室 | | | | 1 | |
| | 1.4 省级及以上高职高专院校"三全育人"综合改革试点院系 | | | | | 1 |
| 2. 人才培养模式创新 | 2.1 参加"1+X"/技能鉴定中级证书考核人次（个） | 180 | 110 | 120 | 130 | 140 |
| | 2.2 参加"1+X"/技能鉴定中级证书考核通过率（%） | 57.8% | 80% | 85% | 90% | 95% |
| | 2.3 参加"1+X"/技能鉴定高级证书考核人次（个） | | | 20 | 40 | 60 |
| | 2.4 参加"1+X"/技能鉴定高级证书考核通过率（%） | | | 80% | 85% | 90% |
| | 2.5 省级及以上"二元制"人才培养模式改革（试点）项目（项） | 2 | | | | |
| | 2.6 省级及以上"现代学徒制"人才培养模式改革（试点）项目（项） | | | | 1 | |
| | 2.7 建设省级及以上职业教育集团（联盟）（个） | | | | 1 | |
| | 2.8 建设省级及以上高职院校产业学院（个） | | | | | |
| | 2.9 组织或参与市级及以上行业职业指导委员会（个） | 2 | | | | |
| | 2.10 其他 | | | | | |
| 3. 课程教学资源建设 | 3.1 主持国家级专业教学资源库（个） | | | | | 1 |
| | 3.2 主持省级专业教学资源库（个） | | | | | 1 |
| | 3.3 参与国家级专业教学资源库（个） | | | | | |
| | 3.4 参与省级专业教学资源库（个） | | | | | |
| | 3.5 建设国家级精品在线开放课程（门） | | | | 1 | |
| | 3.6 建设省级及以上精品在线开放课程（门） | | | | | 1 |
| | 3.7 建设省级及以上课程思政示范课程（门） | | | | 1 | |
| | 3.8 其他 | | | | | |

续表

| 一级指标 | 二级指标 | 现有基础 | 2022年 | 2023年 | 2024年 | 2025年 |
|---|---|---|---|---|---|---|
| 4. 教材与教法改革 | 4.1 省级及以上职业教育教学成果奖（项） |  |  | 1 |  | 1 |
|  | 4.2 正式出版教材（本） |  |  |  |  | 1 |
|  | 4.3 校企合作开发新型活页式教材、工作手册式教材、新形态一体化教材（本） | 4 |  | 1 | 2 | 2 |
|  | 4.4 国家级职业院校技能大赛、"挑战杯"全国大学生课外学术科技作品竞赛、世界技能大赛国家级选拔赛获奖（个） |  | 1 |  |  | 1 |
|  | 4.5 省级职业院校技能大赛、"挑战杯"全国大学生课外学术科技作品竞赛、世界技能大赛省级选拔赛获奖（个） | 15 | 4 | 4 | 4 | 4 |
|  | 4.6 国家级"互联网+"大学生创新创业大赛、中国大学生创新创业计划竞赛获奖（个） |  |  |  |  |  |
|  | 4.7 省级"互联网+"大学生创新创业大赛、中国大学生创新创业计划竞赛获奖（个） |  | 1 | 1 | 1 | 1 |
|  | 4.8 国家级第Ⅰ类大赛（由各级政府及部门主办，含中华职教社）获奖（个） |  |  |  |  |  |
|  | 4.9 省级第Ⅰ类大赛（由各级政府及部门主办，含中华职教社）获奖（个） | 2 | 1 | 1 | 1 | 1 |
|  | 4.10 国家级第Ⅱ类大赛（由各级政府及部门所属学会、协会主办）获奖（个） | 2 | 1 | 1 | 1 | 1 |
|  | 4.11 省级第Ⅱ类大赛（由各级政府及部门所属学会、协会主办）获奖（个） | 4 | 1 | 1 | 1 | 1 |
|  | 4.12 其他 |  |  |  |  |  |

续表

| 一级指标 | 二级指标 | 现有基础 | 目标值（当年增量） 2022年 | 2023年 | 2024年 | 2025年 |
|---|---|---|---|---|---|---|
| 5. 教师教学团队 | 5.1 研究生学历或硕士学位及以上的比例（%） | 28%（14/50） | 30% | 35% | 40% | 50% |
| | 5.2 "双师型"专业教师比例（%） | 80%（40/50） | 81% | 82% | 83% | 85% |
| | 5.3 高级专业技术职称的比例（%） | 26%（13/50） | 27% | 28% | 29% | 30% |
| | 5.4 国家级职业院校技能大赛教学能力比赛获奖（个） | | | | 1 | |
| | 5.5 省级教师教学能力比赛获奖（个） | 3 | 1 | 1 | 1 | 1 |
| | 5.6 省级及以上优秀教师、劳动模范（个） | | | | | 1 |
| | 5.7 省级及以上职业院校名师、名校长、专业带头人（个） | | | | 1 | |
| | 5.8 省级及以上职业院校教师教学创新团队、课程思政教学名师和教学团队（个） | | | | | 1 |
| | 5.9 省级及以上技术能手、非遗传承人、技能大师工作室（个） | | | | 1 | 1 |
| | 5.10 其他 | | | | | |
| 6. 实践教学基地 | 6.1 省级及以上高水平专业化产教融合实训基地（个） | | | | 1 | 1 |
| | 6.2 省级及以上示范性虚拟仿真实训基地（个） | 1（三棵树） | | | 1 | |
| | 6.3 省级合作培育产教融合型企业（个） | | | | 1 | |
| | 6.4 实践性教学学时占总学时百分比（%） | 63% | 63 | 64 | 64 | 65 |
| | 6.5 实训项目（任务）开出率（%） | 80% | 85 | 85 | 90 | 95 |
| | 6.6 其他 | | | | | |

续表

| 一级指标 | 二级指标 | 现有基础 | 目标值（当年增量） 2022年 | 2023年 | 2024年 | 2025年 |
|---|---|---|---|---|---|---|
| 7. 教研科研 | 7.1 国家级教科研课题项目（项） | | | 1 | 1 | 1 |
| | 7.2 省级教科研课题项目（项） | 4 | 1 | 1 | 1 | 1 |
| | 7.3 发明专利（项） | 1 | | | | |
| | 7.4 实用新型专利（项） | 8 | 2 | 2 | 2 | 2 |
| | 7.5 软件著作权（项） | | | 1 | 1 | 1 |
| | 7.6 外观设计专利（项） | | | 1 | 1 | 1 |
| | 7.7 参与各级标准制定（项） | | | 1 | | |
| | 7.8 市级及以上重点实验室或创新平台（个） | 1 | | | 1 | 1 |
| | 7.9 其他 | | | | | |
| 8. 国际交流与合作 | 8.1 专业群专任教师国（境）外进修、访学人数（人） | 2 | | | 3 | 2 |
| | 8.2 专业群招收国（境）外学生人数（人） | | | | | |
| | 8.3 专业群在校国（境）外交流人数（人） | | | | | |
| | 8.4 开发国际标准或承担国际合作平台（个） | | | | | |
| | 8.5 依托优势专业（群）在国（境）外开设鲁班工坊，开展中文+职业技能培训项目（个） | | 1 | 1 | 1 | 1 |
| 9. 社会服务 | 9.1 校企共建职工培训中心（个） | | | | | |
| | 9.2 社会培训人次数（个） | 4 000 | 1 600 | 1 700 | 1 800 | 1 900 |
| | 9.3 社会培训到款额（万元） | | 4 | 5 | 5 | 6 |
| | 9.4 技术服务和横向科研项目（个） | 3 | 1 | 1 | 1 | 1 |
| | 9.5 技术服务和横向科研、专利转化到款额（万元） | 10 | 3 | 3 | 5 | 5 |
| | 9.6 省级及以上社区教育特色品牌（项） | | 2 | 1 | 1 | 1 |
| | 9.7 其他 | | | | | |

续表

| 一级指标 | 二级指标 | 现有基础 | 目标值（当年增量） | | | |
|---|---|---|---|---|---|---|
| | | | 2022年 | 2023年 | 2024年 | 2025年 |
| 10. 引领教育教学改革 | 10.1 职教改革发展典型案例获省级以上认定（个） | | | 1 | 1 | 1 |
| | 10.2 师生获得省级以上荣誉（个） | 10 | 1 | 1 | 1 | 1 |
| | 10.3 承办由各级政府及部门（含所属学会、行业协会）主办的省级及以上会议（次） | | | | | |
| | 10.4 承办省级职业院校技能大赛、世界技能大赛省级选拔赛（次） | | 1 | 1 | 1 | 1 |
| | 10.5 承办由各级政府及部门（含所属学会、行业协会）主办的大赛省级及以上竞赛（次） | | | | | |
| | 10.6 在各类委员会、行业协会组织的省级及以上会议上作经验交流发言（次） | 4 | | | 2 | 2 |
| | 10.7 发表本科学报以上刊物文章或论文（篇） | 10 | 2 | 2 | 2 | 2 |
| | 10.8 省级及以上媒体报道（次） | | | | | |
| | 10.9 其他 | | | | | |
| 11. 服务区域或行业重点产业 | 11.1 专业群毕业生就业率（%） | 97% | 97% | 97.5% | 97.5% | 98% |
| | 11.2 专业与莆田市内企业开展合作（个） | 16 | 3 | 3 | 4 | 5 |
| | 11.3 莆田市内合作企业接收在校生顶岗实习人数（人） | 400 | 100 | 110 | 120 | 130 |
| | 11.4 莆田市内合作企业接收毕业生就业人数（人） | 200 | 40 | 50 | 60 | 70 |
| | 11.5 专业群毕业生专业对口就业率（%） | 80% | 80% | 83% | 85% | 87% |
| | 11.6 用人单位满意度（%） | 95% | 95% | 96% | 97% | 98% |
| | 11.7 社会培训人次达到专业群在校生的倍数（%） | 2倍 | 2倍 | 2倍 | 2倍 | 2倍 |
| | 11.8 其他 | | | | | |

## 五、建设进度安排

### （一）专业群建设与运行机制

| 建设要素 | 2022 年 | 2023 年 | 2024 年 | 2025 年 |
|---|---|---|---|---|
| 1. 专业群建设机制 | 预期目标：深入开展产业链调研，建立专业群专业结构动态调整机制和运行机制。<br><br>验收要点：<br>①产业链调研报告；<br>②专业群动态调整机制和运行机制相关文件；<br>③专业新增、调整与停招认证过程材料。<br><br>责任人： | 预期目标：推进常态化优化专业人才需求调研，探索和优化专业结构动态调整机制和运行机制。<br><br>验收要点：<br>①产业链调研报告；<br>②专业群建设年度总结；<br>③修订专业群动态调整机制和运行机制材料；<br>④专业新增、调整与停招认证过程材料。<br><br>责任人： | 预期目标：优化专业群动态调整相关制度和运行机制。<br><br>验收要点：<br>①产业链调研报告；<br>②专业群建设年度总结；<br>③修订专业群动态调整机制和运行机制材料；<br>④专业新增、调整与停招认证过程材料。<br><br>责任人： | 预期目标：完善专业群动态调整相关制度和运行机制。<br><br>验收要点：<br>①产业链调研报告；<br>②专业群建设年度总结；<br>③完善专业群动态调整机制和运行机制材料；<br>④专业新增、调整与停招认证过程材料。<br><br>责任人： |
| 2. 专业群组群方式 | 预期目标：开展产业链调研，厘清组群逻辑。<br><br>验收要点：<br>①架构组群逻辑图；<br>②区域行业企业调研分析报告；<br>③产业链（群）聚集性分析报告。<br><br>责任人： | 预期目标：各专业持续开展人才需求分析和预测调研，形成《专业人才需求预测调研报告》。<br><br>验收要点：<br>①专业人才需求分析和预测调研报告；<br>②产业链（群）聚集性分析报告；<br>③修订组群逻辑图相关材料。<br><br>责任人： | 预期目标：继续开展人才需求调研，优化组群逻辑。<br><br>验收要点：<br>①区域行业企业调研分析报告；<br>②产业链（群）聚集性分析报告；<br>③修订组群逻辑图相关材料。<br><br>责任人： | 预期目标：总结和修订组群逻辑，并在校内推广。<br><br>验收要点：<br>①架构组群逻辑图；<br>②区域行业企业调研分析报告；<br>③产业链（群）聚集性分析报告。<br><br>责任人： |

续表

| 建设要素 | 2022 年 | 2023 年 | 2024 年 | 2025 年 |
|---|---|---|---|---|
| 3. 专业群组织体系 | 预期目标：建立适应专业群建设的组织架构和运行机制，建立健全适应专业群运行的跨企业和学校教学组织，依托行业、企业和学校组成的跨专业建设指导委员会。<br>验收要点：①成立专业群运行机构；②编订（共享实训基地管理制度、专业群运行与改进制度）实习实训基地管理制度、专业群运行与改进制度文件；③专业群教学团队、课程团队运行结果报告；④专业群建设指导委员会活动记录。<br>责任人： | 预期目标：探索适应专业群建设的组织架构和运行机制，完善适应专业群运行的跨企业和学校教学组织，依托行业、企业和学校组成的跨专业建设指导委员会。<br>验收要点：①完善专业群运行机构；②完善（修订）（共享实训基地管理制度、实习实训管理制度、专业群运行诊断与改进制度）；③专业群教学团队、课程团队运行结果报告；④专业群建设指导委员会活动记录。<br>责任人： | 预期目标：优化专业群建设的组织架构和运行机制，调整优化学校二级组织机构设置，依托行业、企业和学校组成的跨专业建设指导委员会。<br>验收要点：①完善专业群运行机构；②完善（修订）（共享实训基地管理制度、实习实训管理制度、专业群运行诊断与改进制度）；③专业群教学团队、课程团队运行结果报告；④专业群建设指导委员会活动记录。<br>责任人： | 预期目标：完善适应专业群建设的组织架构和运行机制，完善优化学校二级组织机构设置，依托行业、企业和学校组成的跨专业建设指导委员会。<br>验收要点：①完善专业群运行机构；②完善（修订）（共享实训基地管理制度、实习实训管理制度、专业群运行诊断与改进制度）；③专业群教学团队、课程团队运行结果报告；④专业群建设指导委员会活动记录。<br>责任人： |
| 4. 专业群评价认证 | 预期目标：构建基于专业群的教学评价诊断、评价与改进机制，开发校本特色的教学标准，专业顶岗实习实训教学条件建设标准，推进专业升级和数字化改造。<br>验收要点：①专业评价认证实施方案成立工作小组的文件；②开展专业认证工作调研的佐证材料。<br>责任人： | 预期目标：探索基于专业群的教学诊断与改进机制，促进基于专业群与产业链、课程内容与职业技能等级证书标准适用的有效对接，借鉴国内国际（境外）成熟适用的国内国际专业教学标准。<br>验收要点：①专业群评价认证的第三方调研认证报告；②借鉴国内国际（境外）专业标准相关佐证材料。<br>责任人： | 预期目标：推进教学诊断、评价与改进工作，常态化开展教学诊断与改进工作，提高专业群人才培养目标与企业岗位需求的吻合度，提升行业企业等利益相关方对人才培养质量的满意度。<br>验收要点：①修订校级特色专业建设标准1套；②借鉴国内国际（境外）专业标准相关佐证材料。<br>责任人： | 预期目标：形成基于需求的教学诊断与改进机制，达成专业群人才培养目标与企业岗位需求的吻合度，达到行业企业等利益相关方对人才培养质量的较高满意度。<br>验收要点：①形成1套具有校本特色的专业教学标准；②专业认证工作总结报告。<br>责任人： |

## （二）立德树人与课程思政

| 建设要素 | 2022 年 | 2023 年 | 2024 年 | 2025 年 |
|---|---|---|---|---|
| 1. 落实"三全育人" | 预期目标：<br>启动校园文化新生态建设，通过"四项思政精品工程"，开展工匠文化、劳动文化、非遗文化、优秀企业文化、产业文化和职业文化"三进"活动，持续推进"三全育人"工作，促进学生全面发展。<br><br>验收要点：<br>①修订《学院"三全育人"工作实施方案》；<br>②省级样板党支部年度总结材料和特色案例；<br>③院级党员先锋岗立项材料；<br>④省级样板支部"双带头人"任证材料；<br>⑤举办"三全育人"成果展、毕业设计（实践课程）作品展佐证材料；<br>⑥非遗文化进校园美育案例院级案例。<br><br>责任人： | 预期目标：<br>继续实施"四项思政精品工程"，继续推进思政精品和案例，全面推进"三全育人"工作，进一步实现立德树人。<br><br>验收要点：<br>①专业群内系（院）书记述职报告；<br>②省级样板党支部验收和申报材料；<br>③举办"三全育人"成果展、毕业设计（实践课程）作品展佐证材料；<br>④配合学院申报省级"三全育人"示范校；<br>⑤非遗文化进校园美育案例入选省级遴选；<br>⑥开展校地、校企社会实践共建基地的佐证材料；<br>⑦院级德育案例1个。<br><br>责任人： | 预期目标：<br>继续推进"四项思政精品工程"，进一步落实"三全育人"工作，进一步实现立德树人，配合学院培育"三全育人"示范校。<br><br>验收要点：<br>①专业群内系（院）书记述职报告；<br>②举办"三全育人"成果展、毕业设计（实践课程）作品展佐证材料；<br>③继续配合学院申报"三全育人"示范校相关材料；<br>④非遗文化进校园美育案例入选教育部遴选；<br>⑤开展校地、校企社会实践共建基地的佐证材料；<br>⑥院级德育案例1个。<br><br>责任人： | 预期目标：<br>总结提升"四项思政精品工程"，全面推进"三全育人"工作，进一步实现立德树人，配合学院申报"三全育人"示范校。<br><br>验收要点：<br>①专业群内系（院）书记述职报告；<br>②举办"三全育人"成果展、毕业设计（实践课程）作品展佐证材料；<br>③整理总结1个省级大师工作室"三全育人"案例和佐证材料；<br>④继续配合学院申报省级"三全育人"示范校相关材料；<br>⑤开展校地、校企社会实践共建基地的佐证材料；<br>⑥省级德育案例1个。<br><br>责任人： |

续表

| 建设要素 | 2022 年 | 2023 年 | 2024 年 | 2025 年 |
|---|---|---|---|---|
| 2. 思政融入专业教学 | 预期目标：启动"思政精品工程"全面融入育人工程，制定课程思政实施方案，初步实现思政课对专业课的全覆盖。<br><br>验收要点：<br>①课程思政工作实施方案；<br>②立项院级课程思政示范课程 2 门及相关佐证材料；<br>③院级课程思政试点课程教育教学设计案例 8 个；<br>④参与院级课程思政大赛相关材料。<br><br>责任人： | 预期目标：继续推进"思政精品工程"全面融入育人工程，修订人才培养方案，融入思政融入专业课相关佐证课程思政融入专业课成效较好，课程思政教师素养有所提升。<br><br>验收要点：<br>①继续实施课程思政工作方案，全面推进思政融入专业课相关佐证材料；<br>②立项院级课程思政示范课程 2 门及相关佐证材料；<br>③立项院级课程思政教育案例 2 个；<br>④培育院级课程思政教学名师 1 人。<br><br>责任人： | 预期目标：落实"思政精品工程"全面融入育人工程，继续修订人才培养方案，思政融入专业课成效明显，开展课程思政融入专业课培训和师资培养，课程思政教师素养较大提升。<br><br>验收要点：<br>①继续实施课程思政融入专业课相关佐证材料；<br>②立项院级课程思政教育案例 2 个；<br>③立项院级课程思政示范课程 2 门及相关佐证材料；<br>④培育院级课程思政教学团队 1 个，教学名师 1 人。<br><br>责任人： | 预期目标：完善"思政精品工程"全面融入育人工程，继续修订人才培养方案，思政融入专业课成效明显，思政融入专业课培训和师资培养，课程思政教师素养较大提升。<br><br>验收要点：<br>①继续实施课程思政融入专业课相关佐证材料；<br>②申报省级课程思政教育案例 1 项；<br>③立项院级课程思政示范课程 2 门及相关佐证材料；<br>④培育课程思政教学团队 1 个，省级课程思政教学名师 1 人。<br><br>责任人： |

续表

| 建设要素 | 2022 年 | 2023 年 | 2024 年 | 2025 年 |
|---|---|---|---|---|
| 3. 培育传承工匠精神 | 预期目标：启动"工匠精神"进教材、进课堂、进社区"三进"工程，全面培育工匠精神、劳动精神和劳模精神，营造浓厚的氛围。<br>验收要点：<br>①"工匠精神"进教材、进课堂、进社区"三进"工程实施方案和相关建筑性佐证材料；<br>②"匠心筑艺、学为成人"实施方案一系一品建设方案；<br>③"匠心筑艺"系列讲座佐证材料；<br>④2022 年度参加各级各类技能大赛获奖情况。<br>责任人： | 预期目标：继续推进"工匠精神"进教材、进课堂、进社区"三进"工程，培育工匠精神、劳动精神和劳模精神，营造浓厚的氛围。<br>验收要点：<br>①"工匠精神"进教材、进课堂、进社区"三进"工程实施过程性佐证材料；<br>②"匠心筑艺、学为成人"建筑工程系一系一品实施过程性佐证材料；<br>③"匠心筑艺"系列讲座佐证材料；<br>④2023 年度参加各级各类技能大赛获奖情况。<br>责任人： | 预期目标：进一步落实"工匠精神"进教材、进课堂、进社区"三进"工程各项任务，进一步培育工匠精神、劳动精神和劳模精神，营造浓厚的氛围。<br>验收要点：<br>①"工匠精神"进教材、进课堂、进社区"三进"工程实施过程性佐证材料；<br>②"匠心筑艺、学为成人"建筑工程系一系一品实施过程性佐证材料；<br>③"匠心筑艺"系列讲座佐证材料；<br>④1 份市级劳模工作室育人佐证材料；<br>⑤2024 年度参加各级各类技能大赛获奖情况。<br>责任人： | 预期目标：完善"工匠精神"进教材、进课堂、进社区"三进"工程各项任务，进一步培育工匠精神、劳动精神和劳模精神，营造浓厚的氛围。<br>验收要点：<br>①"工匠精神"进教材、进课堂、进社区"三进"工程实施过程性佐证材料；<br>②"匠心筑艺、学为成人"建筑工程系一系一品实施过程性佐证材料；<br>③"匠心筑艺"系列讲座佐证材料；<br>④继续完善市级劳模工作室育人相关佐证材料；<br>⑤2025 年度参加各级各类技能大赛获奖情况。<br>责任人： |

## （三）产教融合与校企合作

| 建设要素 | 2022 年 | 2023 年 | 2024 年 | 2025 年 |
|---|---|---|---|---|
| 1. 对接产业人才需求 | 预期目标：建立基于专业群的人才需求调查机制，明确人才需求；开发校本特色教材与课程标准，引入企业真实生产任务，开展实战项目化教学。<br>验收要点：<br>①基于数据平台的人才需求调查机制；<br>②人才数据平台与相关行业的需求调研结果；<br>③专业群课程体系架构及课程标准汇编；<br>④专业群共同制订人才培养标准及开发课程教材。<br>责任人： | 预期目标：建立基于专业群的人才需求数据平台并正式启用；依据开发的校本特色教材与课程标准，引入企业真实生产任务，开展实战项目化教学。<br>验收要点：<br>①专业群人才需求数据平台启用的材料；<br>②依据行业标准、职业标准开发的校本教材一本；<br>③校企共建工作室的材料。<br>责任人： | 预期目标：建立专业群的人才需求数据平台有效服务地方产业，建立起人才及动态调整机制；依据开发的校本特色教材标准与课程真实生产任务，引入企业开展实战项目化教学。<br>验收要点：<br>①人才需求数据平台实施的材料；<br>②依据行业标准建立的特色校本教材一本；<br>③校企共建工作室的材料。<br>责任人： | 预期目标：人才需求数据平台和动态机制有效服务地方经济；依据开发的校本特色教材标准与课程，引入企业真实开发校本教材，开展实战项目化教学。<br>验收要点：<br>①依据数据平台和动态调整机制有效运行材料；<br>②依据行业标准，职业标准开发的校本教材一本；<br>③校企共建工作室的材料。<br>责任人： |
| 2. 校企合作协同育人 | 预期目标：有一批稳定的合作企业，成立有行业深度参与的专业建设指导委员会，产业学院，筹建职教集团；培育一到两个产教融合型企业，校企共同编制专业建设规划，共同制订专业人才培养方案，共同开发课程教材。<br>验收要点：<br>①专业合作企业一览表；<br>②专业建设指导委员会成员汇编；<br>③专业群人才培养方案汇编；<br>④专业群精品在线开放课程、校本教材一览表。<br>责任人： | 预期目标：有一批稳定的合作企业，筹建职教集团；培育一到两个产教融合型企业，正式成立产业学院，校企共同编制专业建设规划，共同制订专业人才培养方案，共同开发课程教材。<br>验收要点：<br>①专业合作企业一览表；<br>②专业建设指导委员会成员汇编；<br>③专业群人才培养方案汇编；<br>④专业群精品在线开放课程、校本教材一览表。<br>责任人： | 预期目标：有一批稳定的专业合作企业，职教集团正式成立运转，专业建设指导委员会运转；培育一到两个产教融合型企业，正式成立产业学院，校企共同编制专业建设规划，共同制订专业人才培养方案，共同开发课程教材。<br>验收要点：<br>①专业合作企业一览表；<br>②专业建设指导委员会运作的材料；<br>③专业群人才培养方案汇编；<br>④专业群精品在线开放课程、校本教材一览表。<br>责任人： | 预期目标：有专业合作企业，职教学院，产业学院，校企建设指导委员会合作的专业指导委员会合作的高质量运转；两个产教融合型企业高质量运转，产业学院，校企共同编制专业建设规划，校企共同制订专业人才培养方案，共同开发课程教材。<br>验收要点：<br>①专业合作企业一览表；<br>②专业建设指导委员会运作的材料；<br>③专业群人才培养方案；<br>④专业群精品在线开放课程的校本教材一览表。<br>责任人： |

续表

| 建设要素 | 2022年 | 2023年 | 2024年 | 2025年 |
|---|---|---|---|---|
| 3. 1+X证书制度试点 | 预期目标：建立专业群1+X证书制度试点工作运行机制，培育一批具有职业技能等级证书培训能力的校内教师。<br>验收要点：①试点成果总结报告；②试点项目清单；③试点运行材料。<br>责任人： | 预期目标：新增1个1+X证书制度试点，培育一批具有职业技能等级证书培训能力的校内教师，打造一支拥有新技术、新技能的教师教学创新团队。<br>验收要点：①试点成果总结报告；②试点项目清单；③试点运行材料。<br>责任人： | 预期目标：新增1个1+X证书制度试点，建成一支具有职业技能等级证书培训能力、拥有新技术、新技能的教师教学创新团队。<br>验收要点：①试点成果总结报告；②试点项目清单；③试点运行材料。<br>责任人： | 预期目标：总结专业群1+X证书制度试点工作经验，帮助学生掌握岗位所需的职业素养、专业知识和职业技能。<br>验收要点：①试点成果总结报告；②试点项目清单；③试点运行材料。<br>责任人： |

## （四）人才培养与改革创新

| 建设要素 | 2022年 | 2023年 | 2024年 | 2025年 |
|---|---|---|---|---|
| 1. 专业人才培养方案制订实施 | 预期目标：健全人才培养方案调研、论证、公开制度，充实专业群建设委员会，共同制（修）订专业人才培养方案。<br>验收要点：①制订及专业人才培养方案的指导性文件及运行材料；②2022年区域产业、行业企业发展和人才需求调研分析报告；③2022级专业群人才培养方案汇编及调整说明。<br>责任人： | 预期目标：检视研制程序规范性，优化人才培养方案相关制度，发挥专业群建设委员会作用，制订及2023级专业群，完成校本特色专业教学标准1个。<br>验收要点：①制订及专业人才培养方案的指导性文件及运行材料；②2023年区域产业、行业企业发展和人才需求调研分析报告；③2023级专业群人才培养方案汇编及调整说明；④校本特色专业教学标准文件。<br>责任人： | 预期目标：进一步规范人才培养方案研制程序，完善专业群建设委员会和质量监控运行机制，制订及2024级各专业人才培养标准2个，推动校本特色人才培养目标有效落实。<br>验收要点：①制订及专业人才培养方案的指导性文件及运行材料；②2024年区域产业、行业企业发展和人才需求调研分析报告；③2024级专业群人才培养方案汇编及调整说明；④校本特色专业教学标准汇编。<br>责任人： | 预期目标：形成人才培养方案制（修）订和专业群质量监控等相关制度，规范化、常态化、制度化良好，专业群建设委员会监控到位，并形成经验示范推广。<br>验收要点：①人才培养质量监控报告；②2025年区域产业、行业企业发展和人才需求调研分析报告；③2025级专业群人才培养方案汇编；④总结。<br>责任人： |

续表

| 建设要素 | 2022年 | 2023年 | 2024年 | 2025年 |
|---|---|---|---|---|
| 2.专业人才培养模式改革创新 | 预期目标：制订专业群人才培养模式改革试点方案；结合1+X证书制度试点，与树根等公司开展"岗课赛证"联合培养班项目，建立"岗课赛证"综合育人机制。验收要点：①人才培养模式逻辑图及说明；②人才培养模式改革案例汇编；③"岗课赛证"教学实施改革方案。责任人： | 预期目标："三融合、一贯通、三进阶"推进人才培养模式改革试点，与树根等"订单班"项目，持续开展"岗课赛证"综合育人机制。验收要点：①人才培养模式改革案例；②完善"岗课赛证"综合育人机制；③"岗课赛证"教学实施改革案例；④"订单式"人才培养改革试点工作度总结报告。责任人： | 预期目标：检视人才培养模式改革成效，健全人才培养新模式，人才培养"三融合、一贯通、三进阶"，继续开展"订单班"等人才培养班项目，持续开展"岗课赛证"综合育人教学活动。验收要点：①人才培养模式改革案例；②完善"岗课赛证"综合育人机制；③"岗课赛证"教学实施改革案例；④"订单式"人才培养工作年度总结报告。责任人： | 预期目标：总结人才培养新模式成功经验，推广"三融合、一贯通、三进阶"人才培养、"订单班"培养、"岗课赛证"综合育人教学改革成功经验。验收要点：①人才培养模式改革案例；②完善"岗课赛证"综合育人机制；③"岗课赛证"教学实施改革案例；④"订单式"人才培养推广案例。责任人： |

（五）课程改革与质量评价

| 建设要素 | 2022年 | 2023年 | 2024年 | 2025年 |
|---|---|---|---|---|
| 1.专业课程体系改革 | 预期目标：专业群对接建筑行业与职业岗位群，以需求为导向，构建"底层基础共享+中层互补+高层扩展方向互选"的模块化课程体系应用。验收要点：①专业群课程体系示意图；②专业群模块课程与教学团队建设；③课程体系改革实施方案；④课程体系改革总结报告。责任人： | 预期目标：完善专业群课程体系，动态调整专业课程，持续探索专业群课程体系中的模块化课程建设，开发专业群校本特色课程标准。验收要点：①完成2~3门专业群共享平台课建设，完成1~2门专业群互选课程；②专业课程调整方案；③开发专业群校本特色课程标准3个。责任人： | 预期目标：完善专业群课程体系，动态调整专业课程，持续探索专业群课程体系中的模块化课程建设，开发专业群校本特色课程标准。验收要点：①完成1~2门专业群共享平台课建设，完成1~2门专业群互选课程；②专业课程调整方案；③开发专业群校本特色课程标准3个。责任人： | 预期目标：持续探索专业群课程体系构建经验，优化模块化课程建设中的模块化课程建设，开发专业群校本特色课程建设。验收要点：①完成专业群课程体系建设；②专业课程调整方案；③开发专业群校本特色课程标准3个。责任人： |

续表

| 建设要素 | 2022 年 | 2023 年 | 2024 年 | 2025 年 |
|---|---|---|---|---|
| 2.专业教材开发使用 | 预期目标：建立健全教材管理制度，规范和加强教材选用与使用管理，选好用好专业教材；校企双元合作编写专业双元活页式、工作手册式教材和新型媒体教材。<br>验收要点：<br>①专业群教材选用流程规划与制度；<br>②教材选用情况表、审批表；<br>③教材选用总结；<br>④校本教材立项 2 本以上。<br>责任人： | 预期目标：完善教材管理制度，规范和加强教材选用与使用管理，选好用好校本专业教材；校企双元合作编写新形态教材。<br>验收要点：<br>①年度教材选用情况表、审批表；<br>②教材选用总结；<br>③校本教材立项 2 本以上；<br>④完成新形态教材编写 2 本以上。<br>责任人： | 预期目标：持续教材管理制度，规范和加强教材选用与使用管理，选好用好校本专业教材；编写新形态教材。<br>验收要点：<br>①年度教材选用情况表、审批表；<br>②教材选用总结；<br>③校本教材立项 2 本以上；<br>④完成新形态教材编写 2 本以上，出版教材 1 本。<br>责任人： | 预期目标：总结好教材管理制度运行情况，编写好校本专业教材，校企双元合作编写新形态教材。<br>验收要点：<br>①年度教材选用情况表、审批表；<br>②教材选用总结；<br>③校本教材立项 2 本以上；<br>④完成新形态教材编写 2 本以上，出版教材 2 本。<br>责任人： |
| 3.教学方法模式改革 | 预期目标：探索教、学、做合一，创新教学模式，实施项目教学、案例教学、情景教学，工作过程导向教学以及理实一体教学等新型教学模式，推广运程教学、翻转课堂、移动学习等信息化教学模式，鼓励教师团队对接职业教育标准和工作过程，探索分工协作的模块化教学组织方式。<br>验收要点：<br>①教学方法模式改革实施报告；<br>②院级"课堂革命"案例 1 个。<br>责任人： | 预期目标：坚持教、学、做合一，创新教学模式的多元教学方法，探索适合专业群教育职业"课堂革命"；凝练模块化教学的模块化教学组织方式。<br>验收要点：<br>①教学方法模式改革实施报告；<br>②院级"课堂革命"案例 1 个。<br>责任人： | 预期目标：坚持教、学、做合一，创新教学模式的多元教学方法，探索适合专业群教育职业"课堂革命"；凝练模块化教学的模块化教学组织方式；持续探索分工协作的模块化教学组织方式。<br>验收要点：<br>①教学方法模式改革实施报告；<br>②院级"课堂革命"案例 1 个。<br>责任人： | 预期目标：总结教学方法改革成功经验，入选省级职业教育"课堂革命"案例，总结模块化教学组织方式运行情况。<br>验收要点：<br>①教学方法模式改革实施报告；<br>②院级"课堂革命"案例 1 个，入选省级"课堂革命"典型案例 1 个。<br>责任人： |

续表

| 建设要素 | 2022 年 | 2023 年 | 2024 年 | 2025 年 |
|---|---|---|---|---|
| 4. 专业教学质量评价 | 预期目标：建立健全以学习者为中心的专业和课程教学评价体系，以"课堂革命"更新教育观念、教学方法和教学方式，利用现代信息技术，开展以学习者和课程教学质量评价工作，积极推进教学诊断与改进工作，完善专业群内部质量保证体系。<br><br>验收要点：<br>①专业教学质量评价体系；<br>②建设信息化评价平台。<br><br>责任人： | 预期目标：完善以学习者为中心的专业和课程教学评价体系；建立专业群年度质量教学报告制度，依托行业、企业质量报告的专业群建设质量改工作小组，建全专业群建设质量改工作小组，建全专业群建设系列制度，强化过程监管、全程管理，形成专业群运行评价机制；引进第三方评测机构，进行专业教学质量监控。<br><br>验收要点：<br>①完善专业教学质量评价体系；<br>②成立专业群建设质量诊改工作小组；<br>③引进第三方评测机构，公布年度专业群教学质量报告。<br><br>责任人： | 预期目标：完成以学习者为中心的专业和课程教学评价体系构建，进行专业群教学质量监控，编写并公布年度专业群教学质量报告。<br><br>验收要点：<br>①完成以学习者为中心的专业和课程教学评价体系构建；<br>②动态调整专业群建设质量诊改工作小组；<br>③引进第三方评测机构，公布年度专业群教学质量报告。<br><br>责任人： | 预期目标：总结以学习者为中心的专业和课程教学评价体系成功经验；引进第三方评测机构，进行专业群教学质量监控；编写并公布年度专业群教学质量报告。<br><br>验收要点：<br>①总结以学习者为中心的专业和课程教学评价体系改革报告；<br>②引进第三方评测机构，公布年度专业群教学质量报告。<br><br>责任人： |

## （六）队伍建设与素质提升

| 建设要素 | 2022 年 | 2023 年 | 2024 年 | 2025 年 |
| --- | --- | --- | --- | --- |
| 1. 教师队伍建设机制 | 预期目标：<br>完善教师队伍管理制度，落实新任教师"先培训后上岗"制度，教师到企业实践制度、校企双向聘用制度，建立健全教师到企业人才双向聘用制度，促进专业教师向"双师型"发展；校企互聘教师 3 人；建立"双师型"教师评价制度，强化师德考核，形成科学合理的绩效分配导向和晋升积极性，调动教师工作积极性。<br><br>验收要点：<br>①"先培训，再上岗"制度、教师下企业制度、校企双向聘任制度汇编；<br>②建立"双师型"教师评价制度；<br>③教师绩效考核制度；<br>④教师晋升制度；<br>⑤校企互聘兼职教师 3 人。<br><br>责任人： | 预期目标：<br>完善新任教师"先培训后上岗"制度，教师到企业实践制度、校企人才双向聘用制度，促进专业教师向"双师型"发展；新建校企互聘教师 3 人；完善"双师型"教师评价制度，强化师德考核，构建科学合理的绩效分配导向和晋升积极性，调动教师工作积极性；建设"双师型"教师培养基地 1 个。<br><br>验收要点：<br>①年度教师下企业实践总结；<br>②新建教师企业实践流动站 1 个，校企互聘教师 3 人；<br>③教师绩效考核制度与开展情况；<br>④建设"双师型"教师培养基地 1 个。<br><br>责任人： | 预期目标：<br>强化教师与企业人才双向聘用制度，促进专业教师向"双师型"发展，校企互聘教师 3 人；持续完善"双师型"教师评价制度，调动教师工作积极性。<br><br>验收要点：<br>①年度教师下企业实践总结；<br>②新建教师企业实践流动站 1 个，校企互聘教师 3 人；<br>③教师绩效考核制度与开展情况；<br>④教师晋升制度与开展情况。<br><br>责任人： | 预期目标：<br>总结"双师型"教师队伍建设经验，建设"双师型"教师培养基地 1 个，争创省级"双师型"教师培养基地 1 个。<br><br>验收要点：<br>①年度教师下企业实践总结；<br>②新建教师企业实践流动站 1 个，校企互聘教师 3 人；<br>③教师绩效考核制度与开展情况；<br>④建设"双师型"教师培养基地 1 个，争创省级"双师型"教师培养基地 1 人。<br><br>责任人： |

续表

| 建设要素 | 2022 年 | 2023 年 | 2024 年 | 2025 年 |
|---|---|---|---|---|
| 2. 专业带头人配备 | 预期目标：加强专业群各专业带头人选聘和培养，设立名师工作室，技能大师工作室等平台，培育师德高尚、专业精湛、技艺高超、组织协调能力强的专业带头人；建设技能大师工作室 1 个；制定并实施专业带头人、骨干教师培养方案。<br>验收要点：<br>① 技能大师工作室建设运行情况；<br>② 专业带头人培养工作总结。<br>责任人： | 预期目标：设立院级名师工作室 2 个，培养院级教学名师 2 人；建设市级及以上技能大师工作室 1 个，争创省级及以上技能大师工作室 1 个。<br>验收要点：<br>① 院级名师工作室建设及教学名师培育年度工作总结；<br>② 技能大师工作室建设年度工作总结。<br>责任人： | 预期目标：设立院级名师工作室 1 个，培养院级教学名师 1 人；建设市级及以上技能大师工作室 1 个，争创省级及以上技能大师工作室 1 个；培育省级专业带头人 1 人。<br>验收要点：<br>① 院级名师工作室建设及教学名师培育年度工作总结；<br>② 技能大师工作室建设年度工作总结；<br>③ 省级专业带头人立项文件。<br>责任人： | 预期目标：争创省级名师工作室 1 个，培养省级教学名师 1 人；建设市级及以上技能大师工作室 1 个；培养省级专业带头人 1 人。<br>验收要点：<br>① 省级名师工作室建设及教学名师培育年度工作总结；<br>② 技能大师工作室建设年度工作总结；<br>③ 省级专业带头人立项文件。<br>责任人： |
| 3. 教学创新团队建设 | 预期目标：以"省内一流、示范引领"为目标定位，推进教育教学模式改革创新，按照"择优遴选、创建培育、示范引领"的原则逐步推进教师教学创新团队建设，建立行业企业导师聘用制度，聘请企业导师 1 名。<br>验收要点：<br>① 教学创新团队申报立项材料；<br>② 团队成员一览表；<br>③ 教学成果总结；<br>④ 行业企业导师聘用制度。<br>责任人： | 预期目标：推动教师分工协作，全面实施模块化、项目化、岗位化教学模式改革，示范带动人才培养质量持续提升，培育"示范引领"的有示范引领作用的院级职业教师教学创新团队，聘请行业企业导师 1 名。<br>验收要点：<br>① 教学创新团队申报立项材料；<br>② 教师教学创新团队建设年度成果总结。<br>责任人： | 预期目标：完善院级教师企业实践制度，完善行业企业导师聘用制度，任教师与行业导师专兼相结合的教学创新团队，形成专兼结合的教师教学创新团队，聘请企业导师 1 名。<br>验收要点：<br>① 教学创新团队运行材料；<br>② 教师教学创新团队建设年度成果总结。<br>责任人： | 预期目标：总结建设经验，争创省级职业院校教师教学创新团队建设，聘请企业导师 1 名。<br>验收要点：<br>① 教学创新团队运行材料；<br>② 教师教学创新团队建设年度成果总结。<br>责任人： |

续表

| 建设要素 | 2022年 | 2023年 | 2024年 | 2025年 |
|---|---|---|---|---|
| 4.教师队伍结构素质 | 预期目标：落实国家职业院校教师专业标准，专业教师数量结构满足专业技术要求，努力提高专业各专业群"双师型"教师比例，研究生学历或硕士学位比例，高级职称比例，教师资队伍在职称、学历、年龄等方面逐渐趋于结构合理。<br>验收要点：①教师队伍构成一览表；②教师队伍结构分析报告；③教师招聘计划；④教师培养计划。<br>责任人： | 预期目标：按照国家职业院校教师专业标准，努力使专业群各专业教师数量满足专业技术需要，努力提高专业群"双师型"教师比例，研究生学历或硕士学位比例，高级职称比例，教师队伍在职称、学历、年龄等方面逐渐趋于结构合理。<br>验收要点：①教师队伍构成一览表；②教师队伍结构分析报告；③教师招聘计划；④教师培养计划。<br>责任人： | 预期目标：优化教师队伍结构，努力提高专业群"双师型"教师比例，高级职称比例，研究生学历或硕士学位比例，教师队伍在职称、学历、年龄等方面逐渐趋于结构合理。<br>验收要点：①教师队伍构成一览表；②教师队伍结构分析报告；③教师招聘计划；④教师培养计划。<br>责任人： | 预期目标：持续优化调整专业群教师队伍结构，努力提高专业群"双师型"教师比例，高级职称比例，研究生学历或硕士学位比例，教师队伍在职称、学历、年龄等方面逐渐趋于结构合理。<br>验收要点：①教师队伍构成一览表；②教师队伍结构分析报告；③教师招聘计划；④教师培养计划。<br>责任人： |

（七）实践教学与基地建设

| 建设要素 | 2022年 | 2023年 | 2024年 | 2025年 |
|---|---|---|---|---|
| 1.实践教学实施 | 预期目标：按照专业人才培养方案和专业课程教学计划，制定符合专业培养要求、设计合理实践教学大纲，实践教学设计方案，精心安排实践教学项目，落实实践教学工作任务，真实践性教学课时占（任务）实训项目开出率达到90%以上，实践性教学课时总课时数60%以上。<br>验收要点：①实践性教学大纲汇编；②实训周安排一览表、实践运行表；③专业群实践教学体系、实训环节团队一览表；④毕业设计作品展活动总结。<br>责任人： | 预期目标：实践性教学课时占总课时数60%以上，实训项目（任务）开出率达到90%以上；精心安排实践教学指导教师实践教学环节，毕业论文选题来源于毕业设计、毕业设计工作一线。<br>验收要点：①实践性教学大纲汇编；②实训周安排一览表、实践运行表；③专业群实践教学体系、实训环节团队一览表；④毕业设计作品展活动总结。<br>责任人： | 预期目标：实践性教学课时占总课时数60%以上，实训项目（任务）开出率达到100%；完善实践教学指导教师队伍建设；毕业设计、毕业论文选题来源于毕业设计工作一线。<br>验收要点：①实践性教学大纲汇编；②实训周安排一览表、实践运行表；③专业群实践教学体系、实训环节团队一览表；④毕业设计作品展活动总结。<br>责任人： | 预期目标：实践性教学课时占总课时数60%以上，实训项目（任务）开出率达到100%；完善实践教学指导教师队伍建设；毕业设计、毕业论文选题来源于毕业设计工作一线。<br>验收要点：①实践性教学大纲汇编；②实训周安排一览表、实践运行表；③专业群实践教学体系、实训环节团队一览表；④毕业设计作品展活动总结。<br>责任人： |

续表

| 建设要素 | 2022年 | 2023年 | 2024年 | 2025年 |
|---|---|---|---|---|
| 2. 实训基地建设 | 预期目标：加强校内实训基地建设，校内实训基地覆盖全专业所有专业方向，实训工位充足，实训装备达到教育部发布的专业实训教学条件建设标准，实训教学科研仪器设备值不低于10 000元，基本满足专业实践教学需要。<br>验收要点：①专业群实训条件标准汇编；②实训条件情况相关规划；③实训设备与实训项目的对应性；④实训基地建设年度总结。<br>责任人： | 预期目标：专业生均教学科研仪器设备值不低于10 500元；新建项目化"智能建造技术"实训工作室1个，建设项目化工作室2间；推进实训生产化和产、学、研、训、赛、考等功能一体化，高水平专业群共建共享的高水平产教融合实训基地。<br>验收要点：①教学科研仪器设备管理情况总结；②新建项目化工作室2间；③"智能建造技术"实训基地建设年度总结；④专业群共建共享实训基地建设名单。<br>责任人： | 预期目标：持续加强校内实训基地建设，专业生均教学科研仪器设备值不低于11 000元；建设项目化工作室2间；继续完善"智能建造技术"实训基地建设，建立开放共享的高水平产教融合实训基地。<br>验收要点：①教学科研仪器设备管理情况总结；②新建项目化工作室2间；③"智能建造技术"实训基地建设年度总结；④实训基地建设年度总结。<br>责任人： | 预期目标：持续加强校内实训基地建设，专业生均教学科研仪器设备值不低于11 500元；建设项目化工作室2间；新建项目化工作室2间；建设院级高水平产教融合实训基地1个。<br>验收要点：①教学科研仪器设备管理情况总结；②新建项目化工作室2间；③院级高水平产教融合实训基地1个；④实训基地建设年度总结。<br>责任人： |
| 3. 实习组织管理 | 预期目标：建立实习管理制度，认真制订实习计划，统筹学生实习、顶岗实习等形式，保证学生所学专业面向的岗位与其实习岗位基本一致，配齐配强实习指导教师和管理人员队伍；建立实习全过程跟踪监管机制。<br>验收要点：①实习管理制度汇编；②学生岗位安排表；③实习岗位与岗位适应性；④实习指导教师和管理人员一览表；⑤实习管理平台运营情况报告总结。<br>责任人： | 预期目标：完善实习管理制度，认真制订实习计划，统筹学生实习、顶岗实习等形式，保证学生所学专业面向的岗位与其实习岗位基本一致，加强实习指导教师和管理人员队伍建设；完善实习全过程跟踪监管机制。<br>验收要点：①实习管理制度汇编；②学生岗位安排表；③实习岗位与岗位适应性；④实习指导教师和管理人员一览表；⑤实习管理平台运营情况报告总结。<br>责任人： | 预期目标：持续完善实习管理制度，认真制订实习计划，统筹学生实习、顶岗实习等形式，保证学生所学专业面向的岗位与其实习岗位基本一致，动态调整实习指导教师和管理人员队伍；加强实习全过程跟踪监管机制。<br>验收要点：①实习管理制度汇编；②学生岗位安排表；③实习岗位与岗位适应性；④实习指导教师和管理人员一览表；⑤实习管理平台运营情况报告总结。<br>责任人： | 预期目标：总结实习专业群实习指导教师队伍建设情况，总结实习队伍人员实习全过程跟踪监管机制运行情况。<br>验收要点：①实习管理制度汇编；②学生岗位计划安排表；③实习岗位与岗位适应性；④实习指导教师和管理人员一览表；⑤实习管理平台运营情况报告总结。<br>责任人： |

## （八）信息技术与教学融合

| 建设要素 | 2022年 | 2023年 | 2024年 | 2025年 |
|---|---|---|---|---|
| 1. 信息化教学资源建设 | 预期目标：推进信息技术与教学深度融合，提升信息化教学装备水平，建设数字化教室、智慧教室、智慧课堂装备等教学基地；加强院级职业教育精品在线开放课程建设。<br>验收要点：立项院级精品在线开放课程1门以上。<br>责任人： | 预期目标：持续推进信息技术与教学深度融合，建设数字化教室、智慧课堂、智慧教学装备配置水平，针对网络课堂的需要，开发网络课程、校企共同开发仿真实训基地、融媒体教材、虚拟仿真教学资源等信息化专业资源。<br>验收要点：立项院级精品在线开放课程1门以上。<br>责任人： | 预期目标：针对专业教学的需要，开发网络课程、融媒体教材、虚拟仿真软件等信息化教学资源、校企共同开发仿真实训基地，争取立项省级精品在线开放课程2门。<br>验收要点：立项省级精品在线开放课程1门以上。<br>责任人： | 预期目标：针对专业教学的需要，开发网络课程、融媒体教材、校企共同开发仿真实训软件等信息化教学资源，争取立项省级精品在线开放课程1门。<br>验收要点：①立项省级精品在线开放课程2门；②立项省级精品在线开放课程1门。<br>责任人： |
| 2. 信息技术与教学融合 | 预期目标：充分利用专业信息化教学资源，推进"信息技术+专业"融合创新，推进专业内涵提升，加强教师信息化能力培养，提高教师教学资源建设、设计、应用能力，推行混合式线上线下教学模式，建设群内混合式教学示范课程。<br>验收要点：①信息化教学改造方案（实训室改造方案、教学方法改革方案、教学评价改革方案）；②省级教师教学能力比赛三等奖以上1项；③院级混合式教学模式改革课程1门以上。<br>责任人： | 预期目标：以"信息技术+"促进专业升级和数字化改造，推进专业内涵提升；以信息技术优化专业教学设计和教学过程，创新教学方法，支撑课程智能化水平，提升教师信息技术应用能力，提升混合式教学模式，建设群内混合式教学示范课程。<br>验收要点：①开发仿真虚拟专业课程实训室或平台虚拟仿真教学资源1项；②省级教师教学能力比赛三等奖以上1项；③院级混合式教学模式改革课程1门以上。<br>责任人： | 预期目标：持续推进"信息技术+"促进专业升级和数字化改造，推进专业内涵提升；以信息技术优化专业课程设计和教学过程，支撑课程智能化水平，提升教师信息技术应用能力，提升混合式教学模式，建设群内混合式教学示范课程。<br>验收要点：①开发专业群专业课程实训室或平台虚拟仿真教学资源1项；②省级或国家级教师教学能力比赛三等奖以上1项；③院级混合式教学模式改革课程1门以上。<br>责任人： | 预期目标：以信息技术优化专业教学设计和教学过程，创新教学方法，支撑专业课程智能化水平，全面提升教师信息技术应用能力，推行混合式线上线下相结合的教学模式，形成线上线下相结合的教学新格局。<br>验收要点：①开发专业仿真课程实训室或平台虚拟仿真教学资源1项；②省级或国家级教师教学能力比赛三等奖1项；③院级混合式教学模式改革课程1门以上。<br>责任人： |

## （九）合作交流与内涵提升

| 建设要素 | 2022 年 | 2023 年 | 2024 年 | 2025 年 |
|---|---|---|---|---|
| 1. 国际交流合作 | 预期目标：制订国际交流计划，初步开展国际交流意向协商。<br>验收要点：①国际交流计划；②协商交流的记录；③参会记录。<br>责任人： | 预期目标：确认开展国际交流的合作方，并签订合作协议；参加国际交流会议1次。<br>验收要点：①国际交流的相关协议书；②参会记录；③赴外培训记录。<br>责任人： | 预期目标：实施"中文+职业技能"项目1个，参加国际交流会议1次，师赴外培训1人次。<br>验收要点：①实施"中文+职业技能"的记录；②参会记录；③赴外培训记录。<br>责任人： | 预期目标：开展"中文+职业技能"项目；参加国际交流会议1次；选派优秀教师赴外培训1人次；引进海外先进教学资源，开发校本教材1本。<br>验收要点：①实施"中文+职业技能"的记录；②参会记录；③赴外培训记录；④开发的校本教材。<br>责任人： |
| 2. 闽台交流合作 | 预期目标：制定闽台沟通合作的机制，与台湾高校科研院所沟通交流计划。<br>验收要点：①交流计划；②沟通合作的机制文件；③沟通交流的记录。<br>责任人： | 预期目标：与台湾高校科研院所签订协议，闽台教师互派交流1人次，开展闽台师生相关活动1次。<br>验收要点：①交流合作的协议；②闽台教师互派交流1人次的记录；③闽台师生相关活动的记录。<br>责任人： | 预期目标：闽台教师互派交流1人次；开展闽台师生相关活动1次。<br>验收要点：①闽台教师互派交流1人次的记录；②闽台师生相关活动的记录。<br>责任人： | 预期目标：闽台教师互派交流2人次，开展闽台师生相关活动3人次。<br>验收要点：①闽台教师互派交流2人次的记录；②闽台师生相关活动的记录；③开展闽台交换生交流3人次的记录。<br>责任人。 |

## （十）服务发展与示范带动

| 建设要素 | 2022 年 | 2023 年 | 2024 年 | 2025 年 |
|---|---|---|---|---|
| 1. 人才培养成效 | 预期目标：专业群全日制学历教育学籍注册人数达到 500 人以上，其中核心专业——建筑工程技术专业人数达到 120 人以上；专业群在校生在省级职业院校技能大赛中获三等奖或省级行业部门技术技能大赛中获 95% 以上，专业对口就业率在 80% 以上。<br><br>验收要点：<br>①专业群全日制学生学籍注册统计表；<br>②省级及以上职业院校技能大赛或省级及以上行业部门技术技能大赛获奖名单；<br>③毕业生就业情况跟踪反馈表。<br><br>责任人： | 预期目标：专业群全日制学历教育学籍注册人数达到 500 人以上，其中核心专业——建筑工程技术专业人数达到 120 人以上；专业群在校生在省级职业院校技能大赛中获三等奖或省级行业部门技术技能大赛中获 95% 以上，专业对口就业率在 83% 以上。<br><br>验收要点：<br>①专业群全日制学生学籍注册统计表；<br>②省级及以上职业院校技能大赛或省级及以上行业部门技术技能大赛获奖名单；<br>③毕业生就业情况跟踪反馈表。<br><br>责任人： | 预期目标：专业群全日制学历教育学籍注册人数达到 500 人以上，其中核心专业——建筑工程技术专业人数达到 120 人以上；专业群在校生在省级职业院校技能大赛中获二等奖或省级行业部门技术技能大赛中获 95% 以上，专业对口就业率在 85% 以上。<br><br>验收要点：<br>①专业群全日制学生学籍注册统计表；<br>②省级及以上职业院校技能大赛或省级及以上行业部门技术技能大赛获奖名单；<br>③毕业生就业情况跟踪反馈表。<br><br>责任人： | 预期目标：专业群全日制学历教育学籍注册人数达到 500 人以上，其中核心专业——建筑工程技术专业人数达到 120 人以上；专业群在校生在省级职业院校技能大赛中获二等奖或省级行业部门技术技能大赛中获 95% 以上，专业对口就业率在 87% 以上。<br><br>验收要点：<br>①专业群全日制学生学籍注册统计表；<br>②省级及以上职业院校技能大赛或省级及以上行业部门技术技能大赛获奖名单；<br>③毕业生就业情况跟踪反馈表。<br><br>责任人： |
| 2. 服务行业企业 | 预期目标：与行业企业协商共建职工培训中心，大力开展社会化培训，年度社会培训人员达在校学生数的 2 倍以上，培训人员包含企业员工、新型职业农民、退役军人，就业重点人群。<br><br>验收要点：<br>①协商的记录；<br>②培训的记录及总结。<br><br>责任人： | 预期目标：与行业企业共建的职工培训中心正式成立，大力开展社会化培训，年度社会培训人员达在校学生数的 2 倍以上，培训人员包含企业员工、新型职业农民、退役军人，就业重点人群。<br><br>验收要点：<br>①职教集团及职工培训中心成立记录；<br>②培训的记录及总结。<br><br>责任人： | 预期目标：大力开展社会化培训，年度社会培训人员达在校学生数的 2 倍以上，培训人员包含企业员工、新型职业农民、退役军人，就业重点人群，完成"四技"服务和横向科研项目 1 项。<br><br>验收要点：<br>①职教集团及职工培训中心运转的记录；<br>②培训的记录及总结。<br>③横向科研项目记录。<br><br>责任人： | 预期目标：大力开展社会化培训，年度社会培训人员达在校学生数的 2 倍以上，培训人员包含企业员工、新型职业农民、退役军人，就业重点人群，完成"四技"服务和横向科研项目 1 项。<br><br>验收要点：<br>①职教集团及职工培训中心运转的记录；<br>②培训的记录及总结；<br>③纵横向科研项目记录。<br><br>责任人： |

续表

| 建设要素 | 2022年 | 2023年 | 2024年 | 2025年 |
|---|---|---|---|---|
| 3. 示范带动作用 | 预期目标：<br>确定技术创新中心服务平台的内涵指标及服务方向，参与各种社会团体，参与各种学术会议。<br><br>验收要点：<br>①技术创新中心服务平台材料；<br>②参与各种社会团体材料；<br>③参与各种学术会议材料。<br><br>责任人： | 预期目标：<br>与行业企业协商带头组建职教联盟，参与各种社会团体，参与各种学术会议；实施服务乡村振兴项目1个。<br><br>验收要点：<br>①带头组建职教联盟材料；<br>②参与各种社会团体材料；<br>③参与各种学术会议材料；<br>④实施服务乡村振兴项目材料。<br><br>责任人： | 预期目标：<br>职教联盟正式成立，参与各种社会团体，参与各种学术会议；实施服务乡村振兴项目1个。<br><br>验收要点：<br>①职教联盟成立材料；<br>②参与各种社会团体材料；<br>③参与各种学术会议材料；<br>④实施服务乡村振兴项目材料。<br><br>责任人： | 预期目标：<br>在服务平台高效运作服务地方经济；职教联盟高效运作，参与各种社会团体，参与各种学术会议；实施服务乡村振兴项目1个。<br><br>验收要点：<br>①服务地方经济的记录；<br>②职教联盟运行材料；<br>③参与各种社会团体材料；<br>④参与各种学术会议活动；<br>⑤实施服务乡村振兴项目材料。<br><br>责任人： |

## 六、预期建设成效

### (一) 预期成效

按照国家"深化职业教育、高等教育等改革,发挥企业重要主体作用,培养大批高素质创新人才和技术技能人才"的要求,推动专业设置与产业需求对接、教育教学改革与产业转型升级衔接配套。通过专业群建设,培育国家级、省级教科研成果,在省内高职院校中具有一定影响力和竞争力,为省内同类专业建设提供示范和引领作用。

**1. 人才培养质量进一步提高**

专业群搭建人才供需交流桥梁。将党建、思政教育、工匠精神融入人才培养全程,生源质量稳步提升,人才培养质量逐年提高,社会声誉逐年提升,毕业生就业关键指标达到或优于全省同类专业水平。毕业生对基本工作能力总体满足度>90%,毕业生职业技能等级证书获取率>85%,毕业生的就业现状满意度>95%,企业满意度95%以上。通过五年期建设,专业群内涵建设要向高端人才培养,毕业生就业实现高职位、高薪酬,打造"考生抢着读,企业争着要"的专业群品牌。

**2. 专业群整体实力显著提升**

围绕国家职业教育发展新要求,在人才培养模式创新、课程与资源建设、"三教"改革、实践实训基地、技术技能平台、社会服务、对外交流合作、专业群治理机制等方面建设成效显著,取得一批国家级、省级标志性成果;整合专业群专业基础相通性课程,完善各专业的岗位分流,深化知识学习与技能强化训练课程。将本专业群打造成为适应建筑业转型升级发展需求、人才培养模式先进、社会服务能力突出的,在全省高职院校同类专业中名列前茅的高水平特色专业群。

**3. 专业群社会服务能力显著**

对接建筑行业"设计—施工—造价—运维"产业链的重点领域,为全省信息化建设培养高素质技术技能人才,为基础建设和产业发展提供人才支撑及智力保障,稳岗率和劳动生产率将得到提高,成为建筑行业数字化转型升级的技术储备池,服务行业发展。

### (二) 标志性成果

| 成果类别 | 预期标志性成果 | 成果级别 | | |
|---|---|---|---|---|
| | | 国家级 | 省级 | 地级市 |
| 1. 专业群建设与运行机制 | 高水平专业群(个) | | 1 | |
| | 人才培养质量保证与诊断体系(套) | | | 1 |
| | 开展专业认证 | | 1 | |
| 2. 立德树人与课程思政 | 课程思政案例(个) | | 1 | |
| | 课程思政教学团队(个) | | 1 | |
| | 课程思政教学名师(名) | | 1 | |
| 3. 产教融合与校企合作 | 职教集团(个) | | 1 | 1 |
| | 产业学院(个) | | 1 | |
| 4. 人才培养与改革创新 | 职业教育教学成果奖(个) | | 1 | 1 |
| | 1+X职业技能等级证书试点(个) | 5 | | |

续表

| 成果类别 | 预期标志性成果 | 成果级别 | | |
|---|---|---|---|---|
| | | 国家级 | 省级 | 地级市 |
| 5. 课程教学与质量评价 | 主持职业教育专业教学资源库（个） | | 1 | |
| | 参与职业教育专业教学资源库（个） | | 1 | |
| | 精品在线开放课程（门） | | 4 | |
| | 出版规划教材（本） | | 2 | |
| | "课堂革命"典型案例（个） | | 1 | |
| | 职业技能大赛获奖（个） | 1 | 10 | 15 |
| | 行业技能竞赛、设计竞赛获奖（个） | 2 | 10 | 6 |
| | 创新创业大赛获奖（个） | | 3 | |
| 6. 队伍建设与素质提升 | 教学创新团队（个） | | 1 | |
| | 教学名师工作室（个） | | 1 | 1 |
| | "双师型"教师培养培训基地（个） | | 1 | 1 |
| | 专业带头人（个） | | 1 | 2 |
| | 技能大师工作室（个） | | 1 | |
| 7. 实践教学与基地建设 | 高水平产教融合实训基地（个） | | 1 | 1 |
| | 虚拟仿真实训示范基地 | | 1 | 1 |
| 8. 信息技术与教学融合 | 教师使用信息化手段教学占比（%） | | | 90 |
| | 教师能力大赛（个） | | 6 | 6 |
| 9. 合作交流与内涵提升 | 闽台合作项目（个） | | 1 | 1 |
| | 聘请台湾地区高校和新加坡大学的教授（位） | | | 3 |
| 10. 服务发展与示范带动 | 技术服务到款额（万元） | | | 30 |
| | 实用新型专利、发明专利、软件著作权（项） | 16 | | |
| | 教科研课题项目（项） | | 12 | |
| | 各类培训（人次） | | | 7 000 |

**七、保障措施**

**（一）组织保障**

制定《建筑工程技术高水平专业群建设实施方案》，成立专业群建设工作小组，由系主任担任组长，定期讨论、推进专业群项目建设。成立专业群指导委员会全程参与项目建设，邀请知名专家、政府有关部门负责人、企业行业高管等，对专业群建设立项评审、绩效评价等提供意见，为具体建设任务提供全程指导及咨询服务。

**（二）制度保障**

建立内部协同工作机制，科学规划、统筹布局，协调推进专业群建设。围绕组织架构完备、规章制度健全、建设项目落实、运作经费保障、管理服务到位、培养质量保证的要求，制定和完善高水平专业群建设的各项管理制度，加强对专业群建设项目实施、资金使用和项目检查等方面的管理。

专业群编制教学标准，完善专业群内涵建设、课程建设相关的各类管理制度和质量评价标准，从制度层面保障专业群建设和课程建设的稳步推进。

### （三）经费保障

在学院经费支持下，专业群充分利用和盘活现有资源与条件，积极拓展社会的投入渠道，优化投入结构，提高投入效益。积极争取行业、企业、社会等有关各方面的支持，形成政策和资金的多元化支持格局，发挥集聚效应。根据专业群建设和教学改革的需要，学院在实训室建设、校外实践教学基地建设、师资队伍建设、专业教学改革、教材建设等方面加大资金投入，设立专项经费，加强监督检查，确保资金安全、规范、有效和专款专用，保障资金到位。

### （四）合作保障

通过创新与完善校企合作机制和服务平台建设，进一步加强与企业的深度融合。一是加大企业界人士对专业发展、建设的参与力度；二是加强与企业间建立定期联系，共建信息库，及时掌握企业发展方向和人力资源需求状况，及时调整专业结构和人才培养方案，更新教学内容；三是进一步促进产学互动，在兼职教师、双师培养等方面创造更好的条件。

## 【案例小结】

党建+教学改革的内容极其丰富，包括教学能力大赛、教学成果奖、专业群建设方案、人才培养方案、精品课程、教案、教材等，但因人才培养方案是公开资料，打开任何一所高职院校的网站均能查到全文，精品课程、教案、教材三类资料也是公开资料，因此本案例不收集此类资料，仅收集教学能力大赛资料、教学成果奖、专业群建设方案等三方面作为实例资料。

每位教师都想在教学能力大赛中获奖，但能在大赛中获奖的人毕竟凤毛麟角。笔者所在的"双带头人"工作室采用裂变的方式，即第一年组织最精干的教师团队4人参赛并竭尽全力获奖，第二年笔者将第一次参赛的4人拆成2对，再安排4位教师加盟；第三年再裂变，如此循环，确保专任教师全部参加。笔者作为"双带头人"，为起示范作用，也参加校级教学能力大赛并获二等奖，但笔者的普通话基础较弱、口音较重，为不影响团队的成绩，主动退出省赛。普通话的水平是教学能力大赛一个很重要的因素，组建团队应尽量避免口音较重的教师。教学能力大赛中的教学设计内容是能否获奖的重要内业资料，这些资料编写的质量如何在一定程度上反映该团队的教学能力高低。视频录入是极其重要的环节，该环节最耗时间，有时为一段视频需要反反复复录几次，很考验师生的耐力。现场比赛是教师的综合素养在短时间内的展现，需要比赛经验，每一次校赛都要参加以积累经验。未来，教学能力大赛将在人员组成上变革，其成员尽量吸收企业导师参与，以更突出职业教育特征。近几年，教学能力大赛的赛题越来越合理，"秀"的成分越来越少，越来越反映一位教师真实的课堂情况。下一步，将结合建筑文化传承与课堂教学现状打造一批接地气的教学能力大赛项目，将大赛获奖者打造成为广受学生欢迎的教师，继续努力争取早日获得国家级奖项。

教学成果奖是每位教师梦寐以求的最高奖项，作为"双带头人"，笔者带领"双带头人"工作室成员积极申报，但因建筑工程系刚刚成立不久，积淀较少，只能在校赛中获奖。教学成果奖需要成果累积，因此仍需韬光养晦，继续培育，争取早日获得省级或国家级奖项。

专业群建设是目前高职教育的热频词，许多院校为进入"双高校"可以说是集全校之力争取进入高水平的专业群。笔者所在的院系虽然年轻，但专业群建设有利于人才培养、优化教学资源利用，因此也努力申报。目前，专业群公开的资料市面上还很少，大部分学校认为是内部资料，不愿公开。但笔者认为同行交流极其重要，尽管笔者主持的项目目前仍是校级，但未来随着成果的累积一定可以有更高级别的专业群。因此笔者把花了一个暑假的时间编写的专业群建设方案与各位共享。

【思维导图】（图 3-14）

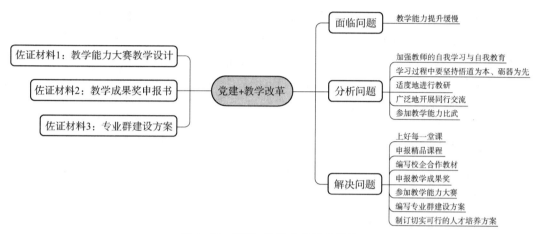

图 3-14 党建+教学改革思维导图

【引申讨论】

（1）教学能力大赛应当与课堂教学的实际情形结合得更紧密些，去除更多"秀"的成分，让赛题更接地气些，使那些受学生欢迎的教师也能在教学能力大赛中获奖，或者在教学能力大赛中获奖的教师一定是学生欢迎的教师。

（2）教学成果奖目前考核点依然集中在"写"的方面，也会出现一批写得很好但做得不好的获奖者，未来的教学成果奖应当让"做"得好的学校更易获奖。

（3）高水平专业群获批后，其建设资金增加不少，资金利用率如何提升，这是亟待解决的问题。以群建院目前仍在思路层面，应有更多可操作性的举措加快落地。

## 第五节　党建+科学研究

【案例 10　党建+科学研究】

### 一、面临问题

科研能力是一位高职教师最为实用的基本能力，实际上也是高职教师获得职称晋升不可逾越的鸿沟或主要障碍。大多数高职教师虽然受过一定的科研训练，但是科研能力较弱、科研成果单薄，这是其职业成长的一大难题。

## 二、分析问题

高职教师科研能力较弱、科研成果单薄的原因：

（1）与教师自身因素有关。高职教师的学历普遍较低，拥有硕士学位的教师仍是高职教师的主力军，这些教师虽然受过一定学术训练，但大多是从学校到学校，学术视野较窄，有相当一部分教师把学术变成学究。

（2）与学校考核机制有关。许多高职院校管理理念滞后，不愿花心思研究并出台适合高职特点的考核文件，而是参照本科学校管理的办法，或小版本科的做法，在论文数量上比本科少一些、科研项目层次比本科低一些，挫伤了教师的科研积极性。

（3）类型定位不突出。高职教育的科研方向应当锁定应用层面，面向生产一线，突出对生产实践、教学实践遇到的难题的破解。

## 三、解决方案

没有论著发表、没有科研项目，高职教师的职业生涯将难以有大的发展。提升科研能力，其主要途径是：

### （一）积极申报科研项目

科研项目申报的灵感来自生产生活，作为高职院校教师，依据生产一线、现实生活中遇到的学术问题来申报项目入选率极高。比如对于目前乡村振兴中出现"新房一大片，新村看不见"的问题，笔者刚好在收看纪念台湾诗人余光中的栏目，主持人朗读其代表作《乡愁》，于是产生灵感，文学中的乡愁概念能否嫁接到乡村规划项目？开展一系列研究后，笔者发现两者不但可以相融，而且民宿等一些规划成功的乡村均有这一理念，于是申报了"乡村规划建设项目中的体现乡愁记忆研究"并入选省教育厅社科类项目。再比如有一次重阳节时，路过一个幼儿园与一个养老院，两者场景对比产生了科研方向。当时幼儿园与养老院相距百米左右，路过幼儿园时人多路堵；但经过养老院时冷冷清清，更何况那天是老人节，理应是大家看望老人或接自己老人过节的时刻，应当十分热闹。于是笔者想起在乡镇工作的时候，其中一个村仅剩下69位留守老人的现状，突然觉得留守老人是一个最需要人关怀的群体，再结合自己的专业产生了不少灵感，并依此申报了教育部智慧助老4类项目，幸运的是，这些项目全部入选了。

### （二）积极撰写论文

撰写学术论文的关键在于：理论性与创新性。

理论性指的是写的论文要有理论深度。增加阅读面、与专家交流是提升理论性的最有效的途径。因此要求作者时刻关注本行业最新动态以及其他相关学科科研成果，保证写出的论文与时俱进。如果论文缺乏理论性那么就等于是技术指导书，是发明或发明专利。论文表达的方式不应局限于文字，而应采用多种方式，包括表格、图片、数据等，同时要有分析过程。

创新性指的是写的论文要有新颖，能够解决生产生活中产生的新问题。创新的方法很多，可以是新领域、新办法、新角度、新成果、新应用、新解读，也可以是边缘学科的优化组合。

具备这两点，就可以写论文。一个人要在理论研究上有所成就，最重要的品质是耐得住寂寞。写论文关键要锁定研究对象，一门深入，不能小猴子下山，捡一个扔一个。一个人很容易去追逐热门领域、吃香项目，从而放弃原有的研究领域。寂寞与孤独是一个理论研究者的起点，也是境界。

论文的数量可以很多。如果你从事具体的项目，只要把每一个项目进行深化总结，那么就有可能写出一篇不错的论文。你的项目做得越多，就有可能写出更多的论文。当然同样的一件事也可以从不同的角度去阐述，这样也可以有不同的论文。

论文的质量是论文的核心。论文的写作基本规律与要求不能违背，论文内容要有新意，论文的表达要规范，论文逻辑要清晰，论文中的数据要正确。论文内容可以是一个学科最新科研成果的深化，比如可以从新角度去阐述一个新事物、解读一个新事物的本质、找到一个新方法并取得较好的效益，或者从国内外的研究现状去比较、深化，或者分成几块来研究也可以深化。如何提高论文的质量与价值是论文作者要解决的关键问题。

### （三）积极申请专利

相对论文与科研项目，专利的门槛目前是较低的，是科研性价比比较高的。一是学习 TRIZ 理论。领会物-场模型与标准解系统、九屏幕法、矛盾与发明原理、功能分析与裁剪法，可以提升创造力，也会有意想不到的创造灵感。二是加入团队。不同学科的研究重点不一样，特别是加入已经成功申请过的专利团队特别重要。三是与企业合作。企业处于生产一线，他们对生产技术改造最有发言权，与他们合作可以省下不少时间与精力。

### 四、初步成效

笔者主持的 3 个项目入选教育部的智慧助老与社区教育项目，其中"老年群体应急教育——留守老人火灾逃生技术"项目入选教育部"社区治理与应急管理"主题特色类项目。主持市厅级科研项目 6 项，参与市厅级科研项目 3 项，发表论文十余篇。成为省科技特派员，并带领另 2 位党员教师也成为省科技特派员。工作室发表论文 125 篇，专利 125 项。

### 五、实例材料

（1）科研项目申报及结题材料（见附后实例材料 1）。

（2）论文（见附后实例材料 2）。

（3）发明专利申请书（见附后实例材料 3）。

**实例材料 1：科研项目申报与结题材料**

<br>

## 福建省教育厅中青年教师教育科研项目[①]
## （社科类）申请书

<br>

项目名称： 乡村规划建设项目中的体现乡愁记忆研究

项目负责人： 陈良金

申报单位： 湄洲湾职业技术学院

申报时间： 201706

<br><br>

福 建 省 教 育 厅 制
二〇一七年

---

[①] 笔者在观看余光中纪念材料后产生灵感，试图将文学作品的乡愁嫁接到乡村规划项目上，当时申请该项目是笔者入职高职院校的第四年，现在回看仍有不少地方需要改进。

## 填 表 说 明

一、申请书封面栏目由申请人用中文填写，学科分类按以下所列填写。

1. 马哲和政治学（马列、科社、党建、哲学、政治学）；
2. 经济学（理论经济、应用经济、统计学）；
3. 社会学；
4. 法学；
5. 历史学（中国历史、世界历史、考古学）；
6. 文学语言（中国文学、外国文学、语言学、新闻学与传播学）；
7. 图书馆、情报与文献学；
8. 管理学；
9. 教育学心理学；
10. 美术学音乐学；
11. 体育学；
12. 其他（人口学、民族问题研究、国际问题研究、闽台关系研究）

二、申报单位指项目负责人所在高校，须按单位公章填写全称。

三、申请书采用A4幅面，于左侧装订成册。各栏空格不够时，请自行加页。

四、凡递交的申请书及附件一律不退还，请申请者自行复制留底。

## 一、基本数据表

| 课题名称 | 乡村规划建设项目中的体现乡愁记忆研究 | | | | | | |
|---|---|---|---|---|---|---|---|
| 主题词 | 乡村　设计　项目　乡愁 | | | | | | |
| 学科分类 | 土木建筑工程设计 | | | | | | |
| 研究类型 | B | A. 基础研究　B. 应用研究　C. 综合研究 | | | | | |
| 负责人姓名 | 陈良金 | 性别 | 男 | 民族 | 汉族 | 身份证号码 | …… |
| 行政职务 | 建筑工程系主任 | 专业职务 | 一级建造师经济师 | | | 研究专长 | 建筑 教育管理 |
| 最后学历 | 本科 | 最后学位 | | | | 担任导师 | |
| 工作单位 | 湄洲湾职业技术学院建筑工程系 | | | | | 联系电话 | …… |
| 项目负责人所依托的省高校人文社科研究基地或省高校创新团队的名称 | | | | | | | |

| 主要参加者 | 姓名 | 性别 | 出生年月 | 专业职务 | 研究专长 | 学历 | 学位 | 工作单位 |
|---|---|---|---|---|---|---|---|---|
| | 张力学 | 男 | …… | 经济师 | 财务管理 | 本科 | | 湄洲湾职业技术学院财务科 |
| | 陈建武 | 男 | …… | 副教授 | 试验研究 | 本科 | 硕士 | 湄洲湾职业技术学院建筑工程系 |
| | 李云雷 | 男 | …… | 讲师 | 试验研究 | 研究生 | 硕士 | 湄洲湾职业技术学院建筑工程系 |
| | 郭俊驱 | 男 | …… | 工程师 | 建筑、规划设计 | 本科 | | 湄洲湾职业技术学院建筑工程系 |

| 推荐人姓名 | | 专业职务 | | 工作单位 | |
|---|---|---|---|---|---|
| 预期成果 | C | A. 专著 B. 译著 C. 论文 D. 研究报告 E. 工具书 F. 其他 | | 字数（单位：千字） | 4 000 |
| 申请经费（单位：元） | | 10 000 | | 预计完成时间 | 2019年7月 |

## 二、项目设计论证

1. 本项目国内外研究概况；2. 本研究的理论意义和实际意义；3. 本项目的主要研究内容、研究目标及关键问题和创新点；4、参考文献。（控制3 000字以内，如需要可另行加页。）

### 一、本项目国内外研究概况

农村规划项目由于项目体量小，从事农村规划项目设计经济效益低，导致农村规划研究远远落后城市规划的研究。国外方面，金融危机以来，美、欧、日等国家和地区都将完善农村规划体系作为增强国家竞争力和优化人居环境的战略选择，他们有较完善的理论，但由于这些国家和地区与我国农村现状不同、地域特征不同、发展途径不同，不具有很强的可比性，参考性不强，不能照搬，只能借鉴其在农村规划方面的成功经验，自行研究。国内方面，当前的研究往往偏重于农村规划的宏观方面，多集中于农村规划的政策，缺乏可操作性，难以指导实践；而且对农村规划如何如何增强乡愁记忆的问题研究较少。农村规划项目数量多、体量小、效益低，并未成为住建部门和地方政府的建设焦点，也未成为学术界的研究焦点。乡村乡愁记忆不是农村规划的附属品，是美丽乡村的重要一环。本课题结合具体案例提出增强乡愁记忆的具体策略。

## 二、本研究的理论意义和实际意义

本课题是当前我国现在进行美丽乡村建设的重要内容。现代化发展给人们带来生活极大的便利，也摧毁了儿时的记忆，乡愁似乎离我们越来越远，我们成为在自己家乡的异乡人。乡村旅游是农村经济增长点，利用规划新理念和高科技规划手段是建设美丽乡村的先导。

（一）本课题是对农村规划研究的深入和拓展，对建筑情感研究意义重大

城乡差距不断扩大，现代文明与传统农村习俗碰撞加剧，如何在农村规划时融入乡愁，赋予农村建筑更多的情感，保留住地域特征，这是美丽乡村建设的应有之义。但在新农村规划中随意根除那些有特色的场所，代之以标准化的景观，由此导致了场所意义的缺失。场所感削弱后，必将带来人们与环境疏离感的增强。恢复和再现乡村乡愁记忆，不仅可以突显农村的地域特色，同时对解决农村有新房无新村也是一个有益借鉴。

（二）本课题是对农村乡愁记忆要素的深化研究，对发展农村旅游经济意义重大

许多地方政府已明确将乡村旅游作为旅游资源，乡村旅游与城市旅游、景区旅游一样可以传达许多人文信息、地理信息和时代信息，遗憾的是被许多地方政府忽视了。乡村旅游的体验性很强，需要让人进入和体验，其旅游价值将更为突出。对于农村规划的研究一直滞后于城市规划的研究，至今存在许多亟待解决的问题，如农村规划的风格、历史、特点、建材、技术、文化、政策、管理、活动等。

## 三、本项目研究内容、研究目标、关键问题、创新点

（一）研究内容

本课题研究分为乡村规划基础研究、规划数据库建立、动态保护、虚拟现实恢复园林、三维测绘与数字化再现。具体研究内容如下：

1. 乡愁要素研究

现代农村的乡愁要素以及乡愁特征、不同艺术形式的乡愁表现，这些将是后期建立数据库、进行动态保护、恢复和虚拟再现、规划设计、项目分析的基础。

2. 数据库建立分析研究

对近代园林进行数据化分析和统计，数据库的信息包括历史年表、地区分布、要素分类、风格特征、存在与否、乡愁要素等几个重要指标。

3. 新农村规划编制情况普查

深入仙游县各乡镇，调查核实新农村规划编制情况，做成数据库并分析研究。

4. 规划项目中留住乡愁的具体办法

将以时间为线索对农村规划进行从创立到历次变更的历史监测，同时对乡愁的消失和要素的改变作出重点的预警标志，以提醒住建部门或乡镇政府决策者重视，同时提出增强乡愁的具体办法：保护好乡愁的自然元素、突出地域文化、保护好建筑遗产、开发名人遗址、传承好手工艺、发扬好民俗文化遗产、规划好历史文化名村。

5. 乡愁利用研究

乡愁记忆恢复保留好，锁住历史信息，并且利用好这些乡愁记忆可以带动乡村旅游、民俗文化旅游，促进农村经济发展与农村健康有序建设。

（二）研究目标

通过本项目的研究，将达到前述研究目标，探明影响乡愁的要素，从而提出增强的乡愁具体方案，促进规划设计的推广应用。在研究成果方面将发表1篇论文。

（三）关键问题

美丽乡村是当前农村建设的一大热点，农村规划项目现在大量修编，在规划编制时突出地域场所感，能唤起对一个地方的记忆。本课题中的数据库建立、具体措施可为农村规划设计提供借鉴，是有效可行的：（1）得到农村规划的优化设计方法，提高农村规划的可操作性和文化品位；（2）得到农村规划的优化设计，提高设计弹性，有利于规划项目推广应用。

4. 创新点

（1）引进美国的场所感理论，为农村规划设计提供新的设计理念。

（2）借鉴文学研究成果、其他艺术形式的研究成果为规划设计提供理论依据。

**四、参考文献**

[1] 富田和晓，藤井正. 图说大都市圈 [M]. 王雷，译. 北京：中国建筑工业出版社，2015.

[2] 国务院发展研究中心课题组. 中国新型城镇化：道路、模式和政策 [M]. 北京：中国发展出版社，2014.

[3] 杨秉德. 中国近代建筑史分期问题研究 [J]. 建筑学报，1998（9）：53-54.

[4] 张复合. 中国近代建筑与保护 [M]. 北京：清华大学出版社，2001.

[5] 邹洋. 后现代主义建筑空间的情感化研究 [D]. 西安：长安大学，2014.

## 三、项目组成员开展的与本项目有关的研究工作和近期研究成果

项目负责人和项目组成员承担的相关研究课题及近期研究成果，包括成果名称、成果形式、发表刊物或出版单位、发表或出版时间，以及对成果的评价（包括引用、转载、获奖及被采纳情况）。

项目主要负责人曾长期在仙游县规划局工作，参与编制规划项目56个，负责审查规划项目85个，有较为丰富的经验。申请人的以下研究成果为本项目的顺利实施奠定了基础：

（1）科研项目：201506 申请福建省教育厅的"新型城镇化背景下的建筑专业职业教育实效性的探讨"研究，201606 结题。

（2）《项目质量管理方法在院系教学管理中的应用探析》，第一作者，《江西建材》2015年第6期。

（3）《关于增强建筑构造教学实效性的探索》，独立完成，《广东教育》2015年第5期。

（4）《关于调动建筑类外聘教师工作积极性的探析》，独立完成，《吉林省教育学院学报》2015年第9期。

（5）《新常态下建筑专业培养计划创新研究》，第一作者，《湖南城市学院学报》2016年第4期。

（6）《浅议园林水景设计》，第一作者，《长春师范大学学报》2017年第2期。

## 四、完成项目的条件分析

项目组成员的研究水平、资料准备和设备等科研条件。

成员组共有4人，全是中级以上职称，研究水平较高，拥有建筑、规划规范资料1 000多册，可借用企业建筑试验室1 000平方米，满足项目条件，其中：

张力学：主要从事学校财务工作，发表论文2篇，负责该项目的财务效益比较。

陈建武：近年来主持完成省级科研项目1项，市级科研项目3项，参与各级项目6项，发表核心论文2篇，CN期刊8篇，获得实用新型专利1项，发明专利1项，获莆田市科技进步奖一等奖1次、三等奖2次。

李云雷：主要研究建筑试验，参与国家自然基金项目2项、横向项目2项，主持福建省教育厅科研项目1项，已授权1项发明专利、3项实用新型专利。

郭俊驱：主要从事建筑工程设计、工程结构设计和规划审批与工程管理等工作，主持项目设计128个，建筑面积100多万平方米。

## 五、经费预算

| | 费用项目 | 金额（元） | 用途说明 |
|---|---|---|---|
| 经费预算 | 1. 图书资料费 | 1 000 | 购买相关图书 |
| | 2. 国内调研和学术会议费 | 2 000 | 参加学术会议与调研 |
| | 3. 办公、通信费 | | |
| | 4. 小型会议和咨询费 | | |
| | 5. 小型仪器设备费 | | |
| | 6. 人力劳务费 | 2 000 | |
| | 7. 管理费 | 5 000 | 发表论文版面费和专利申请费 |
| | 合计 | 10 000 | |

| 申请经费（元） | 省教育厅经费（元） | 学校配套经费（元） | 分年度拨款计划 | |
|---|---|---|---|---|
| | | | 2017 年 | 2018 年 |
| 10 000 | 5 000 | 5 000 | 5 000 | 5 000 |

## 六、推荐人意见

　　初级职称申请人，须由具有高级专业职称的同行专家推荐。推荐意见须说明申请人科研能力和该项目取得预期成果的可能性。










推荐人姓名：　　　　　　（签字）职称　　　　　　研究专长　　　　　　工作单位

## 七、单位及管理部门意见

| | |
|---|---|
| 项目负责人所在院（系、所）意见：1. 申请人的政治素质、学术道德与业务水平是否适于承担本项目的研究；2. 能否提供完成本项目所需时间和其他必要条件。<br><br>申请人的政治素质、学术道德与业务水平适于承担本项目的研究；能提供本项目所需时间和其他必要条件。同意申报。<br><br><br><br><br>盖　章<br><br>年　月　日 | |
| 项目负责人所依托的省高校人文社科研究基地或省高校创新团队负责人的意见。<br><br><br><br><br><br>负责人（签字）：<br><br>年　月　日 | |
| 校科研管理部门审查意见：（项目组是否有能力和条件完成本项目的研究工作，是否保证提供各种必要的工作条件。）<br><br><br><br>盖　章<br><br>年　月　日 | |
| 省教育厅审批意见 | 盖　章<br><br>年　月　日 |

科技类（　　）
社科类（ √ ）

## 福建省中青年教师教育科研项目
## 结 题 报 告 书

项 目 名 称：<u>乡村规划建设项目中的体现乡愁记忆研究</u>
所 属 专 项：<u>　　　　　　　　　　　　　　　　</u>
项目承担单位：<u>　　湄洲湾职业技术学院　　</u>
项 目 负 责 人：<u>　　　　　陈良金　　　　</u>
联 系 电 话：<u>　　　　　……　　　　　</u>
项目起止时间：<u>　2017 年 6 月至 2019 年 5 月　</u>

福 建 省 教 育 厅
二〇一七年

## 填 表 说 明

一、填写时必须表达准确，字迹清楚，不得漏项，数字一律填写阿拉伯字。

二、表中属于选择的项目，以"√"或英文字母表示。

三、"项目编号"指省教育厅下达计划项目的编号。

四、"论著类别"请选择：A. 国际会议　　B. 国内会议
　　　　　　　　　　　　C. 国外刊物　　D. 国内刊物
　　　　　　　　　　　　E. 学术著作　　F. 待发表或待出版

五、"奖励类别"请选择：A. 国家级　　B. 省部级
　　　　　　　　　　　　C. 地厅局级　D. 其他

六、"项目升级与接轨"请选择：A. 国家基金　　B. 部委办
　　　　　　　　　　　　　　　C. 省级项目　　D. 行业基金
　　　　　　　　　　　　　　　E. 其他横向项目

七、《财务决算表》按照省财政厅、教育厅《福建省高等学校科研经费管理办法（暂行）》和《福建省中青年教师教育科研项目管理暂行办法》规定的经费使用范围填报。科研项目经费包括用于实施科研项目的省级财政专项经费和学校配套的专项经费。项目经费不得用于各种罚款、还贷、捐赠赞助、对外投资以及与教育科研项目无关的其他支出。项目学校原则上不提取项目管理费。

## 结题报告表

| 项目名称 | 乡村规划建设项目中的体现乡愁记忆研究 | | | | | | | |
|---|---|---|---|---|---|---|---|---|
| 负责人 | 陈良金 | 职称 | 副研究员 | 项目编号 | JAS171106 | | 项目类别 | 社科类 |
| 实际完成年月 | | 2019年5月 | | | 实际支出金额 | | | |

| 项目主要成员 | | 姓名 | 年龄 | 单位、职称、职务 | | 姓名 | 年龄 | 单位、职称、职务 |
|---|---|---|---|---|---|---|---|---|
| | 1 | 张力学 | …… | 湄职院经济师、财务科科长 | 4 | 郭俊驱 | …… | 湄职院建筑工程系工程师、教师 |
| | 2 | 陈建武 | …… | 湄职院建筑工程系副教授、书记 | 5 | | | |
| | 3 | 李云雷 | …… | 湄职院建筑工程系助教 | 6 | | | |

| 完成论著情况 | 论著名称 | 作者姓名 | 论著类别 | 刊物名称、期刊号、卷期号；出版社、出版时间、著作字数；会议名称、地点、时间；论文集出版单位 |
|---|---|---|---|---|
| | "乡愁记忆元素"与乡村规划建设项目融合途径的研究融合 | 陈良金、唐俊奇 | D.国内刊物 | 《九江学院学报》，ISSN 1673-4580，第38卷，2019年第1期，总第192期 |
| | | | | |
| | | | | |
| | | | | |

| 申请专利情况 | 专利名称 | 专利申请号 | 专利授权号 |
|---|---|---|---|
| | | | |
| | | | |

| 获奖情况 | 获奖项目名称 | 授奖单位 | 奖励名称与等级 | 获奖时间 |
|---|---|---|---|---|
| | | | | |
| | | | | |

| 技术转让 | 万元 | 技术咨询 | 万元 |
|---|---|---|---|
| 人才培养情况 | 博士： 人；硕士： 人 | | |
| 项目升级与接轨 | | | |

续表

请按下列提纲填写：（可根据需要加页）

（一）完成的研究内容，做出的成就，达到的目标及水平。

研究的内容：

通过大量的调查发现：近年来，乡村成为城镇的翻版，走近乡村时，乡土的气息已经消失，乡愁已渐行渐远。分析其原因：乡村乡愁难以留住，有客观原因，即新农村发展对传统乡村的冲击，但更多的是主观原因，即有些政府领导急功近利、乡民的保护意识偏弱、规划师的简单套图等。乡愁的元素可能是自然景观、人造景观或是发生在乡村的人和事。农村规划项目由于项目体量小，并未成为住建部门和地方政府的建设焦点，也未成为学术界的研究焦点，从事农村规划项目设计经济效益低，导致农村规划研究远远落后城市规划的研究。找到规划建设项目中的体现乡愁记忆的具体办法，也提出留住乡愁的4条对策。

做出的成就，达到的目标及水平：

研究表明：留住乡愁，保护是前提，保护好自然景观、人造景观以及民俗文化，锁住历史信息，乡愁记忆就能长存；特色是生命，每个乡村在长期的历史过程中，积淀了各自的特色，只要利用好这些特色，可以带动乡村旅游，促进农村经济发展。结合仙游县的具体案例，提出留住乡愁记忆的具体措施。一是保护好引起乡愁的自然景观，包括：村口大树、风水树等自然植被不随意破坏；小溪、梯田等自然地形地貌不随意进行土地平整；乡村旅游景点开发应当强化地域特色，有时一池荷花、一片梯田就是很好的乡村旅游景点；适当地方搞点观光农业；丰富多彩的种植面、成规模的花海也是农村印记很好的题材。二是保护好引起乡愁的人造景观，包括建筑遗产、开发名人遗址。三是传承好手工艺。四是规划好历史文化名村。

留住乡愁是乡村规划的目标与追求，要留住乡愁记忆，就要在规划设计前认真分析乡愁元素，规划设计时努力做到：乡村乡愁记忆不是农村规划的附属品，是美丽乡村的重要一环，应当留住乡愁。

本项目通过多参数试验研究和设计实践，综合研究一系列影响乡愁的因素对美学效果的影响，建立富有乡愁的规划模型。研究结果可以为其他县区乡村规划设计及乡村旅游设计提供参考。

（二）比照原订研究工作计划，对任务完成情况进行自评，分析超过或未达到预定目标，进度和研究内容的原因。

原计划本项目研究在三年内完成，具体研究工作进度安排如下：第一阶段（2017年1月—2017年7月），收集最新文献资料，确定研究方法；第二阶段（2017年8月—2018年7月），开展规划设计；撰写相关论文；第三阶段（2018年8月—2018年12月），整理研究成果，撰写报告和论文。2019年3月在《九江学院学报》发表论文1篇，本课题实际研究完全按照原订研究工作计划执行。

（三）在此期间国内外同类研究工作取得的进展，以及对改进研究工作的设想、建议。

国外方面，21世纪以来，美、欧、日等国家和地区都将完善农村规划体系作为增强国家竞争力和优化人居环境的战略选择，他们有较完善的理论，但由于这些国家和地区与我国农村现状不同、地域特征不同、发展途径不同，不具有很强的可比性，参考性不强，不能照搬，只能借鉴其在农村规划方面成功经验，自行研究。

下一步研究的设想：应当在建立规划模型上下功夫，更多地利用大数据。

建议：多学科融合，尤其是信息技术的应用。

项目负责人（签章）

年　月　日

（纸面不够，请自行加页）

续表

| 院所意见（要求对项目实际完成的内容及应用前景作出评价） |
| --- |
| 　　项目成果达到预期的要求，对乡村规划项目难留住乡愁的原因分析到位，提出留住乡愁记忆的对策具有可操作性，解决问题的模型可行，研究结果表明规划设计时要保护好自然景观、保护好人造景观、保护好手工艺、保护好历史文化名村，具有借鉴意义。<br><br><br><br><br><br><br><br><br><br>　　　　　　　　　　　　　　　　　　　　　　　　　负责人（签章）：<br>　　　　　　　　　　　　　　　　　　　　　　　　　　　　年　月　日 |
| 校科研管理部门意见：项目成果达到预期的要求，研究问题具有一定的价值，分析原因到位，解决问题的模型可行，具有借鉴意义，同意结题。<br><br><br><br><br><br><br><br><br><br>　　　　　　　　　　　　　　　　　　　　　　　　　负责人（签章）：<br>　　　　　　　　　　　　　　　　　　　　　　　　　　　　年　月　日 |

## 财务决算表

单位财务处：（公章）　　　　　　项目编号：JAS171106　　　　　　单位：元

| 项目名称 | | 乡村规划建设项目中的体现乡愁记忆研究 | | | | |
|---|---|---|---|---|---|---|
| 项目总经费 | | 分年度 | | | | |
| | | 2017 年 | 2018 年 | 2019 年 | | |
| 拨款部门 | 已拨累计 | 5 000 | | | | |
| | 省教育厅 | 2 500 | | | | |
| | 学校（单位）配套 | 2 500 | | | | |
| | 其他 | | | | | |
| 经费支出 | | | | 4 796.5 | | |
| 其中 | 小型仪器设备费 | | | | | |
| | 实验材料和测试化验费 | | | | | |
| | 国内调研和学术会议费 | | | 4 296.5 | | |
| | 图书资料费 | | | | | |
| | 人力劳务和咨询费 | | | | | |
| | 出版/文献/信息传播/知识产权事务费 | | | 500 | | |
| | 结余经费 | | | 203.5 | | |

项目负责人：（签章）　　　　　财务主管：（签章）　　　　　会计：（签章）

　年　月　日　　　　　　　　　年　月　日　　　　　　　　　年　月　日

# "乡愁记忆元素"与乡村规划建设项目融合途径的研究[①]

陈良金[1,2]　唐俊奇[1]

(1. 湄洲湾职业技术学院建筑工程学院，福建莆田　351254)

(2. 华侨大学建筑学院，福建厦门　361000)

**摘　要**：乡愁是离乡之后对故土的依恋情感，留住"乡愁"是乡村规划的目标之一，但是同质化的乡村建设，削弱乡村特质，场所感消失后，必将带来人们与环境的疏离感的增强，使得乡愁渐渐远离乡民。通过实地调查与对比研究等方法对某县的乡愁元素进行研究，在此基础上提出在乡村规划建设项目中守住乡愁记忆的措施与建议，供今日新农村建设参考与借鉴。

**关键词**：乡愁；乡村规划；建筑文化；聚落

## 一、引言

近年来，伴随着新农村快速建设的同时，乡村成为城镇的翻版，乡愁是对家乡最本真的情感，但是当走进乡村时，乡土的气息已经消失，乡愁已渐行渐远。乡愁难以留住，有客观原因，即新农村发展对传统乡村的冲击，但更多的是主观原因，即有些政府领导急功近利、乡民的保护意识偏弱、规划师的简单套图等。乡愁的元素可能是自然景观、人造景观或是发生在乡村的人和事。仙游县自然环境优美，有国家级的历史文化名村也有省级历史文化名村，以仙游县为例，并在此基础上探索乡村建设中如何留住乡愁记忆的措施与建议。农村规划项目由于项目体量小，并未成为住建部门和地方政府的建设焦点，也未成为学术界的研究焦点，从事农村规划项目设计经济效益低，导致农村规划研究远远落后城市规划的研究。金融危机以来，美、欧、日等国家和地区都将完善农村规划体系作为增强国家竞争力和优化人居环境的战略选择，他们有较完善的理论，但由于这些国家和地区与我国农村现状不同、地域特征不同、发展途径不同，不具有很强的可比性，参考性不强，不能照搬，只能借鉴。乡村乡愁记忆不是农村规划的附属品，是美丽乡村的重要一环，应当留住乡愁。

## 二、什么是乡愁记忆

乡愁是诗歌的重要主题之一，乡愁也是文学、影视、舞蹈、绘画、雕刻、音乐等艺术作品的重要主题之一。从李白的"举头望明月，低头思故乡"、杜甫的"露从今夜白，月是故乡明"、白居易的"春来江水绿如蓝……能不忆江南"，到贺知章的"少小离家老大回，乡音无改鬓毛衰"，诗人抒发酷爱家乡的情怀，浓浓的乡愁在诗歌中流淌。再到当代余光中的《乡愁》："小时候，乡愁是一枚小小的邮票，我在这头，母亲在那头。长大后，乡愁是一张窄窄的船票，我在这头，新娘在那头。后来啊，乡愁是一方矮矮的坟墓，我在

---

[①] 本论文发表在《九江学院学报》2019年第5期，略有修改。

外头，母亲在里头。而现在，乡愁是一湾浅浅的海峡，我在这头，大陆在那头。"诗人通过提取几个单纯的具象——邮票、船票、坟墓、海峡，表达单纯、明朗、集中、强烈四个意象，诱发读者多方面的联想，给那些整日在相思、别离、相聚与奔波的人一种强烈的共鸣，给人一种难以言表的哀愁和欢欣。

乡愁也是乡村规划考虑的重要主题之一，北京建筑大学秦红玲教授认为：建筑遗产的情感价值不仅表现在强化认同感、精神象征作用等方面，乡愁也是建筑遗产的一种独特的情感价值。[1]张帅博士从美学体验的角度认为：乡愁应是涌入城市的乡民对传统生活模式的依恋和对当下城市生活的失重感相互交织融涵而形成的一种困顿体验。[2]乡愁价值是建筑遗产的一种特殊的衍生价值，它既是一种以场所感为核心的情感价值，又是一种与岁月价值紧密相关的具有复杂情感色调的审美意象。

引起乡愁的元素很多，可能是自然因素，也可能是发生在家乡的人和事，归纳起来主要有：一是自然景观。可能村口大树、屋旁池塘、地形地貌、山水特征、成片的果树、成群的白鹭、一定规模的梯田等。二是人造景观。可能是小桥、古井，也可能是祠堂庙宇、特色民居、影院戏台、公共建筑，甚至连本地特别的建材（闽南、莆仙的红砖）、本村庄的特有肌理（村旁的鹅卵石路）、建筑符号（莆仙高翘的燕尾脊）都能勾起对家乡的回忆，引起乡愁。三是发生在家乡的人和事。村民交往交流的方式，比如仙游大年初二不能走亲戚的习俗，让能让子孙后代永远铭记倭寇侵略；传统工艺、传统礼仪的民俗文化，诸如仙游枫亭元宵节的游灯民俗活动，令人想起宋朝时开封的繁华景象。

但是新农村建设给人们带来生活极大便利的同时，也摧毁了儿时的记忆，许多背井离家前往外地打拼、多年未返乡的人已经认不得回家的路，认不得自己儿时的母校，似乎乡愁离我们越来越远，北岛说他在自己的故乡成了异乡人。

### 三、"乡愁记忆"元素在乡村规划建设项目中难留的原因

同质化与特质的保留之间矛盾。现代化必然带来同质化，半小时生活圈以及地球村的形成，拉近空间距离，但也冲垮我们美好的回忆。美国规划理论家林奇认为：地方特色就是一个地方的场所感，这种地方特色能使人区别地方与地方的差异，能唤起对一个地方的记忆。加拿大地理学家雷尔夫指出：随意根除那些有特色的场所，代之以标准化的景观，由此导致了场所意义的缺失。场所感削弱后，必将带来人们与环境的疏离感的增强。地方政府或有关部门急功近利，为了让政绩早日显现，往往采取大手笔规划、大规模建设，过猛的建设直接摧毁原有的乡村特色，使得乡愁难留。城里来的设计师，不懂乡村文脉，也不愿意多调研，弄出城市翻版的乡村，使得乡愁难留。追求现代化生活的乡民缺乏保护乡土文化意识，人为地破坏了原有的风貌，使得乡愁难留。

### 四、"乡愁记忆"元素与乡村规划建设项目融合的措施

留住乡愁，保护是前提，保护好自然景观、人造景观以及民俗文化，锁住历史信息，乡愁记忆就能长存；特色是生命，每个乡村在长期的历史过程中，积淀了各自的特色，只要利用好这些特色，可以带动乡村旅游，促进农村经济发展。结合仙游县的具体案例，提出留住乡愁记忆的具体措施。

## （一）保护好引起乡愁的自然景观

乡愁要素有时很简单，但引起的思绪与情感却很丰富。

（1）村口大树、风水树等自然树木、植被是乡愁的重要元素（见图1），应保护好，特别是村道修建时应当想办法避开，不乱砍树。像《童年》歌词所唱的"池塘边的榕树下"，景观虽简，乡愁却浓。

（2）小溪、梯田等自然地形地貌不要随意进行土地平整（见图2），应当强化这种印象。当前国家大力推行农村土地平整，这对促进生产力的发展有利，但在具体实施中也出现破坏自然景观的现象。

（3）乡村旅游景点开发应当强化地域特色（见图3和图4），不必抄袭大景点，乡村旅游不应追求"高大上"，有时一池荷花、一片梯田就是很好的乡村旅游景点。

（4）适当地方搞点观光农业。农业不单是种植农作物，而应当要农业现代化，丰富多彩的种植面，包括花草树木、成规模的花海也是农村印记很好的题材（见图5）。

**图1 仙游县鲤城街道富洋村的大树、风水树**

**图2 仙游县钟山麦斜村的梯田**

**图3 仙游县著名景区九鲤湖的规划图**

**图4 仙游县著名景区九鲤湖的景点——飞瀑**

**图5 仙游县钟山镇郎桥村欧中农业观园**

## (二) 保护好引起乡愁的人造景观

### 1. 建筑遗产

仙游有县级以上文物保护单位171处,其中省级16处,国家级4处。国家级的分别是仙游文庙、天中万寿塔、唐代无尘塔、龙华双塔,全是不可移动的文物,其中仙游文庙是木结构,其他3个是石结构。"文化大革命"期间,中国大地正进行一场规模宏大的批孔活动,福建省也在拆除文庙,庆幸的是仙游县有个画家孙仁英深谙仙游文庙的价值,竟向仙游县委建议把仙游文庙作为反面教材,县委采纳该建议,仙游文庙得以幸存(见图6)。

### 2. 开发名人遗址

仙游历史名人很多,可开发利用名人遗址,比如宋书法四大家之一蔡襄的陵园(见图7)。

图6 仙游县国家级文物保护单位——仙游文庙

图7 蔡襄陵园

### 3. 历史文化名村

仙游境内既有中国历史文化名村石苍乡济川村,也有省级历史文化名村盖尾镇前连村,这些也是仙游重要的乡愁元素。

## (三) 传承好手工艺

仙游地处福建省东南沿海中部,是山灵水秀之地,历史文化发达,素有"文献名邦""海滨邹鲁""国画之乡"称誉,历史上孕育4名宰相、13名尚书、28名侍郎、5名状元、近700名进士,出现过"科甲冠八闽"的盛况。历史名人有宋书法四大家蔡襄、宋代宰相蔡京、画家李耕等。仙游手工业历史悠久,宋代蔡京任宰相时,仙游的手工业者已经为宋徽宗制作家具。2008年仙游被授予中国古典家具之都称号,2016年仙游被联合国授予世界中式古典家具之都称号(见图8)。仙游草编业也很发达,出口世界各地(见图9)。仙游也

图8 世界中式古典家具之都

是福建省首批28个特色小镇。仙游现有非物质文化遗产30个,其中国家级3个(莆仙戏、枫亭元宵游灯、仙作古典工艺制作技艺),省级9个,同时十音八乐也很有名(见图10)。

图9 仙游钟山镇草编业

图10 莆仙戏

## （四）规划好历史文化名村

仙游已经意识到乡愁记忆的重要性，积极申报国家级、省级历史文化名村并或批准（见图11和图12）。济川村村域行政管辖面积2 750公顷，规划重点研究区域为大厝、碗山、云潭、青松和东兴自然村，总面积67.6公顷。规划定位：国内兴泰文化及古寨防御文化研究中心，莆田耕读文化及古村落体验基地。规划结构：针对济川的价值特色，形成两个层次的保护结构。生态圈层的保护结构为：两轴、两圈、三溪。①两轴：村庄南北向与东西向的主要道路；②三溪：穿越村庄始终的济水溪，以及村域范围的粗溪和后溪；③两圈：古村的生活圈与村庄外围的生态圈层。同时高度注重古村保护结构：五山、一水、一街、四片、十五点。①五山：龙头山、飞凤朝阳山、卧地虎山、飞凤下洋山、猛虎下山；②一水：穿越村庄始终的济水溪；③一街：古商业街；④三片：大厝片（碗山、云潭、大厝）、青松片、东兴片、田园景观片；⑤十五点：宋桥、宋井、天堂宫、林于茂故居、林爱云古墓、漳抱榕、青松古潭和八座历史建筑。

图11 中国历史文化名村——仙游石苍乡济川村的规划图（福建省村镇建设发展中心）

图12 福建省历史文化名村——仙游县盖尾村的清末民居、砖雕

### 五、结语

留住乡愁是新农村建设的主题，只有留住乡愁，才能展现乡村建筑文化自信。留住乡愁就要努力做到：一是保护传承是留住乡愁的前提，像后黄村的村庄聚落深受本土文化、传统文化、外来文化的交织影响，形成极富特色的村落，应当注重保护，不能过度开发，防止城镇化强势推进碾压。二是本真特色是留住乡愁的生命，乡村特色是价值，不能简单翻版城区的建设，防止同质化的新农村建设。三是建筑文化是留住乡愁的主题，蕴藏在建筑实体背后的建筑文化是真正的文化瑰宝，应当传承传播好，不能人为割裂建筑文脉。

### 参考文献

[1] 秦红玲. 乡愁：建筑遗产独特的情感价值 [J]. 北京联合大学学报，2015（4）：58-63.

[2] 张帅. "乡愁中国"的问题意识与文化自觉："乡愁中国与新型城镇化建设论坛"述评 [J]. 民俗研究，2014（2）：156-159.

## 实例材料2：论文

### 论文1（专业方面论文）

#### "乡愁"元素在坚定乡村建筑文化自信的应用研究①
#### ——以莆田市后黄村村庄聚落建筑文化调查研究为例

陈良金[1]　高子坤[2]　李云雷[1]

（1. 湄洲湾职业技术学院建筑工程学院　福建莆田　351254）

（2. 丽水学院土木工程系　浙江丽水　323000）

**摘　要**：同质化的新农村建设，撕裂了儿时的记忆，多年未返乡的人已经认不得回家的路，乡愁似乎渐行渐远。在西式建筑强势冲击下，留不住乡愁的乡村建筑文化是难以自信的。坚定传统乡村聚落建筑文化自信的重要途径与源泉在于留住乡愁。以莆田市后黄村为例，探讨乡愁元素在乡村聚落建筑文化自信的作用。通过实地调查、深入考察、对比研究、耦合法等方法对后黄村的乡愁元素与建筑文化进行研究。实地考察后黄村，浓浓的"乡愁"油然而生；居住后黄村，可实现海德格尔所说的诗意的栖居；分析后黄村的建筑文化，是本土文化、传统文化、外来文化的碰撞与融合。并在此基础上，提出"留住乡愁"对策与建议。

**关键词**：乡愁；建筑文化；文化自信；聚落

---

① 本论文发表在《建筑与文化》2022年第3期，略有修改。作者简介：陈良金（1975—），男，汉族，福建仙游人，副研究员，现为湄洲湾职业技术学院建筑工程系主任，研究方向为建筑设计理论研究、工程管理。教育管理福建省莆田市科技计划项目"妈祖宫庙的建筑文化研究"主持人（编号：2020SM001）。高子坤（1973—），男，福建福清人，博士，教授，主要从事岩土力学与地下工程方面研究。

## 一、引言

近年来,伴随着社会主义新农村建设的高速推进的同时,一些具有乡土气息的村落正迅速地消亡,据清华清控人居遗产院院长张杰教授统计,1995 年时,全国有内涵的村落有 5 万个,而到 2014 年年末,这个数字仅有 2 555 个[1]。因此,如何保护具有内涵的传统村庄,传承好聚落建筑文化,留住乡愁,是新农村建设的重要课题。乡愁是对家乡最真挚的情感,需要依托物质载体。乡愁的元素很丰富,主要有自然景观、人造景观和民俗文化。留住乡愁就要保护好乡愁元素,不破坏村落的自然景观,不破坏村落的整体格局、民居风格、建筑遗产,不破坏乡土文脉。留住"乡愁"是建设美丽乡村的标尺,也是展现建筑文化自信的关键。但当我们走进乡村,许多乡村早已没有乡土的气息,乡愁已遥不可及。这既有客观原因,即时代发展对传统聚落的冲击在所难免,但更多的是主观原因,是认识上的偏差,对农村盲目扩容改建,忽视乡村特色建设的直接后果。以后黄村为例,深入分析"乡愁"元素在坚定乡村建筑文化自信的作用,分析后黄村的建筑文化,是本土的耕读文化、妈祖文化,传统的儒释道文化、外来的南洋文化等多种文化的碰撞与融合,并在此基础上,对其他乡村如何"留住乡愁"提出对策与建议。

## 二、问题的引出与相关概念

当我们走进乡村,几乎全是小洋楼,乡村成为小城市的拙劣翻版,乡土的气息已云消雾散,儿时的记忆消失融化了,我们成为自己家乡的异乡人,乡愁离我们渐行渐远。乡村经济发展了,难道一定要以牺牲乡村特色、磨灭乡愁为代价吗?乡愁没了,乡村建筑文化能自信吗?为此,我们先来研究何为乡愁,乡愁的元素有哪些,乡愁在乡村建筑文化自信的作用有哪些。

### (一) 什么是乡愁

乡愁原是文学概念,也是诗歌的重要主题之一,杜甫的"露从今夜白,月是故乡明"和余光中的《乡愁》,至今我们记忆犹新。2013 年 12 月,中央新型城镇化工作会议提出,要"让居民望得见山、看得见水、记得住乡愁",乡愁成了新农村建设的热词。习近平说:"什么是乡愁?乡愁就是你离开这个地方就会想念这个地方。"许多学者从不同角度解读乡愁。刘沛林博士从情感上来理解"乡愁",认为:乡愁是内心深处一种对家乡、对曾经生活过的地方的记忆与怀念,是内心深处一份最柔软的情感,这种情感往往随着时光的流失而愈加强烈并倍感珍贵,进而变成一种精神的寄托与支撑,也可以是从自身非居住地和非经历的事物中获得的一种文化感受、文化启迪或文化认同感。[2]杨航征教授从哲学上来理解乡愁,认为:从海德格尔居住伦理思想上看,乡愁即为归复和护佑。归复人与自然和谐存在的共同圣境,就是爱护自己,让心灵出离困境,让肉身获得救赎的存在之家园和诗意的栖居。[3]张帅博士从美学体验来理解乡愁,认为:乡愁应是涌入城市的乡民对传统生活模式的依恋和对当下城市生活的失重感相互交织融涵而形成的一种困顿体验。[4]乡愁可以从多层面来理解,乡愁是需要物质载体,包含多种元素,既有情感、精神的,也可以是美学层面上的,但离不开昔日村民这个主体的主观感受,也离不开产生乡愁的客观情境(见图 1)。本文不探讨乡民主体感受弱化可能导致乡愁渐行渐远,那是社会学、心理学的研究范畴,而主要探讨由客观情境变化带来的远离乡愁的问题。

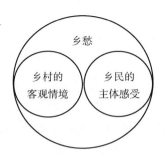

图 1　引起乡愁的两大因素

**（二）乡愁的元素**

乡愁的元素十分丰富，可能是物质流、信息流、能量流三个层面中的一个层面，也可能两个层面的复合，也可能是三个层面的交融。场所理论创始人诺伯舒兹（Christian Norberg-Schulz）认为：实体形态是场所精神产生的基础和载体，场所精神是实体形态的附着和外延。Assmann 指出，"文化记忆构建了一种'空间'，将日常行事和习惯风俗（模仿性记忆）、对包括建筑在内的各种物的记忆和人与人的交往记忆，无缝对接在这个空间之中。"[5]引起乡愁的元素（见图 2）：一是自然景观，指植被和山水风貌，比如村口榕树、屋旁池塘等。二是人造景观，指建筑实体，比如建筑符号、地方建材、特色民居、村庄肌理、祠堂庙宇、公共建筑等。三是在场所活动中所产生的民俗文化，比如传统工艺、传统礼仪等。民俗文化属于社会学、心理学研究范畴，本文研究的乡愁元素主要锁定在由建筑实体所引起的乡愁。

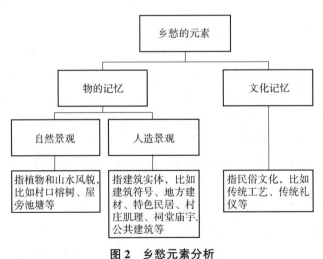

图 2　乡愁元素分析

**（三）留住乡愁是坚定乡村建筑文化自信的源泉**

习近平总书记在庆祝中国共产党成立 95 周年大会上提出"四个自信"——道路自信、理论自信、制度自信、文化自信。在这四个自信中，文化自信是更基础、更广泛、更深厚的自信，是更基本、更深沉、更持久的力量。毫无疑问，作为文化重要组成部分的建筑文化应当且必须展现文化自信。建筑文化如何展现文化自信，路璐博士认为：留住乡愁是为了当下,不是为了让历史的遗迹继续留在少数人的神龛中……而是文化自信、城乡复兴的源泉。[6]乡愁是这个乡村的特质带给人的主观感受,留住乡愁是给阶层日益分化、传统的族群分崩离析的当今社会以最大公约数的向心力。留住乡愁是新农村建设的目标,也是提高新农村建设品位的主要途径。留住乡愁找回走失的农村家园,回到自身本原的家,实现诗意地栖居,这是繁荣乡村建筑文化最直接的办法。乡村不必追求"高大上",也不要照抄城里沦陷为"城中村",其实越是本土的,越是世界的,乡村只要留住乡愁,那么就可能成为心向往的地方,也可能成为城里的市民回迁的地方。留住乡愁就是坚定建筑文化自信的源泉。

### 三、新农村建设中乡愁难以留住的原因

北岛说他在自己的故乡成了异乡人。乡愁难觅以及乡愁无处安放已成为新农村建设之痛。肆意侵占农村土地以扩大城区面积的城镇化之路,把农民变成市民,把城里的物质形态和生活方式生搬硬造到农村,农民搬离老宅,住上像城里一样的高楼,原来的乡村变成"城中村",原有的村落文化和村落生活方式在城镇化建设浪潮中快速消亡。地方政府或有关部门出于政绩和管理方便考虑,往往急于改变乡村面貌,推行统一图集,一套图管一个县,或者宁可采用大拆大建摧毁式建设方式推进新农村建设,也不愿对原有的建筑进行修修补补、细工慢活却能留住乡愁的建设方式,既破坏了原有的乡村特色也割裂了建筑文脉,使得乡愁无处安放。承担新农村建设的设计师几乎全部是城里的设计师,对农村不熟悉,加上新农村建设项目往往不大、设计费不高,他们往往不愿深入农村调研,了解乡土文化,弄出的设计作品以改图套图为主,不接地气,难以理解村庄的乡愁,使得乡愁无处安放。乡民往往从生活便利出发,随意更改原有的建筑符号,为追求新鲜乱刷白墙,为多占几平方米乱砍树木乱填池塘,或者为改造原有的建筑新拉的电线如同蜘蛛网,破坏了原有的风貌,使得乡愁无处安放。

与我国的乡村建筑文化环境的保护意识严重欠缺相比,日本对保护乡村文化的意识值得我们学习与借鉴。早在 20 世纪 60 年代,日本各地民众纷纷自发提出只有"通过保护才能达到真正开发"的口号。1973 年,日本文化厅组织了"自然村落城镇保存对策研究协议会",1973—1976 年,各地居民村镇保护会相继成立,如足助町村镇保存会(爱知县)、金比罗门前町保存会(香川县)等。1974 年,日本成立全国村镇保存联盟,明确以"乡土城镇的保存和更加优美生活环境的创造"为目的,致力于恢复美丽的乡土环境。1976 年,以妻笼为首的七个地区,率先被确认为"重要传统建筑群保存地区"加以保护。日本居民发起的历史环境保护运动,促进了日本城镇化早期的历史文化村镇保护,也促进了政府的保护立法工作。[7]

值得庆幸的是,近几年我国有些村庄注意保护传承好村庄聚落建筑文化,留住乡愁,取得良好的成效,后黄村就是这样一个村庄。

### 四、留住乡愁的后黄村建筑文化

#### (一)后黄村简介

莆田市后黄村位于莆田市荔城区西天尾镇以东 2 公里处,全村面积约 1.5 平方公里,6 个村民小组,254 户,人口 1 010 人。这里三面环山,山清水秀,成为"中国最美乡村""省级生态休闲乡村""省级历史文化名村""全国文明村镇""幸福家园"。该村乡愁元

素丰富完整，村内有自然景观，如榕树、知秋湖、滨水休闲带；村内有建筑实体，如莆阳民俗文化馆、莆阳民俗体验馆、码头及黄氏宗祠、两百年"四目井"、600年桃源社、烘焙休闲广场、相思园、乡愁广场、莆阳客栈、百年碉楼、多处百年以上的莆田民居。该村落空间布局合理、建筑保存完整、外墙红砖装饰，传统民居与村庄聚落极具特色，是莆田地域建筑文化的缩影，具有很高的研究价值。同时该村又是"莆田市荔城区第一华侨村"，百年前，有不少村民漂洋过海到东南亚谋生，致富后回乡"盖大厝"，所盖的建筑上深受南洋建筑的影响，具有浓厚的南洋特色，素有"南洋风情，梦里老家"的美誉。

**（二）后黄村在建筑实体上的乡愁元素**

置身后黄村，浓浓的"乡愁"油然而生：一是自然景观引起乡愁。村内几棵风水树、几个屋旁的池塘、穿梭全村的小溪，这些很有乡土气息，引起人们的乡愁记忆。二是民俗文化引起乡愁。元宵节的游灯游神民俗活动、采摘节活动等，这些村民的农事活动、村民与村民的交流交往方式，引起人们的乡愁记忆。三是建筑实体引起乡愁。比如大弧度曲线的燕尾脊的屋顶符号，采用莆田地区的红砖作为墙体饰面，到处"三间张""五间张""七间张"平面布局的民居，传统题材的木雕、石雕装饰，地位最高的祠堂庙宇位于村落中心，民居讲究后有靠山、前有明堂的空间布局等。这些具有莆田特色的地域建筑在这里保存完整，只有深入调研，才能挖深挖足由建筑实体所引起的乡愁。

1. 建筑空间布局

（1）后黄村民居的内部平面布局同莆田其他地区一样：大部分民居中规中矩，严格中轴对称，大多采用"三间张""五间张""七间张"，即面阔三开间、五开间或七开间。若是面积大的往往采用以天井为中心，四周围绕着厅与各种用房，形成主厝，护厝以线性空间包围主厝，从而又围合出天井，其特点是对外封闭、对内开敞，适应莆仙人聚族而居、共祀祖灵、共享厅堂的居住要求。家族大事无论是喜事还是丧事，都在厅堂举行，如男子结婚、挂"表德"、拜堂、婚宴、新媳妇出厅、拜见长辈，或老人病危、病逝、停放灵柩、亡灵立旌、置祖先牌等（见图3和图4）。

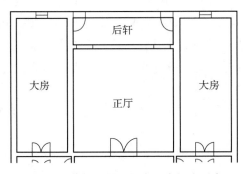

图3 后黄村民居三间张，中间为厅堂

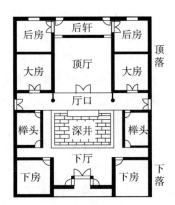

图4 后黄村民居五间张，中间为厅堂、天井

（图片来自百度图库）

(2) 后黄村民居的外部平面布局：建筑前往往带有宽阔的前埕，作为明堂。早期前埕为红砖铺设，前埕两旁均留有出入口（见图5）。

2. 建筑外观造型

(1) 底部用青石作为勒脚，墙体采用红砖装饰，屋顶部分采用木结构，屋面采用莆田瓦片，建材就地取材，总体上给人沉稳而不单一，色彩丰富而不艳丽的感觉。

(2) 莆田是多雨的地方，屋顶多为悬山式或硬山式，以保护其下的墙体免受雨淋。屋顶通常都分成几段，作高低错落处理，屋面顶部高耸，两端翘起，大弧度曲线的燕尾脊，形成丰富的天际轮廓，具有生气和活力。有别于闽南地区的硬山顶，这种造型让曲线的坡面与起翘的屋脊构成一个和谐的整体，使原本较为生硬古板的屋形显得飘逸、洒脱而富有韵律，成为莆仙民居建筑标志性特点（见图6）。

图5　宽阔的前埕

图6　后黄村桃园社大弧度曲线的燕尾脊

3. 建筑装饰

(1) 莆仙一带，传统雕刻工艺发达，后黄村内许多建筑的梁、柱、椽等部位往往刻着精美的复杂木雕，木雕内容多为吉祥物或传统题材，或狮子（可镇邪），或花卉（牡丹、荷花），或蝙蝠（谐音福），或琴棋书画（文化根基），象征"纳福、迎祥""福、禄、寿""孝、悌"等传统祝福祈福之意（见图7）。此外，砖雕、石雕也处处可见，各种造型也栩栩如生，内容和木雕内容大同小异。

(2) 外墙壁上把传统文化经典故事与警句绘制成图，既体现了后黄人祈求吉祥平安的美好愿望，也反映后黄人将社会伦理教化细化于每一个建筑细部装饰构造中（见图8）。这些装饰艺术体现出该聚落较高的建筑水平，也有较高的历史文化价值。

图7　后黄村木雕装饰
（图片来自网络）

图8　民居外墙上各种传统文化经典故事与警句绘制成图

4. 村落规划

后黄村离城区不远，但并没有照抄城区的建筑样式，规划尽可能结合地貌特征。村内有一条弯弯的小河穿梭全村,大部分的民居集中布置,并尽可能面朝小溪、背靠后山(见图9和图10)。后黄村传统建筑种类多样,全村以寺庙、祠堂为中心,建起家训馆、民俗馆、戏台等文化建筑。

图9  后黄村区位图
(图片来自百度图库)

图10  后黄村规划图
(图片来自百度图库)

### (三) 留住乡愁的后黄村的建筑文化分析

后黄村能留住浓浓的"乡愁",实现海德格尔所说的诗意的栖居,其原因不单是由视觉引起的乡愁记忆,通过看得见的建筑实体作为乡愁载体,更有凝聚在建筑实体背后的建筑文化上的深层次原因。后黄村的建筑文化是莆田地域本土的耕读文化、妈祖文化,传统的儒释道文化、外来的南洋文化等多种文化的碰撞与融合,并且在新农村建设中得以保存与传承。

#### 1. 耕读文化的影响

莆田是地少人多的地方,历史上以科举文化而闻名,是中国进士第一乡,两宋、元与明三朝22个状元;唐宋元明清五代2 700个进士。地瘦人读书,家贫子读书,是这里的优良传统,因此后黄村民居建筑中,耕读传家是一个主题。一般家训馆以理财、理政、耕读、耕作四大题材作为家训内容,但后黄村家训馆中,以耕读内容最为丰富,维系耕读传家的家训。在民居中,安排建设家训馆,将莆田27大姓氏名家的家训全部展列,告诉子孙后代要耕读传家(见图11和图12)。同时民居中的对联内容,大部分也是规劝弟子要刻苦攻读、学业报国。这里尽管经济较好,但居民为人低调,房子也是盖得大气有文化内涵却不讲排场。

图11  莆阳家规家训馆,立面造型极具莆田地方特色

图 12　莆阳家规家训馆内 27 大姓家训之一——陈俊卿家训

### 2. 妈祖文化的影响

莆田市是妈祖的故乡与羽化升天的地方，是妈祖祖庙建设地，这里民间信仰发达，几乎每一村都有妈祖庙，而且每个宫庙也是多神融合，既有侍奉佛家的观世音，也有道家的太上老君，还有妈祖、三一教林龙江等。莆田后黄村内设桃源社一个，位于全村中心位置，供奉妈祖、观音等多神，其对面设戏台一个，构成宗教与地方文化高度融合（见图 13 和图 14）。

图 13　桃园社　　　　　　　　　　　　图 14　戏台

### 3. 地域文化的影响

红色代表着吉祥、喜庆美好，自古以来，就深受老百姓的喜爱。因莆田地区土壤里三氧化二铁的含量偏高，使得土壤在窑烧后制造出来的砖块，红色鲜艳明快、艳而不俗，加上莆田地区深受闽南地区的民居的影响，一直传承用红砖修筑民居的做法，并用这种美丽的"胭脂红"筑出了一道独特的建筑风景线（见图 15）。

### 4. 儒家文化的影响

"建筑体现了一定的哲学思想，而哲学是文化之精华部分。"占中国传统文化主导地位的儒家哲学思想渗透到精神文化与物质文化的各个领域；而作为中国传统文化物质载体之一的传统古民居建筑，必然受到儒家思想的影响。[8]儒家思想深刻影响了后黄村建筑的布局与风格，限于篇幅，本文只是略述其"崇中尚和"的中轴线对称布局和体现"礼乐"秩序的"干支式"村落空间结构。后黄村设有宗祠，位于全村地理中心，成为全村议事的最重要场所（见图 16）。

图 15　后黄村民居集中地采用红砖清水墙　　　　图 16　黄氏祠堂

**5. 道家文化的影响**

道家文化对莆田民居影响也是巨大的，尤其是周易的影响，特别是建筑风水对建筑布局起到至关作用。中国的风水术起源于人类早期的择地定居，形成于汉晋，唐宋时期在东南地区得到发展，于明清时期达到全盛。[9]莆田风水术极其发达，封建社会期间大部分知识分子都略懂风水术，而且风水师能融会贯通形势派、理气派学说。"风水术的核心，在于探求建筑的择地、方位、布局与天道自然、人类命运的协调关系，并指导人如何按这些感应来解决建筑的选址和建造，从而获得心理的平衡。"后黄村的民居尽可能沿着村内小河进行布局，房子尽量朝南，严格按照"左青龙、右白虎、前朱雀、后玄武"进行布局，按照地理五诀——龙、穴、砂、水、向，即把自然环境要素归纳为"龙穴砂水"四类，据此决定建筑基址及位向（见图17）。

图 17　后黄村部分民居选址效果图，背山临水符合前朱雀、后玄武

（图片来自百度图库）

**6. 外来文化的影响**

莆田是福建主要侨乡之一，印度尼西亚是其重要的侨居地。后黄村建筑兼具闽东福州与闽南的传统建筑文化特征，与南洋建筑文化融合过程中表现出局部的洋化现象，形成了中外兼容并蓄侨乡民居建筑文化审美特征。后黄村的建筑基本上按照中国传统建筑的布局和莆田地域建筑的特征，但是由于外来的文化渗入，导致了华侨住宅非主体部分发生了外化建筑文化特征，诸如大厝入口的楼面增加了观景亭的楼化特点，二楼回廊使用了西式花瓶栏杆，厢房洋化风格窗头装饰，还有拱券回廊等洋化倾向，形成了中堂守制、两厢求变、中为主体、西为次辅的空间丰富多样的外化表象（见图18~图20）。

图 18　后黄村南洋楼

图 19　后黄村部分民居

图 20　后黄村医院

(图片来自百度图库)

**（四）后黄村能留住乡愁的启示**

后黄村临近城区，却没有迫使农民搬进高楼大厦，没有拆除旧的建筑，也没有改变农民的生活方式，恰恰相反，而是尊重传统，在传统的基础上进行功能改进，比如增设卫生间、改造厨房安装现代厨具、增设村名路牌等标识，成为有名的乡村旅游景点，既保住了原有的农村风貌、实现诗意的栖居，也增加了农民的收入。认真总结并推广后黄村的经验，必对今日振兴乡村有极大的参考与借鉴价值。

**五、留住乡愁的对策与建议**

当前许多乡村在进行新农村建设时难以留住乡愁，是因为乡愁的客观载体消失造成了乡愁远离，是高速的城镇化建设加速了村落的衰败。要解决这个问题，确保乡村要留住乡愁，却不能先从填充客观载体入手，而必须先从主观因素入手，充分发挥主观能动性，从政府到乡民到规划师都有责任留住乡愁，守住乡村特色，才能重现乡村建筑文化自信（见表1）。

**（一）政府是主导**

留住乡愁不是个体的事项，而是群体的事项。个体诉求不同、利益难以一致，为维系群体利益、达到一致，必须依靠政府，也只有政府才能进行宏观调控和强制推行。留住乡愁，政府是主导。政府领导必须充分认识留住乡愁的重要性，防止重城市建设、轻乡村建设，自觉推行有利于留住乡愁的政策与建设方式。加强法治建设，加快留住乡愁方面的立法。推行乡村规划师制度，发挥专家作用。加强乡村规划管理力度，对可能影响留住乡愁的乡村项目或农村个人建房不予审批。像保护单体建筑遗产一样，加强村庄聚落保护，确保历史文化名村建设不走样。

**表 1　留住乡愁的六个建议**

| 耦合前与耦合后的对比表 | | | | | | | |
|---|---|---|---|---|---|---|---|
| 耦合前（出现问题的各因素重要性分析） | | | | 耦合后（解决问题的各因素重要性分析） | | | |
| 影响乡愁的因素（乡愁远离我们，是乡愁的客观载体的弱化或消失） | | | 重要性排序 | 影响方式（简要概括） | 留住乡愁的因素 | | 重要性排序 | 解决方式（简要概括，具体见文字） |
| 客观因素 | 客观实体 | 自然景观 | 更重要 | 破坏自然景观 | 主观因素 | 政府 | 更重要 | 政府是主导 |
| | | 人造景观 | | 盲目建设、盲目改造 | | 乡民 | | 乡民是主体 |
| | 客观现象 | 习俗文化 | | 习俗文化消失 | | 规划师 | | 规划师是主力军 |
| 主观因素 | 政府 | | 重要 | 急出政绩与管理方便、重城区、轻乡村 | 客观因素 | 客观实体 | 自然景观 | 重要 | 保护自然景观 |
| | 乡民 | | | 为改善功能，盲目跟风建设、跟风改造 | | | 人造景观 | | 传承建筑文化 |
| | 规划师 | | | 异地的城里的规划师不了解乡村 | | 客观现象 | 习俗文化 | | 重现习俗文化 |

### （二）乡民是主体

乡民盖新房时，不能贪大求洋，不乱砍树木不乱填池塘。改建房子时候，不能过于标新、独树一帜，为追求新鲜乱刷白墙。为改善原有老建筑的功能，可以像后黄村那样增设卫生间、改造厨房安装现代厨具等。村自治组织，应当将留住乡愁列入村内自治条约内容，千方百计创造条件为乡民因留住乡愁而获利。

### （三）规划师是主力军

留住乡愁应当成为编制乡村规划的自觉追求和主要目标。不经调研、不实地考察的规划设计不予通过规划论证，不予拨付规划设计费。开展以留住乡愁为主题的乡村规划设计比赛，按地域建立本土规划师名录库。鼓励乡村规划师参与地方政府决策。适当调高乡村规划费，适当减少规划图纸的数量。乡村规划师应当深入开展留住乡愁研究，不断提升乡村规划设计水平。

### （四）保护好自然景观

新农村景观建设不应搞大手笔运作，而是遵循以保护为主、适当修缮的原则，尤其注重村植被和山水风貌的保护，留住记忆元素。

### （五）传承好建筑文化

不怕文化冲击，就怕在文化冲击中迷失自我。后黄村建筑文化受南洋文化的影响，却没有被南洋建筑文化同化,而是融合吸收南洋文化,补充传统的、本土的建筑文化。树木砍了还可以再栽,但是建筑文脉断了,就难以恢复。设计师应当充分尊重本土文化,运用好传统的、本土的建筑符号,尽可能使用本土建材,新盖的建筑应是旧建筑的有机生成,而不是植入另类异物。

### (六)重现好习俗文化

保留好习俗文化活动空间。社会学者应当广泛深入研究传统工艺、传统礼仪、传统节日以及正月游神活动、元宵节游灯民俗活动、莆仙戏戏种等的保存激活。

### 六、结语

留住乡愁是新农村建设的主题,只有留住乡愁,才能展现乡村建筑文化自信。一是政府、乡民、规划师齐心协力,各负其责,其中政府是主导,乡民是主体,规划师是主力军。二是"保护"是留住乡愁的前提,注重保护,不能过度开发,防止城镇化强势推进碾压;不能简单翻版城区的建设,防止同质化的新农村建设。三是传承好建筑文化是留住乡愁的主题,蕴藏在建筑实体背后的建筑文化是真正的文化瑰宝,应当传承传播好,不能人为割裂建筑文脉。

**参考文献**

[1] 金磊. 建筑师应拥有乡土设计观 [J]. 建筑与文化, 2016 (3): 21.

[2] 刘沛林. 新型城镇化建设中"留住乡愁"的理论与实践探索 [J]. 地理研究, 2015 (7): 1205.

[3] 杨航征, 华锐. 论海德格尔居住伦理思想及其对"记得住乡愁"的启示 [J]. 西安建筑科技大学学报, 2017 (6): 19.

[4] 张帅. "乡愁中国"的问题意识与文化自觉:"乡愁中国与新型城镇化建设论坛"述评 [J]. 民俗研究, 2014 (2): 156.

[5] ASSMANN, J. Collective Memory and Cultural Identity [J]. New German Critique, 1995 (65): 125-133.

[6] 路璐, 李嫣红. 留住乡愁:记忆理论视域下特色村镇保护与发展研究 [J]. 中国农史, 2018 (1): 127.

[7] 刘沛林. 新型城镇化建设中"留住乡愁"的理论与实践探索 [J]. 地理研究, 2015 (7): 1207.

[8] 刘新德. 儒家哲学思想对湘南古民居的影响 [J]. 建筑科学, 2009 (4): 15.

[9] 程建军. 风水与建筑 [M]. 南昌:江西科学技术出版社, 1992: 163.

论文 2（专业论文）

# 浅议园林水景设计[①]

陈良金　郭俊驱

（湄洲湾职业技术学院，福建 莆田 351254）

**摘　要**：园以水活，水是园林设计中的基本要素之一。在园林设计中如何借助古典园林和日本园林的做法，充分考虑水景，合理利用水景，巧妙创造水景，为景观设计锦上添花。本文结合工程实例，对园林水景设计进行探讨。

**关键词**：园林；水景；设计

## 一、引言

水是构成园林景观的基本要素之一，也是园林中最富魅力的一种园林要素，所谓"石令人古，水令人远""园以水活""知者乐水，仁者乐山"，可见园林中水的重要性。宋郭熙在《林泉高致》中指出："水，活物也，其形欲深静，欲柔滑，欲汪洋，欲回环，欲肥腻，欲喷薄，欲激射，欲多泉，欲远流，欲瀑布插天，欲溅扑入地，欲渔钓怡怡，欲草木欣欣，欲挟烟云而秀媚，欲照溪谷而光辉，此水之活体也。"水由于流动多变，情态万千，用得好可以达到引人入胜的境地。园林设计必须充分考虑水景，合理利用水景，巧妙创造水景。

## 二、园林理水的手法

园林理水指的是各类园林中的水景处理。园林理水的方法主要有两种：一种是真水理水，即以大自然各种不同的水型，配合山石、花木和园林建筑来组景，是中国造园的传统手法。另一种是枯水理法，是因地理条件限制，用白沙象征湖海，用线条表示水纹的一种理水方法。

### （一）真水理法

彭一刚在《中国古典园林分析》中指出："园林用水，大体可以分为集中与分散两种处理手法。对于中、小型庭园，多采用集中用水的方法，即以水池为中心，四周环列建筑，从而形成一种向心和内聚的格局。而分散用水可随水面的变化划分成各种空间，各空间既自成一体，又相互连通，从而具有一种水陆萦回，岛屿间列和小桥凌波而过的水乡气氛。"[1]如图 1 和图 2 所示。

园林水景按状态，大体可以分为动与静两大类。静态的水景，比如湖、池、潭、塘。静态的水景，幽静凝重，可以美化视觉，给人诗情画意。动态的水景，比如喷泉、瀑布、水帘、溪流、泄流、水涛、音乐喷泉等。动态的水景，活泼明快，可以缓冲、软化城市中"混凝土森林"和硬质地面，增加环境的生机。

---

① 本论文发表在《长春师范大学学报》2017 年第 2 期，略有修改。论文写作主要围绕自己的学习、专业、工作岗位上的思考与实践。

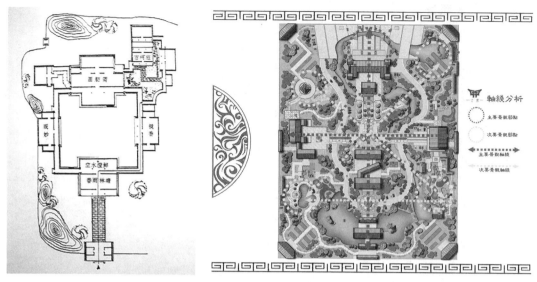

**图 1　采用集中式布局的北海画舫斋（左图为平面图，右图为实景图）**

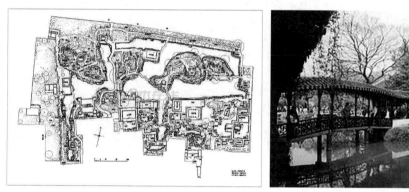

**图 2　采用分散式布局的苏州拙政园（左图为平面图，右图为实景图）**

中国古典园林通过对水形的处理，突出了水的本质美，也丰富了水的沿岸，看到了碧波荡漾的水体，也看到了恬静优雅的沿岸。巧妙利用水声所特有的音律，时而涓涓细流，时而滔滔流水，仿佛交响乐一般，更加丰富园林意境。同时水是透明的，可以映射各种色彩，各种倒影交织在一起，光与影的折射使水丰富多彩。通过水的形色声光，可以勾画一幅天然迷人的山水画。

除了考虑水的形色声光以外，还要考虑与山石、建筑、小品、花木、雕像的协调。水中置石可以丰富水体，起到装饰作用；水边叠石既可护岸，又可观赏，使岸边景色更丰富活泼。在中国古典园林中，建筑物如亭、廊等多环绕水池而建，形成如水榭、临水平台、水廊等，这些临水建筑物可以产生倒影，扩大了园林的欣赏面积，丰富了园林的造型艺术。楼、阁、轩、桥、小品、雕塑，也是影响到水景的重要景物，或作点缀，或为主景，都要认真考虑。花木是不可缺少的，像"古木交柯、万壑松风、青风绿屿、梨花伴月、曲水荷香、金莲映日"都是以花木为主题的景点，这些花木不仅与水相融交错，丰富空间层次，而且可以间接抒发天然情趣。

### （二）枯水理法

枯水理法是中国古典园林在传入日本后为适应日本地理条件限制而改造的缩微式园林景观的一种理水方法，这种方法用石块象征山峦，用白沙象征湖海，用线条表示水纹，如一幅留白的山水画卷，通常用在小巧、静谧、深邃的禅宗寺院上（见图3）。这种方法可以摆脱无河、湖、泊、溪的地理限制，用象征和比喻的手法，烘托人们的心理感受。之后在追求禅宗意境之下，水元素这一实体似乎屏住了呼吸，扼住了时间的脚步，幻化为一坪白沙，变为充满灵性的"抽象自然"。禅宗庭院内，树木、岩石、天空、土地等常常是寥寥数笔即蕴含着极深寓意，在修行者眼里它们就是海洋、山脉、岛屿、瀑布，一沙一世界，这样的园林无异于一种精神园林。庭园与建筑的联系极为密切，两者在空间上互相渗透、延伸。小面积的庭园内容极简约，以沙代水，以石代山，往往是一组或者若干组石景，白沙或者绿苔铺地，配置少量的乔灌木，此外别无他物，人不能进入庭院，只可以从旁观赏，其外形犹如大型盆景。后期的枯山水，具有明确的主客之势、韵律之感的构图美。

**图3　日本枯水理法的庭院实景**

### 三、园林理水的手法在景观设计中的应用

中国和日本的古典园林都源于富含道家思想的山水园。但，中国古典园林在实质上倾向于儒家，日本古典园林则侧重佛家。[2]从园林发展形式上看，影响中国古典园林的道家思想所提倡的山水主题没有发生改变，而日本在镰仓时代就开始由真山水形式向枯山水形式转化，到室町时代时，完成了茶庭露地的更趋神游的园林形式的转变，一步一步地远离真山真水。[3]

中国古典园林，不仅具有悠久的历史和光辉灿烂的艺术成就，而且尤其因为具有独树一帜的风格，极大地丰富了人类文化的宝库。[4]日本园林对水元素的运用及处理手法，对园林设计很有启示作用，而且日本的枯山水因为省略空间和降低成本，仍有强大的生命力。

本文作者大胆借鉴中国古典园林的处理手法与日本枯山水的处理手法对福建仙游大臻红木大观园的景观设计进行探索。

福建仙游大臻红木大观园项目占地180亩，选址在离仙游县城3公里的涵井村，是一个集商贸会展、学术会议、产品研发、旅游观光、服务配套为一体的复合型高端红木艺术文化观光园，项目定位是国内外著名的红木艺术旅游文化产业示范园区。建筑风格采用新中式，空间布局按五行方位布置，形成独特的文化视觉空间。东方为木阁，建筑采用院落围合式布局。西方为金阁，其建筑布局为一栋，采用下面宽基础，由下向上递减，象征金形。北方为水阁，天干中的"壬"属水，建筑布局为前中后三栋由连廊相连，象征"壬"字。南方为火阁，采用中轴对称布局，与入口处广场呼应，形成宏伟大气的氛围，象征火阁的大气。中央为土阁，建筑布局按土字布局，前后两栋由连廊相连。如图4～图8所示。

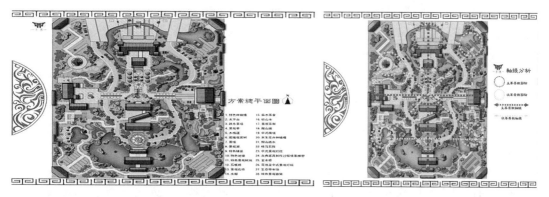

图4　大臻红木大观园方案总平面图　　图5　大臻红木大观园景观轴线分析图

图6　大臻红木大观园鸟瞰效果图

图7　金阁节点效果图　　　　　　　　图8　木阁节点效果图

在景观设计上结合地形，收集自然雨水，形成汇水沟渠，营造一个生态自然的山水风景大观园格局，形成山水相依、绿带起伏、瀑布与溪谷相伴的自然景观，园林理水采用分散式布局，追求朴素自然的情趣，尽量做到"引水入园，挖地成池，山水相依，崇尚自然"。

水分为自然式水体和人工水体，采用自然式堤岸，沿岸水草丛生，形成生态型的湿地景观，充分考虑水形，丰富岸边景色。台、楼、阁、桥都是临水而建，这些临水建筑物产生倒影，扩大了园林的欣赏面积，丰富了景观造型艺术，树木不仅与水相融交错，而且丰富空间层次。

西边地形标高相对偏高，缺乏天然水景，借助日本枯山水的做法，用白沙象征湖海，用线条表示水纹，节约造价与空间。

采用的材料为天然的花岗岩、鹅卵石、防腐木、青砖、筒瓦、湖石、黄蜡石等，尽可能突出材料质感，追求"虽为人作，宛自天开"的意境。宋郭熙在《林泉高致》中指出："山以水为血脉，以草木为毛发，以烟云为神彩，故山得水而活，得草木而华，得烟云而秀媚。水以山为面，以亭榭为眉目，以渔钓为精神，故水得山而媚，得亭榭而明快，得渔钓而旷落，此山水之布置也。"借用古人总结组景的18种方法，即对景、借景、框景、隔景、夹景、障景、泄景、引景、分景、藏景、露景、影景、朦景、色景、香景、景眼、题景、天景进行设计。

## 四、结语

无论是中国古典园林水景处理手法，还是日本园林的枯山水处理手法，都能为现代景观设计提供源源不断的创作灵感。景观设计要与建筑、环境高度融合，才能创造出良好的生态效益和社会效益的人居环境。

**参考文献**

[1] 彭一刚. 中国古典园林分析 [M]. 北京：中国建筑工业出版社，1986：87.

[2] 王艳. 小议中日古典园林水元素 [J]. 设计与人文，2010（3）：137.

[3] 同 [2].

(4) 同 [1].

## 论文 3（岗位方面论文）

### 深化校企合作另一模式"行校合作"的实践与思考①

陈良金　唐俊奇

（湄洲湾职业技术学院建筑工程学院　福建 莆田 351254）

**摘　要**：行业协会能起到桥梁纽带作用，发布行业发展动态，引领行业发展方向，是行业健康发展的守护者，也是行业内企业公平竞争的监督者。高职院校要实施开门办学，借助社会力量促进内涵品质提升，不仅要点对点地校企合作，而且要依靠整个行业协会，升级校企合作进行点对面的行校合作，实现学生有岗位就业、企业有人才可用。

**关键词**：高职院校；行业协会；行校合作；校企合作；社会服务

---

① 本篇论文发表在《吉林工程技术师范学院学报》2019 年第 5 期。

如何有效开展校企合作是高职院校工作的一大难题。校企合作大多停留在签订协议上，表面上签订了不少的校企合作协议，但能真正深入合作的并不多，存在学校热、企业冷的一头热、一头冷现象。[1]本文作者作为湄洲湾职业技术学院建筑工程学院院长，认真研究高职建筑专业建设与建筑业行业的特点，认为校企合作是点对点的合作，这种合作模式效率不高、成效不大，而且对高职院校而言，仅仅依靠校企合作是永远不够的（见图1），应当积极拜访行业协会领导，升级校企合作模式，开展行校合作，大力借助社会力量促进高职院校内涵品质提升，并在此基础上探索校企、行校深度合作的互动机制和长效机制，提高社会服务的有效性（见图2）。

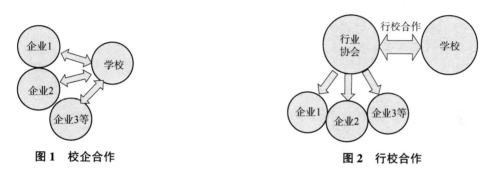

图1　校企合作　　　　　　　　图2　行校合作

**一、行校合作难于开展的原因浅析**

高职院校在培养技能人才过程中需要"五个对接"，依靠行业平台，要对准行业发展动态，培养的技能人才要就业也离不开行业提供的就业岗位，因此双方存在合作基础、是互惠互利的行为。建筑业是我国国民经济的支柱产业之一，也是技术密集型和人才密集型行业，[2]近几年建筑业一直持续稳定发展，在专业技术人才招聘数量上建筑类技术人才一直稳居前十位，这在给建筑专业带来良好发展机遇的同时，也对湄职院如何培养适应市场需要的一大批精通建筑工程的技术技能型人才，以满足社会服务能力提出了更高要求。"十三五"期间，福建省加快海峡西岸经济区建设步伐，加快推进城镇化建设，改善居民住房条件，建设东部沿海先进制造业基地，构建现代化基础设施体系，为建筑业发展提供了广阔的空间。产业的发展对人才提出更高的要求，但是目前福建省技术技能人才方面仍存在较大的缺口，莆田市实施"336工程"，建设几个大的工业园区，都需要大量的建筑技术技能人才。

一方面，行业发展需要大量的技能人才，另一方面，高职院校难以提供大量合格的技能人才，这是制约行业与学校难以深化合作的深层次原因。有些企业迫不得已只能依靠自身力量培养技能人才以满足工作需要，加大了企业的运营成本。因此，企业也好、行业协会也好，都对校企合作不感兴趣。为此，高职院校既要有长远目标，培养更多的一线技能技术人才，也要有短期安排，千方百计在产学研、人才培训、实习基地建设等方面为行业发展提供支撑。只有提升内涵品质建设推进技能人才培养，提供更多合格的技术技能型人才，才能为大力开展与企业合作、行业对接、产业融合打下坚实基础（见图3）。

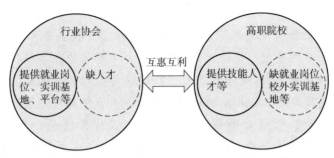

**图 3　行校合作**

## 二、行校合作的实践与成效

行校合作的理论并不难，但要合作好却很难。高职院校应当积极主动多次拜访行业协会，草拟好合作框架协议，以诚心换来协会真心合作。经过多年的紧密接触，湄职院建筑学院与莆田市建筑业协会现在已达成的合作有：争取教师在行业协会任要职，教师在协会成员企业中挂职锻炼，行业专家常态化来校任课并取名"匠工筑艺讲坛"；学校牵头协会成员单位组建职业教育集团，成立行指委，协会在学校成立筑梦基金会，奖励品学兼优、技能获奖、经济困难的学生；学校建立公共实训基地，协会成员企业可以共享，协会成员企业设立校外实训基地，供学校实习实训；共同制订人才培养方案、共建课程、共同培养双师型教师、共同开展职业资格培训、共同开展学历教育、共同开展技术合作（见表1）。

**表 1　行校合作前与合作后的对比**

| 合作前后 | 要素与过程 | 高职院校 | 行业协会 |
| --- | --- | --- | --- |
| 开展合作前 | 资源要素 | 包括人、财、物、品牌等资源：①教师；②办学资金短缺；③教学实训基地；④技能人才 | 包括人、财、物、品牌等资源：①行业专家；②资金相对富足；③生产实训基地；④就业岗位 |
|  | 注重的过程 | 教学过程为主，兼顾社会服务 | 生产过程为主，兼顾教学过程 |
| 开展合作后 | 资源要素整合 | ①湄职院教师在行业协会任要职，教师在协会成员企业中挂职锻炼；②学校牵头协会成员单位组建职业教育集团，成立行指委；③学校建立公共实训基地，协会成员的企业可以共享；④学生到企业实习并就业 | ①行业专家常态化来校任课开讲座并取名"匠工筑艺讲坛"；②协会在学校成立筑梦基金会，奖励品学兼优、技能获奖、经济困难的学生；③协会成员企业设立校外实训基地，供学校实习实训；④企业节约时间并招聘到人才 |
|  | 过程融合 | 在教学过程中，共同制订人才培养方案、共建课程、共同培养"双师型"教师，为企业解决技术难题，获得经济收益 | 在生产过程中，共同开展职业资格培训、共同开展学历教育、共同开展技术合作，为学校实现产教融合，获得社会效益 |

### （一）积极参与行业协会活动

主动联系行业协会，无偿帮助行业协会做一些人才培训方案，以引起行业协会领导好感，进而提出加入行业协会的要求。在莆田市建筑业协会领导的支持下，我系陈建武书记

2018年8月27日当选莆田市建筑业协会副会长、张少海老师当选莆田市建筑业协会副秘书长、郭俊驱教师为莆田市建筑业协会会员,三位教师直接参与行业活动,加深了解、亲近行业,实现与行业零距离对接。莆田市建筑业协会也高度重视高职教育,决定成立"莆田市建筑业协会筑梦基金会",每年抽出部分资金,用于表彰品学兼优、技能竞赛获奖、家庭经济困难的学生。

### (二) 行业专家直接参与教育教学

每月一次聘请企业高工、技能大师来校开展讲座,讲座命名为"匠工筑艺讲坛"。已邀请莆田地区行业精英——莆田市规划院总建筑师杨海鹰、巨岸集团副总裁郑炜、筑力建设发展有限公司总经理林军周高工等行业专家到校开讲。聘请行业内的企业高工作为建筑系的客座教授,直接从事教学与人才培养方案制订与修改。

### (三) 成立以行业企业为主导的专业建设指导委员会,组建莆田市土木水利类行业职业教育指导委员会

邀请莆田市建筑业协会、仙游县建筑业协会行业领导、资深专家和协会下属企业的优秀工程技术人员组成专业建设指导委员会,为我系的人才培养方案提提建议、把把脉,提高我系专业建设水平,使制订的人才培养方案更好地适应企业。依托莆田市职教联盟,牵头组成莆田市土木水利类行业职业教育指导委员会,由11位专家组成,召开2017年度委员会会议,建立微信群,制定行职委的一年工作计划与章程。

### (四) 行企校深度合作,推动人才培养模式改革

深入开展校企合作,与22家企业签订校企合作协议。邀请行业专家共同制订人才培养方案、共建课程、共同培养"双师型"教师、共建校外实训基地。积极走访企业,校企共同参与人才培养模式改革。校企合作编写《建筑CAD》《建筑构造》《建筑法规》《建筑构造实训指导》等4门课程教材,开展"建筑CAD""施工管理与组织设计""房地产经营管理"等3门课程的教学模式改革,使课程与岗位融合。将共同培养"双师型"教师作为师资培养方向,通过参加业务培训、企业挂职锻炼、引进高级人才、开展技术服务、行业资格考试以及横向科研活动等方式,打造理实一体的"双师型"团队,"双师型"教师比例达70%。

### (五) 行企校协同育人

将工程在建项目融入课程,以师带徒,走进莆田乡村,开展古建测绘等教学活动,帮助企业解决难题,提升人才培养针对性,做到精准育人。一是鼓励教师到协会成员企业锻炼。依托建筑业行业协会,充分利用校内专业师资力量,大力开展为企业技术服务项目和技术培训项目,为专任教师能"真刀实枪"地参与企业生产经营活动提供实践平台;鼓励教师在完成好教学工作的同时,参与企业实际工程建设,提升自己的专业实践和技术服务能力,下派了7位教师下企业锻炼,帮助企业解决工程实际问题21个。二是组建学生社会服务队伍。按照"贴近行业、贴近企业、贴近项目、贴近生产、贴近技术、贴近工艺"要求,进行课程改革与建设,提高课程的针对性、实用性、实践性、有效性。目前已完成3门课程的教学改革,使培养的学生能够适应建筑业的岗位要求,受到用人单位好评。

2017年，在专业教师的带领下，利用暑假和课余时间，组织学生团队，深入乡村，开展古建测绘，既提高学生学习兴趣，也为部分企业解决古建测绘问题。

**（六）服务行业协会**

服务行业协会人才培养需要，开展各类培训活动，举办行业在职人员学历提升函授班。发挥我系专业资源优势，与行业协会合作，大力开展技术服务。一是联合举办岗位培训。与莆田市建筑业协会联合举办莆田市监理员、监理师岗位培训班，共进行4期602人培训，取得较好效果。选派我系最优秀的教师，结合工程实例与国家规范对行业急需的专业人员岗位资格进行培训。二是联合举办学历提升培训班。建筑业企业员工学历普遍偏低，这对企业的资质提升、业务水平提高是一大障碍，为此与仙游县建筑业协会合作开办了大专班、本科函授班。

通过行校融合，并与企业深入合作，学生广受企业欢迎，教师教学水平大力提升，得到行业认可。刚毕业6个月付志良同学工资已经近万；有31家企业预定2018届毕业生，需求量是在校学生的3倍多；有39人到上市公司中天建设实习，有12人到省一建实习，实现了就业企业大型化。毕业生就业专业对口率达99%，就业质量有效提升。通过企业挂职锻炼、开展技术服务、横向科研活动等方式，将教师培养成理实一体的"双师型"教师，使"双师型"教师比例达到70%。同时也为企业解决不少技术难题，仅2018年暑假期间就为企业解决35个技术难题。

**三、推进行校合作深化的思考**

高职院校的行校合作工作要想持续有效地开展下去，既需要学校领导的高度重视，需要全体教师和学生的不断努力，更需要各企业、行业协会、政府部门的支持，这样才能形成行校合作的长效机制，实现学校、师生和社会三赢的效果。

**（一）进一步提升对推进行校合作的认识**

高职院校教师如果毕业即教学，不参与社会服务活动，就缺少实践锻炼，不能很好地实现理论与实践的结合，难以提高教学水平，难以担当现代职业教育的重任；社会服务是高职院校的基本职能之一，没有社会服务能力，就没有生机；各建筑业企业如果长期缺乏技术、智力支撑，不仅现期发展速度与效益将打折扣，而且也将缺乏发展后劲。因此，无论是高职院校、高职教师，还是行业企业，都需要高度重视行校合作，并将其作为促进发展、实现多赢的一种主要途径。

**（二）进一步探索构建行校合作的体制和机制**

高职院校需将行校合作工作纳入学校的重要工作议程和教学环节，必须有相关的职能管理部门和组织人员队伍，制定配套的管理办法和规章制度，制定战略规划。高职院校要深化行校合作并把它作为提升社会服务水平的一大举措，这将涉及方方面面，既有教师、学生自身服务能力不强问题，也有深层次的体制问题需要重新设计。教师开展社会服务能否抵教学工作量的步伐迈得不够快，影响教师社会服务的工作积极性。社会服务与个人兼职赚外快不好认定。因此，需要由学校进行顶层设计，采取切实可行的激励措施，学校应当将教师的社会服务纳入办学成本，保证社会服务有设备支撑、经济保证。社会服务的宗旨与办学方向需一致,这有利于教学的开展和人才的培养,有利于科研水平的提高和学校总体实力的增强;社会服务与地方经济社会发展需一致,结合地方经济社会发展的实际需要进行。要制定相应的激励政策和措施,鼓励教师积极参加社会服务,如将教研人员的社会服务成果以适当的标准折算成工作量,作为晋升职称和获得奖励的条件之一,报酬分配合理,提供社会服务时间、信息、经费、设施等方面的支持,推动科研成果的生产力转化。

### (三)实现社会服务团队的组织化

将社会服务团队划分为教师与学生两个主体团队,不但可以增加社会服务的组织性,还可以增强社会服务的计划性,实现社会服务与企业、社会的有效衔接,同时以团队为单位提供社会服务,可整体带动团队成员的社会服务意识与水平。此外,教师的服务能力是整个社会服务的重中之重,因此,要重视教师的学历教育、继续教育、实践技能训练,提高他们的整体素质和实践教学能力;要大量聘请行业企业的专业人才和能工巧匠到学校任教,加大兼职教师的比例;要增强教师的社会服务意识,提高他们的科技开发服务能力,引导他们为企业和地方经济发展服务。

### (四)行校合作的举措要具体细化

高职院校要积极争取举办地方技能大赛,比如湄洲湾职业技术学院拟举办莆田市建筑业技能大赛、工匠技能大赛。加快建设新的工种实训室,申请成立莆田市公共实训室。制定莆田市建筑工程施工现场专业人员岗培训试题库,推荐培训教师加入福建省岗位培训师资库。开展二级建造师职业资格培训,为莆田市建筑企业的人才队伍建设发挥积极作用,全面完成每5年教师要有6个月下企业服务的任务,提升教师社会服务水平。

### 四、结语

开展行校合作,有利于高职院校对内提升内涵品质,对外提高社会服务水平;有利于与行业之间实现资源要素整合,实现互惠互利;有利于教学与生产过程融合,促进学生就业、企业用人。高职院校应当敢于面对困难,积极主动争取与行业协会合作。政府部门应当制定相关配套措施鼓励行校合作,行业协会引导与支持企业与学校的深度合作,确保行校合作长期性、有效性。

**参考文献**

[1] 陈凤英,李杰,朱德全.职业教育促进新型城镇化建设:动力与模式——发展社会学视角 [J].中国职业技术教育,2014(18):33.

[2] 国家新型城镇化规划(2014—2020年)[Z].2014.

**实例材料3：专利申报材料**

## 专利名称：一种木结构古建筑梁柱榫卯节点加固方法[①]

技术领域：本发明属于木结构加固领域，具体涉及一种木结构古建筑梁柱榫卯节点加固方法。

背景技术：我国是个文明古国，迄今仍有2 000多个历史性城镇，其中保存着大量古建筑。中国古建筑以木材为主要建筑材料，创造出优美的建筑构型及相应的建筑风格，取得光辉的成绩，是中国传统文化的重要载体。中国木结构古建筑有着自己独有的结构体系，其重要特点是梁、柱采用榫卯连接。

然而现存的木结构古建筑大都建成时间较久，由于木材本身物理性能的退化、自然环境影响以及人为的破坏等因素，使得现存古建筑木结构产生了不同的损坏形式，其中梁、柱连接处很容易发生拔榫破坏。拔榫使得梁、柱构件有效受力截面面积减小，容易产生受拉、压、弯、剪破坏，对结构整体性造成一定影响，因此需要进行加固。传统的加固方法主要有：用扁钢沿着梁柱截面握裹住已拔榫的梁和柱，然后用铁钉或木钉将扁钢固定在梁、柱构件上；用角钢或短木柱对拔榫的部位进行附加支撑。这些加固方法虽然在一定程度上能够提高节点的承载力，但是存在着影响结构外观、破坏木构件、铁件易腐蚀、不利于检修等问题，因此在应用上有一定的局限性。

纤维复合增强材料（FRP）具有轻质高强、高弹性模量、耐腐蚀、易施工等特点，近年来广泛应用于各种加固领域。现有加固方法主要是将FRP包裹在梁柱区域，FRP加固区域较大，对古建外观有较大影响，且存在剥离破坏问题。

发明内容：本发明的目的是克服现有技术的缺点，提供一种木结构古建筑梁柱榫卯节点加固方法。

本发明采用如下技术方案：

一种木结构古建筑梁柱榫卯节点加固方法，包括：将缠绕纤维条带的第一棒材嵌入木梁端部的榫头中，然后在木梁与第一棒材之间嵌入第二棒材和第三棒材以固定第一棒材，其具体步骤如下：

步骤一，在木梁端部榫头中间位置开设固定孔；

步骤二，在第一棒材的外表面缠绕浸润环氧树脂的纤维条带，使第一棒材形成未缠绕纤维条带的第一段和与第一段连接缠绕纤维条带的第二段，且第二段的长度不小于木柱的直径和50 mm之和，纤维条带的缠绕长度大于第二段的长度；

步骤三，在第一棒材的第一段开设与木梁梁宽方向平行的第一定位孔和与木梁梁宽垂直的第二定位孔，在木梁上开设与第一定位孔相对的第一孔洞和与第二定位孔相对的第二孔洞；

步骤四，将第一棒材嵌入固定孔中，使第一棒材的第二段位于梁柱的榫卯节点；

---

[①] 本发明专利由湄洲湾职业技术学院建筑工程系副主任李云雷主持并提供该材料。

步骤五，将第二棒材穿过第一孔洞与第一定位孔，第三棒材穿过第二孔洞与第二定位孔，以固定住第一棒材；

步骤六，在第一棒材与固定孔之间的间隙，第二棒材与第一孔洞、第一定位孔之间的间隙，第三棒材与第二孔洞、第二定位孔之间的间隙填充环氧树脂；

步骤七，将超过第一棒材的纤维条带利用环氧树脂黏附在木柱外表面。

优选的，所述第一定位孔与第二定位孔的直径一致。

优选的，所述第一定位孔与第二定位孔之间的距离不小于1.5倍的第一定位孔的直径。

优选的，所述第一孔洞的直径为第一棒材直径的1/4~1/2。

优选的，所述第一棒材的直径为木梁直径的1/4~1/2。

优选的，所述纤维条带为碳纤维条带、芳纶纤维条带、玻璃纤维条带或玄武岩纤维条带。

优选的，所述第一棒材的第二段设置有环绕第二段外周面设置的缠绕槽，缠绕槽的深度为纤维条带的缠绕厚度。

优选的，所述第一段的长度不小于第二段的长度。

由上述对本发明的描述可知，与现有技术相比，本发明的有益效果是：第一，该木结构梁柱榫卯节点加固方法简单、对结构外观改变小，最大限度保持古建筑原貌；第二，结构整体性好，可有效提高梁柱节点抗弯、抗剪承载能力；第三，耐腐蚀、使用寿命长；第四，采用局部加固、针对性强、纤维条带用量少、节约成本；第五，第二棒材与第三棒材可对第一棒材起定位作用，保证加固的稳定性；第六，第一棒材与固定孔之间的间隙，第二棒材与第一孔洞、第一定位孔之间的间隙，第三棒材与第二孔洞、第二定位孔之间的间隙填充环氧树脂，使第一棒材、第二棒材、第三棒材与木梁、木柱黏结牢固，有效提高梁柱节点抗弯、抗剪承载能力。

附图说明：

图1为梁柱榫卯节点加固方法示意图；

图2为梁柱榫卯节点的连接示意图；

图3为第一棒材的结构示意图；

图4为第二棒材的结构示意图；

图5为图1中A处的放大图。

图5中：1—木梁；2—木柱；3—第一棒材；4—第二棒材；5—第三棒材；6—环氧树脂；11—榫头；12—固定孔；13—第一孔洞；14—第二孔洞；31—第一段；311—第一定位孔；312—第二定位孔；32—第二段；321—缠绕槽；33—纤维条带。

以下通过具体实施方式对本发明作进一步的描述。

参照图1至图5，一种木结构古建筑梁柱榫卯节点加固方法包括：将缠绕纤维条带33的第一棒材3嵌入木梁端部的榫头11中，然后在木梁1与第一棒材3之间嵌入第二棒材4和第三棒材5以固定第一棒材3，其具体步骤如下：

步骤一，选用与原构件木梁1、木柱2相同树种的干燥木材，确有困难时，可选择强度等级不低于木梁1与木质且性能接近的木材作为第一棒材3、第二棒材4和第三棒材5；

步骤二，在木梁端部榫头 11 中间位置开设固定孔 12，固定孔 12 的长度与第一棒材 3 的长度一致；

步骤三，在第一棒材 3 的外表面缠绕浸润环氧树脂的纤维条带 33，使第一棒材 3 形成未缠绕纤维条带 33 的第一段 31 和与第一段 31 连接缠绕纤维条带 33 的第二段 32，且第二段 32 的长度不小于木柱 2 的直径和 50 mm 之和，纤维条带 33 的缠绕长度大于第二段 32 的长度；

步骤四，在第一棒材 3 的第一段 31 开设与木梁 1 梁宽方向平行的第一定位孔 311 和与木梁 1 梁宽垂直的第二定位孔 312，在木梁 1 上开设与第一定位孔 311 相对的第一孔洞 13 和与第二定位孔 312 相对的第二孔洞 14；

步骤五，将第一棒材 3 嵌入固定孔 12 中，使第一棒材 3 的第二段位 32 于梁柱的榫卯节点；

步骤六，将第二棒材 4 穿过第一孔洞 13 与第一定位孔 311，第三棒材 5 穿过第二孔洞 14 与第二定位孔 312，以固定住第一棒材 3；

步骤七，在第一棒材 3 与固定孔 12 之间的间隙，第二棒材 4 与第一孔洞 13、第一定位孔 311 之间的间隙，第三棒材 5 与第二孔洞 14、第二定位孔 312 之间的间隙填充环氧树脂 6；

步骤八，将第二棒材 4、第三棒材 5 超出木梁 1 的部分削去，并将表面打磨平整；

步骤九，将超过第一棒材 3 的纤维条带 33 呈圆形扇面散开，利用环氧树脂黏附在木柱 2 外表面。

具体的，第一段 31 的长度不小于第二段 32 的长度，第一棒材 3 的第二段 32 设置有环绕第二段 32 外周面设置的缠绕槽 321，缠绕槽 321 的深度为纤维条带 33 的缠绕厚度，使得纤维条带 33 的表面与第一段 31 的表面相平。

第一定位孔 311 与第二定位孔 312 的直径一致，第一孔洞 13 的直径为第一棒材 3 直径的 1/4~1/2，且第一定位孔 311 与第二定位孔 312 之间的距离不小于 1.5 倍的第一定位孔 311 的直径。

第一棒材 3 的直径为木梁 1 直径的 1/4~1/2。

纤维条带 33 可以根据现场使用需要选择碳纤维条带、芳纶纤维条带、玻璃纤维条带或玄武岩纤维条带。

使用上述加固方法，存在以下优点：第一，该木结构梁柱榫卯节点加固方法简单、对结构外观改变小，最大限度保持古建筑原貌；第二，结构整体性好，可有效提高梁柱节点抗弯、抗剪承载能力；第三，耐腐蚀、使用寿命长；第四，采用局部加固、针对性强、纤维条带 33 用量少、节约成本；第五，第二棒材 4 与第三棒材 5 可对第一棒材 3 起定位作用，保证加固的稳定性；第六，第一棒材 3 与固定孔 12 之间的间隙，第二棒材 4 与第一孔洞 13、第一定位孔 311 之间的间隙，第三棒材 5 与第二孔洞 14、第二定位孔 312 之间的间隙填充环氧树脂 6，使第一棒材 3、第二棒材 4、第三棒材 5 与木梁 1、木柱 2 黏结牢固，有效提高梁柱节点抗弯、抗剪承载能力；第七，第一棒材第二段 32 的长度不小于木柱 2 的直径和 50mm 之和，且纤维条带 33 的缠绕长度大于第二段 32 的长度，以使纤维条带 33 多于第二段 32 长度的部分通过环氧树脂固定在木柱 2 外表面，保证木结构梁柱榫卯节点连接结构的稳定性，有效提高梁柱节点抗弯、抗剪承载能力；第八，纤维条带 33 多余第二段 32 长度的部分呈圆形扇形散开，连接在木柱 2 外表面，以增大纤维条带 33 与木柱 2

外表面的接触面积。

以上所述,仅为本发明的较佳实施例而已,故不能以此限定本发明实施的范围,即依本发明申请专利范围及说明书内容所作的等效变化与修饰,皆应仍属本发明专利涵盖的范围内。

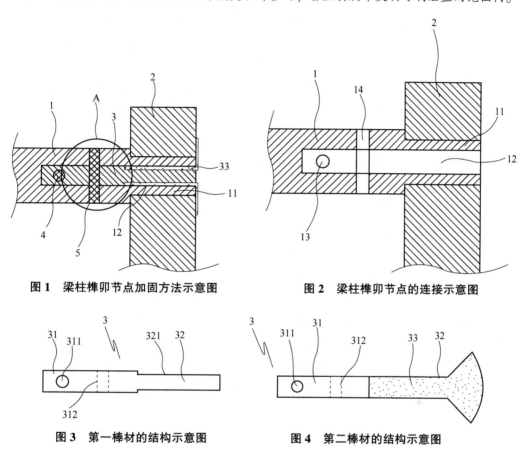

图 1　梁柱榫卯节点加固方法示意图

图 2　梁柱榫卯节点的连接示意图

图 3　第一棒材的结构示意图

图 4　第二棒材的结构示意图

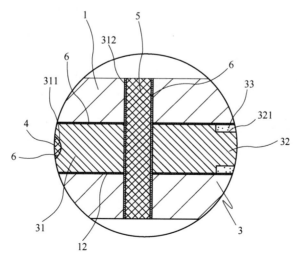

图 5　图 1 中 A 处的放大图

## 【案例小结】

党建+科学研究的内容关系到高职院校的每一位教师,科研能力是教师最为实用的能力,科研成果是教师职称评聘与晋升最为重要的佐证材料。本案例的实例材料收集职称评聘中最为重要的3部分内容:①科研项目申报与结题材料;②论文写作;③专利申请。

科研项目的申报要坚持问题、任务、目标三导向,将自己的研究汇聚在生产生活中遇到的问题上,发扬坐冷板凳的精神,不追逐热点,不随便更改研究方向,长期坚持,久久为功。

作为高职院校的教师,论文写作可以围绕职业教育与专业方面进行。职业教育等社科类的论文写作,要把存在的社会问题转化为数学问题、科研问题,在质化研究的基础上,讲究研究方法,探索量化研究。

外观或实用新型专利申请的门槛相对较低,高职教师想方设法加入发明创新团队,学习掌握TRIZ等发明创造工具,结合自己专业特长,应用新技术改良传统构件,可在较短时间内取得一定的科研成果。

笔者的学历较低,所受的科研训练比较有限,所申请的科研项目的级别较低,所发表的论文期刊级别还不够高,对创造性思维的开发尚处在初级阶段,TRIZ的应用也还处于较低水平。

科研是求真的过程,笔者收集的实例材料虽然级别不高,但都是自己写的论文、自己做的课题,未来随着科研成果的积淀,一定会有更高级别的科研成果。

## 【思维导图】(图3-15)

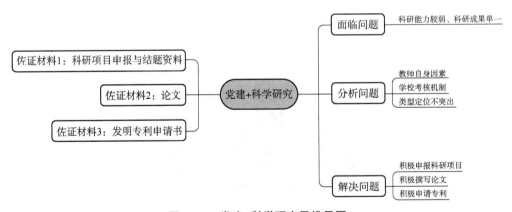

图3-15 党建+科学研究思维导图

## 【引申讨论】

如何加强科研选题与生产实践中遇到的问题相融合,确保不是为科研而科研。

## 第六节  党建+技术服务

## 【案例 11  党建+技术服务】

### 一、面临问题

技术服务是一位高职教师服务地方发展的基本要求，实际上也是高职院校反哺社会的必然要求。虽然高职院校也要求教师下企业，但因大多高职教师缺少企业经验，能承担的服务项目面相对较窄，所以技术服务成效不高是高职院校从事社会服务的一大短板。

### 二、分析问题

高职教师服务面相对较窄，技术服务成效不高的原因：
（1）教师自身技术服务本领较弱。高职教师虽然大部分具有硕士学位，但大多是从学校到学校，缺乏企业工作经验，生产一线所缺的技术也是教师自身技术较弱的部分。
（2）学校尚未建立有效考核机制促使技术服务。

### 三、解决方案

提升高职教师技术服务能力，要考虑服务主体的专业特征、服务对象的实际需求，其主要途径是：
（1）协助地方政府，开展排查危房业务培训；入村入户排查，排查房屋高达 1 万多栋，直接查出危房 337 栋；协助危房鉴定。
（2）开展横向课题服务。
（3）按照"一引领、二循环、三结合、四联动、五构建"工作模式服务乡村振兴，实现了职业教育为乡村振兴赋能增效。
（4）开展留守老人逃生技术培训，为 3 000 多名留守老人培训应急逃生技术。
（5）举办 3 期 1 500 多人监理员监理师培训。
（6）与莆田市、仙游县建筑业协会合作，开展专科函授、二元制教学，500 多人获得学历提升。

### 四、初步成效

（1）服务地方政府，协助培养 3 000 多名技术技能人才；协助地方政府排查房屋高达 1 万多栋，直接查出危房 337 栋；为莆田市举办 3 期 1 500 多人监理员监理师培训。
（2）服务东庄镇的省级美丽乡村建设，助力济川村等历史名村品牌打造。
（3）笔者主持的《非农高职院校赋能乡村振兴的教育担当与创新实践》已通过校级遴选，正上报省教育厅作为服务乡村振兴的典型案例。

## 五、实例材料

（1）协助仙游县政府开展危房排查（见附后实例材料1）。
（2）职业教育赋能乡村振兴的典型案例（见附后实例材料2）。
（3）教育部"能者为师"典型案例（见附后实例材料3）。

**实例材料1：协助仙游县政府开展危房排查**[①]

党支部积极与企业对接，争取各类横向课题及技术服务项目，党员教师与山海测绘公司等3家企业合作，由3位教师带队安排13位学生开展技术服务，实现技术服务入账16万元，充分发挥高校党组织服务社会、服务地方经济的职能，为学校技术服务作出贡献，也为学校赢得了良好的社会声誉和口碑，师生的技术服务能力也得到提升。党支部5位教师充分利用技术优势，积极组织建筑系专业教师服务地方发展，协助危房排查。一是开展业务培训。为仙游县危房排查活动、危房加固开展业务培训，使危房排查更精准更到位。二是入村入户排查。5位教师以专家组组长或成员的形式直接参与排查，排查房屋高达1万多栋，直接查出危房337栋。三是协助危房鉴定。危房鉴定人才奇缺，3位教师直接下企业协助中小学危房鉴定，以确保中小学疑似危房能够在开学前应检尽检。

**实例材料2：职业教育赋能乡村振兴的典型案例**[②]

### 非农高职院校赋能乡村振兴的教育担当与创新实践

**摘　要**：湄洲湾职业技术学院（以下简称湄职院）建筑工程系立足地方、扎根本土，按照"一引领、二循环、三结合、四联动、五构建"工作模式服务乡村振兴，实现了职业教育为乡村振兴赋能增效，展现了非农高职院校的教育担当。在推进乡村振兴中实现两者同频共振、融合共进，也激发政校行企多主体的教育自觉，构建协同育人体系，为职业教育延伸定向。本项目累计培养3 000多名技术技能人才，培训新型农民2万多人，社会服务收入高达1 000多万元，在国家级各类技能比赛获奖36次，先后获评"全国新型职业农民培育示范基地"等国家级荣誉5项，推广应用广泛，成效良好。

**关键词**：高职院校；乡村振兴；赋能增效；教育担当

### 一、实施背景
#### （一）面临的挑战

一是乡村振兴背景下对职业教育担当与改革提出新要求。习近平总书记曾指出"乡村

---

[①] 本项目由笔者、李云雷、郭俊驱、林洁、刘晓霞等五位教师参与。
[②] 本案例由笔者执笔，湄洲湾职业技术学院建筑工程系徐正炜老师帮助绘制图1、图2、图6，2023年6月通过学校遴选，正上报省教育厅职业教育服务地方的典型案例。

振兴是实现中华民族伟大复兴的一项重大任务",可见乡村振兴已成为我国的发展战略与时代命题。高职院校赋能乡村振兴,既是职业教育反哺社会、实现职业教育有为有位的时代命题,是职业教育义不容辞的责任与担当,也是促进职业教育自身改革发展的必然要求。二是乡村振兴背景下对技能人才数量与质量提出新需求。据统计,我国技能人才缺口到 2025 年将达 3 000 万人。当前实施乡村振兴最缺的是人才,存在高水平技术技能人才存量不足,增量难以补给的现实困境。

### (二)存在的问题

本案例主要解决三个问题:一是工作方法单一。非农高职院校因涉农专业缺乏,导致不愿主动服务乡村振兴,工作方法单一,赋能动力不足。二是工作力量不足。往往仅发挥高职院校自身力量单打独斗服务乡村振兴,导致力量汇聚不足,产教结合不紧。三是工作路径不清。专业优势未能充分挖掘,职业教育的担当与作为缺乏,创新办法较少。只有为乡村振兴提供了更强有力的人才保障、智力支持和技术支撑,为乡村振兴培根、筑基、育人,才能推动乡村高质量发展。

## 二、主要做法

### (一)模式提炼

基于非农高职院校在乡村振兴"工作方法单一、工作力量不足、工作路径不清"三大问题,按照"一引领、二循环、三结合、四联动、五构建"工作模式服务乡村振兴,实现了职业教育为乡村振兴赋能增效,展现了非农高职院校的教育担当(见图1)。

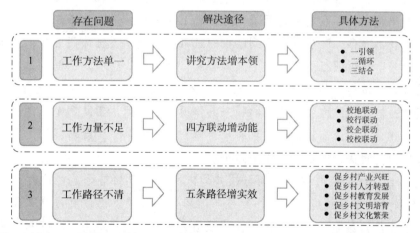

**图 1 创建"一引领、二循环、三结合、四联动、五构建"工作模式赋能乡村振兴**

### (二)具体做法

1. 创设"一引领、二循环、三结合"赋能乡村振兴的工作方法(见图2),解决发力不准、本领不强的问题,增强服务乡村振兴本领

(1)一引领。坚持党建引领,以党建统揽全局,实施党建+教学、党建+育人、党建+平台服务乡村振兴。一是党建+教学。动员党员教师加入服务乡村振兴团队之中,充分发挥支部战斗堡垒作用和党员先锋模范作用,在乡村振兴中建功立业。二是党建+育人。积极响应德智体美劳五育并举的育人方针,组织师生积极参加服务乡村振兴志愿活动、垃圾

分类等德育工程、技能大赛、1+X证书等智育工程，党员教师带学生晨练、师生同台赛、健身积分等体育工程，劳模进校园、劳动比赛、节假日劳动记等劳育工程，邀请艺术家开展美育大讲坛、师生书画大赛、校园摄影写真等美育工程，促进学生全面发展，增强其服务乡村振兴本领。三是党建+平台。发挥党员教师的示范引领作用，搭建助力学生成才的多样化、个性化育人平台，组建全方位、开放式的"导师团制"教学模式，促进师生服务乡村振兴能力、职业能力同步提升。

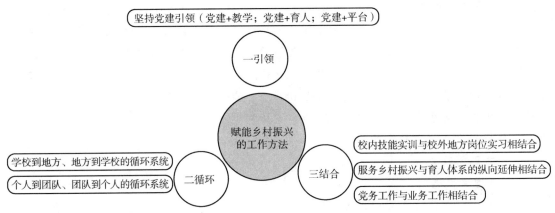

**图2　创设"一引领、二循环、三结合"赋能乡村振兴的工作方法**

（2）二循环。一是构建从学校到地方、再由地方到学校的循环系统。师生从学校到社会的线路：组织师生去各乡村协助开展危房排查120多次，排查1万多栋危楼，或直接下村开展测量等技术服务。师生从社会到学校的线路：与地方政府部门合作，直接以实际的工程项目作为教学实训项目。二是从个人到团队、再由团队到个人的循环系统。师生从个人到团队的线路：按项目师生与行业专家、企业人员组成团队，发挥师生团队整体作用，培养协作精神，依靠团队力量完成乡村振兴具体项目。教师从团队到个人的线路：将项目按专业进行细化分工。依靠这两个循环将项目做细、研究做深，既增强职业教育的适应性与师生实践能力，也提升服务乡村振兴水平。

（3）三结合。一是校内技能实训与校外地方岗位实习相结合，将校内技能实训项目（实训周课程设计、专业技能训练、1+X技能训练等）与校外岗位实习（工学交替、顶岗实习、古建测绘等）结合起来，组成学生实践能力体系。二是服务乡村振兴与育人体系的纵向延伸相结合，通过助力乡村振兴这一平台，引进乡村振兴的真实项目，对师生进行项目化训练，提高其技能证考试通过率与技能水平。三是党务工作与业务工作相结合，实施党建+具体项目，积极调动师生完成乡村振兴具体建设项目，并在项目运作中增强其服务乡村振兴本领。

**2. 创建政行校企四方联动赋能乡村振兴的工作机制（见图3），解决产教结合不紧、服务力量不足的问题，增强服务乡村振兴力量**

（1）校地联动。针对乡村振兴缺少大量的高水平消防、应急、智能建造技术技能人才的现状，2019年与莆田市消防支队设立福建省第一个公办高职院校消防工程技术专业，

2020年与莆田市应急局、地震局成立第一家福建省高职院校应急管理学院，2022年与莆田市住建局设立福建省第一批智能建造专业。通过校地联动、合作共建、精准育人，培养3 000多名高技能人才，为赋能乡村振兴提供人才支撑。

**图3　创建政行校企四方联动赋能乡村振兴的工作机制**

（2）校行联动。针对乡村振兴技术薄弱问题，与市建筑业协会合作搭建乡村振兴技术服务平台，围绕乡村急需的村庄规划、农房设计、农房建造、古建保护、结构加固、消防安全检查等6项技术开展下乡服务，赠送农村建房图集300册，围绕乡村振兴主题举办匠心筑艺讲堂6期，设立筑梦奖助学金，5年共资助金额113.9万元，资助农村贫困学生98位，奖励农村品学兼优学生196名（见图4和图5）。通过校行联动、产教融合、精准扶贫，为赋能乡村振兴提供技术与资金支持。

**图4　第四届筑梦奖助学金活动**

**图5　第五届筑梦奖助学金活动**

（3）校企联动。针对培养技能人才与乡村振兴对接不紧问题，与企业合作建立"5G"体系：共建专业、共建课程、共建实训基地、共建"双师型"教师队伍、共育学生成才，使培养学生更能适应乡村特点。通过校企联动、校企合作、精准育人，在6个村部设立既能满足乡村土地测量又能满足学生实训的双用型实训基地，为赋能乡村振兴提供人才支撑与物资支持。

（4）校校联动。针对乡村中职学校教学质量不高的现状，实施大手牵小手工程，成立莆田市土木职教联盟，与中职院校开展"3+2"中高职衔接人才培养，联合开发课程，派遣教师到中职学校支教，提升其教学质量，培养技能竞赛人才12位。通过校校联动，职职贯通，为赋能乡村振兴整合了较好的教育资源。

3. 创立五项工程赋能乡村振兴的工作机制（见图6），解决服务乡村振兴目标不明、路径不清的问题，增强服务乡村振兴实效

（1）构建服务乡村产业工程，助力乡村产业兴旺。发挥教师专业优势，开展学历教育，与莆田市、仙游县建筑协会等合作，举办在职人员学历提升函授班，已毕业174名，改善了其学历结构。同时下乡开展技术技能培训和技术服务，为仙游县危房排查与加固开展业务培训，4位教师以专家组组长或成员的形式直接参与排查，排查房屋高达1万多栋，直接查出危房337栋。

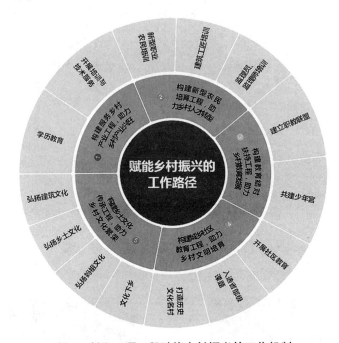

**图6 创立五项工程赋能乡村振兴的工作机制**

（2）构建新型农民培育工程，助力乡村人才转型。教师积极加入"莆田市新型职业农民培训基地"，近4年来，与学校继续教育学院共同举办高素质农民培训和建筑工匠培训，受训人数2万多人次，实现了莆田乡镇全覆盖。与莆田市建筑业合作，开展监理员、监理师培训，3年共培训11期1529人。

（3）构建教育结对扶持工程，助力乡村教育发展。①发挥职教龙头作用，建设城乡职业教育联盟。牵头组建莆田市职业教育联盟，成立莆田市职业教育研究院，与8所中职学校就专业课程建设、师资培训交流、实训基地共建共享等开展合作，辐射带动莆田乡村职业教育发展。②发挥高校文化辐射作用，与乡村小学共建少年宫。与仙游县度尾中心小学等全市5所偏远小学开展合作共建活动。2018年投入10万元，共建"乡村少年宫"，通过场所布置、师资培训、项目辅导、活动联办等方式，改善文体设施条件，提升小学教师教学管理与教学质量。

（4）构建城乡社区教育工程，助力乡村文明培育。组织师生党员走进国家级历史文化名村、中国传统古村落、福建省最美乡村——仙游县石苍乡济川村，开展乡村建设等

社区教育活动,"乡愁记忆在乡村规划建设项目中的体现途径研究"立项省级课题,通过课题引领,编写《济川旅游开发项目书》,助力打造历史名村品牌,促进乡村旅游事业发展。

(5) 构建乡土文化传承工程,助力乡村文化繁荣。①文化下乡。组织舞龙舞狮协会、武术协会,编排舞龙舞狮、南少林武术等文体项目,"三下乡"活动受众达 6 000 人次。②弘扬妈祖文化。在世界妈祖文化论坛,师生承担了世界非物质文化遗产——妈祖祭典表演、"湄洲女发髻"非遗技艺表演。③弘扬乡土文化,将莆田地域的耕读文化、蔡襄廉政文化、妈祖信俗非遗文化、枫亭游灯非遗文化、南少林武术文化等历史悠久的乡土文化进行挖掘,活化利用成学生社会实践基地。④弘扬建筑文化。在仙游文庙开讲《古建筑文化》,受众达 300 多人(见图 7)。挖掘古建筑文化,组织学生调研家乡的古建筑,撰写《相约泉州城,开启文化之旅》调研材料,助力泉州申遗。

图 7　笔者给仙游市民讲解孔庙

### 三、成果成效

**(一)党建工作水平全面提升**

通过乡村振兴实现两者同频共振、融合共进,取得丰硕成果:国家级样板支部 1 个,福建省党建标杆院系 1 个,福建省首批样板支部 5 个,入选人民网"新时代福建省党建工作品牌"优秀案例 1 个;服务乡村振兴的党员教师陈建武当选第 10 届福建省党代表,3 位党员教师被评为莆田市优秀共产党员,8 位党员教师被评为莆田市高等教育工作先进个人。

**(二)服务乡村振兴质量全面提升**

构建五项工程助力乡村振兴,为莆田市举办 3 期 1 500 多人的监理员监理师培训班、2 万多人的高素质农民培训班、500 多人的学历提升班,增加社会服务收入 600 多万元,协助地方政府排查房屋高达 1 万多栋,直接查出危房 337 栋,服务东庄镇的省级美丽乡村建设,助力济川村等历史名村品牌打造。

**(三)教学办学质量全面提升**

通过服务乡村振兴的教学与实践,总结提炼了"老年群体应急教育——留守老人火灾逃生技术",入选教育部"社区治理与应急管理"主题特色类项目;入选教育部"智慧助老"优质课程资源 5 门。服务乡村振兴的骨干教师中,有 3 位教师成为国家第一届职业能力大赛裁判，8位教师28位学生获国家级大赛奖项，3位教师被评为福建省技能大师，12位教师成为福建省科技特派员，发表论文125篇，专利125项，学生服务乡村振兴的技术技能过硬，毕业生就业率高达98%以上，广受市场欢迎。

### 四、经验总结

湄职院建筑工程系构建"一引领、二循环、三结合、四联动、五构建"工作模式服务乡村振兴，助力地方发展，不仅促进高职院校自身教学改革发展，也取得良好的社会效应。其经验概括为：一是坚持党建引领。以党建统揽全局，从党建与服务乡村振兴双向发力到同向发展，做到双融合双促进，充分发挥支部战斗堡垒作用和党员先锋模范作用，助力乡村振兴。二是善于资源整合。湄职院建筑工程系在学校教育资源不足的情况下，能整合地方政府行政资源、院校智力资源与行业企业信息、技术、平台优势，做到政校行企四方联动，构建了灵活、有效、多元的协同育人机制，有力推动了建筑产业转型升级，提升了乡村振兴服务水平。

本项目虽已取得良好的社会效益，但因师生的实践能力有限，其服务乡村振兴的范围有待拓展，服务的质量有待提高，服务的深度有待深化，特别是在扭转乡村某些落后观念上尚未突破。下一步将坚持党建引领，开拓办学资源整合联动新路径，建立师生共同成长新模式，开辟服务乡村振兴发展新领域，为全面赋能乡村振兴贡献职业院校的智慧和力量。

### 五、推广应用

湄职院建筑工程系构建"一引领、二循环、三结合、四联动、五构建"工作模式，为院内其他专业教学改革提供借鉴参考。赋能乡村振兴的案例创新了专业建设对接乡村振兴教学改革模式，为非涉农高职院校师生服务乡村振兴拓展新路径。近年以来，60多位省市级领导干部莅临我院指导，乡村振兴的工作模式得到各级领导的高度肯定；20多所省内外兄弟院校和兰阳技术学院等台湾高校先后来校交流，学习借鉴赋能乡村振兴工作经验，促进了兄弟院校以及闽台高职教育合作交流；《人民日报》（地方版）、《中国教育报》、《福建日报》、福建电视台、东南电视台、莆田电视台等主流媒体报道30多次，取得良好的社会反响。

**实例材料3：教育部"能者为师"典型案例**[①]

## 留守老人逃生技术培训

### 一、解决的问题

留守老人常年独处，一旦遇到紧急事件，比如火灾，或自然灾害，或意外事故，将束手无策。本项目针对留守老人的身体特点，设计一些基本的逃生技术，以备不时之需。

---

① 本项目由笔者执笔，湄洲湾职业技术学院建筑工程系李云雷、郑慧仙、薛晓珊、黄一凡、张燕珠等5位教师参与。

## 二、采用的方法

一是加强宣传，加大培训力度。我们与地方政府合作开办新型高素质农民培训班，将应急逃生技术列入重要的培训内容，介绍目前常用的逃生技术，增强留守老人的应急逃生意识。三年来，我校共组织1万多人的新型农民培训，其中留守老人占比高达60%。

二是给参加培训的老人建议家庭火灾应急逃生包的标准配置。主要有逃生绳、防毒面具、防火毯、安全背带、缓降器、救生软梯、救生袋、救生网、救生气垫、新型防火帽、高楼逃生自救器等。对常用的逃生设备的使用进行介绍，让老年人对这些设备有了初步的认知。

三是利用虚拟现实（VR）技术进行消防演练。通过参数控制，建置完整的火灾环境，以3D互动方式仿真火灾发生和发展的过程，采用游戏导向的学习方法，对系统的使用者在虚拟的火灾灾场的反应、行为进行系统的评价和指导。老年人因为体力比较弱，因此尽量采用VR技术，进行虚拟仿真练习。

四是组织留守老人进行基本的地震应急演练与地震体验。充分利用地震体验馆，对留守老人进行地震体验。操作人员通过控制台能够操作液压运动平台从而模拟出地震效果，包括横波、纵波及颠簸等，使留守老人对地震有了初步的体验。

## 三、主要成效以及经验启示

### （一）构建共建共培机制，解决留守老人逃生技术培训主体单一、资金来源单薄问题

2019年在湄洲湾职业技术学院建筑工程系开办福建省第一家公办高职院校消防工程技术新专业，成立福建省第一家高职院校应急管理学院。由莆田市应急局在建筑工程系实训室全额投资96万元建成莆田市地震应急体验基地，通过政府部门与学校的共同合作，为学校开展留守老人逃生技术培训筹措更多资金，特别是举办高素质农民培训班，直接将逃生技术纳入培训内容，为普及逃生技术起到十分重要的作用。

### （二）针对留守老人的身体特点，采用现场演练与仿真训练相结合

逃生技术现场演练要充分考虑留守老年腿脚不够麻利、体力下降的事实，比如灭火器使用演练，采用虚拟仿真技术，一者节约费用，二者灭火器也比较笨重，老人操作不方便，采用虚拟仿真技术可保证训练期间的安全。

### （三）采用PDCA法

本项目的主要程序是要经过Plan（计划）、Do（执行）、Check（检查）和Act（修正）四个阶段，即采用PDCA法（美国管理专家戴明提出的管理方法）：全面质量管理的科学程序是要经过Plan（计划）、Do（执行）、Check（检查）和Act（修正）四个阶段，并按照这样的顺序循环不止地进行下去。一个循环下来对成功的经验加以肯定，并予以标准化；对于失败的教训也要总结，引起重视。对于没有解决的问题，应提交给下一个PDCA循环中去解决，不断总结提升留守老人的培训业务。

这些方法有力提升了留守老人应急逃生技术，我校共组织1万多人新型农民培训，其中留守老人占比高达60%，受益人群随着培训期数增加而不断增加（见图1~图3）。

图1 笔者进行留守老人逃生技术培训现场一

图2 笔者进行留守老人逃生技术培训现场二

图3 笔者进行留守老人逃生技术培训现场三

【案例小结】

党建+技术服务的涵盖内容比较丰富，本案例收集三部分内容：①协助仙游县政府开展危房鉴定；②赋能乡村振兴的典型案例；③"能者为师"典型案例——留守老人逃生技术培训。

笔者曾经在企业、政府部门、乡镇政府的12个岗位任职，对高职教育服务社会这项工作比他人多一分关注。任仙游县钟山镇副镇长时，因自己分管的工作中包括养老保险，因而特别关注农村的留守老人。2020年重阳节时，笔者路过一个幼儿园与一个养老院，幼儿园与养老院相距百米左右，路过幼儿园时人多路堵；经过养老院时冷冷清清，更何况那天是老人节，理应是大家看望老人或接自己老人过节的时刻，应当十分热闹。笔者突然觉得：留守老人是一个最需要人关怀的群体，却最缺关怀。于是结合自己的专业产生了灵感，并依此申报了教育部智慧助老项目，也取得一定的社会效益。

作为"双带头人"，带领团队成员开展技术服务不仅是应有之义，而且对教师自身的技能提升有着直接推动作用。目前，高职教师技术服务仍处于较低水平，笔者主持的技术服务项目虽然也有教育部的项目，但限于学历较低，而且所从事的工作基本上是管理岗位，自身的技术提升也比较缓慢。未来，随着国家对高职院校的社会服务要求更高，将把更多的精力投入技术服务中去。

【思维导图】（图 3-16）

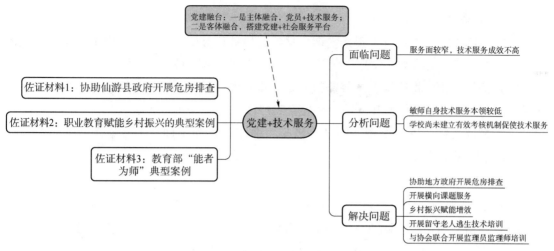

图 3-16 党建+技术服务思维导图

【引申讨论】

高职教师应当如何突破高学历、低技能的问题，使教师的技术服务围绕生产一线，能切实解决生产实践中遇到的技术问题。

## 第七节 党建+文化传承

### 【案例 12 党建+文化传承】

#### 一、面临问题

文化具有吸引力、凝聚力、向心力，能营造一个良好的发展氛围，是校园里最大的精神财富，也是最具特色、最为久远的因素，对学校的发展起极大的推动作用。文化需要积淀，不可能一蹴而就。当前校园文化传承中过分注重文化物象的表层的"形"而忽视文化精神意涵的深层的"神"，传承内容存在空泛化的现象，亟待破解。

#### 二、分析问题

影响校园文化的因素有有形的视觉要素、行为要素和无形的价值认同、精神意涵等。传承文化应当形神兼备，既要打造看得见的直观校园文化，包括走廊文化、楼梯文化、宿舍文化、专业文化等，也要传承看不见的心灵体悟文化，包括创业精神、民族精神、中华传统文化基因等。文化传承，包括校园文化对校外文化的吸纳过程，也包括校园文化对校外文化的辐射过程。

## 三、解决方案

### （一）校园文化建设

（1）走廊文化。将建筑工程系实训大楼按楼层进行分层布置：一楼中国建筑史、二楼施工工艺流程图、三楼学生作品、优秀校友以及技能获奖，四楼教师作品。

（2）楼梯文化。将建筑设计专业师生设计作品进行展示，有利于形成比学赶超的学习氛围，客观上也会对教师提升设计水平的自我加压。

（3）系部文化。将"厚德、明理、重技、健体"作为系训，结合建筑专业特点，充分利用新校区保留的古建筑——太和庙，开展专业教育。

### （二）丰富校园文化

（1）深入开展传统文化进校园，弘扬孝道、妈祖大爱精神。

（2）邀请全国劳模进校园宣讲，培养学生吃苦耐劳的职业精神和工匠精神。

（3）每月开展一次"匠心筑艺"讲座，用企业家创业精神激励学生。

（4）开展爱心筑梦奖助学金活动，连续举办5届，资助金额高达113.9万元。

（5）探寻校园文化与企业文化互动融合的机制，与市建筑业协会、巨岸建设集团合作，用实习学生每日一心得、每周一汇报等企业文化丰富校园文化。

### （三）校园文化助力地方发展

（1）组织文化下乡。组织舞龙舞狮协会、武术协会，编排舞龙舞狮、南少林武术等文体项目，"三下乡"活动受众达6 000人次。

（2）弘扬妈祖文化。在世界妈祖文化论坛，师生承担了世界非物质文化遗产——妈祖祭典表演、"湄洲女发髻"非遗技艺表演。

（3）弘扬乡土文化。将莆田地域的耕读文化、蔡襄廉政文化、妈祖信俗非遗文化、枫亭游灯非遗文化、南少林武术文化等历史悠久的乡土文化进行挖掘，活化利用成学生社会实践基地。

（4）弘扬建筑文化。在仙游文庙开讲《古建筑文化》，受众达300多人。挖掘古建筑文化，组织学生调研家乡的古建筑，撰写《相约泉州城，开启文化之旅》调研材料，助力泉州申遗。

（5）校园文化进企业活动。组织教师持续开展对企业人员的技术培训，对企业真实项目开展技术服务。

## 四、初步成效

设立筑梦奖助学金，奖励品行兼优、技能获奖、身心健康的师生，资助经济困难的学生，5届资助金额113.9万元，资助师生358位。助力仙游县石苍乡济川村参评中国历史文化名村。

## 五、实例材料

（1）第五届"筑梦"奖助学活动方案（见附后实例材料1）。

（2）认识国宝——仙游文庙现场教学授课提纲（见附后实例材料2）。

**实例材料 1：第五届筑梦奖助学活动方案**[①]

"爱心点燃希望、学子筑就梦想"
暨莆田市建筑业协会第五届筑梦奖助学金发放活动方案

一、认捐方式

爱心企业及爱心人士根据附表采取一对一或一对多人自愿认捐（认捐对象及金额直接和协会秘书处联系。联系人：陈鑫杰，联系电话：×××××××××××）。

二、活动时间和地点

时间：2023 年 2 月 28 日下午 18:30

地点：湄洲湾职业技术学院（新校区）立言大礼堂

三、活动相关单位、人员

捐赠方：莆田市建筑业爱心企业和人士

受赠方：湄洲湾职业技术学院建筑工程系获奖学生、老师

主办方：莆田市建筑业协会

协办方：湄洲湾职业技术学院建筑工程系

受邀方：莆田市住建局、福建省建筑业协会

四、活动议程

（一）协会安排

（1）2023 年 2 月 28 日 17:00 前参加活动企业家到协会集合，18:00 准点出发。

（2）车辆：在协会集中统一坐大巴前往。

（3）18:30 协会到学院，配合学院进行捐助前准备。

（4）19:00 活动正式开始。

（二）学校活动流程

1. 活动前准备

（1）2 月 28 日 17:00 前做好活动前期准备，做好迎宾工作；就捐助活动与学生进行沟通，并进行捐助现场的简单彩排。

（2）18:30 协会组织相关人员到场，各方就捐助活动进行进一步的沟通，并进行捐助现场的简单彩排，组织受捐助学生进入捐助地点。

（3）19:00 活动开始。

2. 活动具体流程

第一项：主持人介绍出席仪式的领导和嘉宾

第二项：学院领导致欢迎词

第三项：协会领导讲话

第四项：举行捐赠仪式

---

① 本活动方案由莆田市建筑业协会林辉、陈晖与湄洲湾职业技术学院建筑工程系陈建武、张少海、徐剑华、郑慧仙、陈辰君、张燕珠、笔者等多位教师研讨制定。

第五项：爱心企业家代表发言

第六项：受奖助学生代表发言

第七项：受奖老师代表发言

第八项：市住建局领导讲话

第九项：学院领导致感谢词

第十项：全体合影留念

第十一项：新闻媒体采访

**五、邀请学院出席人员名单（略）**

**六、邀请媒体单位**

福建省电视台综合频道、莆田市电视台、湄洲日报

**附件：活动细则**

为进一步加强校企合作力度、推动技术技能型人才教学模式向更深层次迈进，弘扬工匠精神，扶持经济困难学生，鼓励在校学生勤奋学习、刻苦钻研技术技能、全面发展，莆田市建筑业协会在湄洲湾职业技术学院举办第二届莆田市建筑业协会筑梦奖助学活动，具体活动方案如下：

**一、奖励专业及金额**

1. 在建筑工程系设立筑梦奖助学金。

2. 筑梦奖助学金一学年一次，按流程发放。

3. 类型与奖励标准：

（1）筑梦助学金：特困学生助学金每人5 000元（共14人）。

（2）筑梦工匠奖：省级技能一等奖，奖金每人5 000元；省级技能二等奖，奖金每人3 000元；省级技能三等奖，奖金每人1 000元。（共2人）

（3）单项奖：①学习优秀奖，智育成绩班级第一名，每人2 000元（共8人）。②身心健康奖，综合考虑学生阳光跑步的成绩和在校体育竞赛中的获奖成绩，每人1 000元（共11人）。

（4）三好学生：每人2 000元（共14人）；优秀学生干部：每人2 000元。（共7人）

（5）优秀教师：每人3 000元，共6人，按人事处系统评选标准评选。

**二、评选标准**

**（一）评选方法**

1. 筑梦助学金，用于资助家庭经济特别困难的学生，具体评选标准参照学院助学金评审标准；

2. 筑梦工匠奖，主要用于奖励参加国家级、省级技能竞赛并获奖的学生；

3. 单项奖：

（1）学习优秀奖，主要用于奖励上学年智育成绩排名班级第一的学生；

（2）身心健康奖，参照上年度体育竞赛中所得分数与校园跑步成绩班级第一；

4. "三好学生""优秀学生干部"按《湄洲湾职业技术学院学生管理规章制度汇编》（2019年版）评选。

**（二）评选步骤及要求**

1. 由学生本人提出申请，辅导员审核，报评审委员会。

2. 获奖学生必须是热爱祖国、遵纪守法、品行端正的优秀学生；担任学生干部、具有较强组织管理能力的、家庭经济困难的学生优先考虑。

### 三、评选流程及时间安排

1. 11月1日前，校方通过各种方式广泛宣传、发动符合条件的学生填写《筑梦奖、助学金申请书》；

2. 在11月15日前，根据学生提交的申请书进行审核；校方初定出获奖人选；在11月20日前提供初定评选人选名单及证明材料给莆田市建筑业协会；

3. 协会审查学生填写的《筑梦奖助学金申请表》、获奖证书等证明材料后，最终确定获奖助学金学生，并将11月25日前最终结果通报校方。

本次活动的获奖学生和老师的名单汇总详见附件1~5。

4. 协会在12月5日前完成活动的宣传和爱心企业、爱心人士的认捐对接工作。

### 四、奖学金实施

1. 湄职院负责奖学金的日常工作和校内的宣传工作（宣传方式包括学院网站、学院广场电子屏幕、微信、湄洲日报、电视台等），并向莆田市建筑业协会提供获此项奖助学金的学生实习及毕业后的去向。

2. 湄职院负责专门举行奖助学金颁奖仪式，双方的主要负责人应出席仪式。湄职院应制作获奖奖状并由协会签署盖章供颁奖时使用；奖状由认捐的爱心企业或人士对应颁发给学生；协会和学校共同向爱心企业和爱心人士颁发荣誉证书。

3. 爱心企业和爱心人士将该年度奖助金以现金方式发放给学生、老师。

### 五、其他事宜

**（一）认捐方式**

本次活动属自愿参与，爱心企业家、爱心人士可根据获奖人员名单选择一对一或一对多人的认捐方式，按报名的先后顺序做好认捐对接工作，名额对接满为止。

**（二）对接方式**

根据名单汇总表（附件1~5），各爱心企业或爱心人士应于12月5日前填写认捐对象回执单发送至邮箱……@qq.com，联系人电话：陈晖。

## 实例材料2：认识国宝——仙游文庙现场教学授课提纲[①]

### 一、居之安自求多福——古建筑追求之一：安全

《皇帝宅经》："宅者，人之本。人以宅为家，居若安，则家代昌吉。"我们的古建筑基本上采用木结构，其优点主要有：时间短、建造简便、可循环再生、极强的修复性。以故宫为例：

北京故宫是中国明清两代的皇家宫殿，旧称紫禁城，位于北京中轴线的中心，是中国古代宫廷建筑之精华。北京故宫以三大殿为中心，占地面积72万平方米，建筑面积约15

---

[①] 本现场教学应仙游县传统文化促进会邀请，由笔者向促进会成员与市民讲解古建筑文化。选入本书的这部分为进入大门之间的讲解，时间约30分钟。

万平方米，有大小宫殿七十多座，房屋九千余间，是世界上现存规模最大、保存最为完整的木质结构古建筑之一。

北京故宫于明成祖永乐四年（1406年）开始建设，以南京故宫为蓝本营建，到永乐十八年（1420年）建成。它是一座长方形城池，南北长961米，东西宽753米，四面围有高10米的城墙，城外有宽52米的护城河。紫禁城内的建筑分为外朝和内廷两部分。外朝的中心为太和殿、中和殿、保和殿，统称三大殿，是国家举行大典礼的地方。内廷的中心是乾清宫、交泰殿、坤宁宫，统称后三宫，是皇帝和皇后居住的正宫。

思考建筑以安全性为前提，古建筑有自己的安全系统。

小结安全措施：

（1）建筑自身安全（榫卯结构，我们祖先受树木成长的启发，我们的建筑是柔性结构，有很强的抗震性，拿树与竹子对比）。

2. 北方的游牧民族的威胁（封闭式的平面结构）。

**二、古建筑美学概述——古建筑追求之二：美观**

（1）亭的美学（醉翁亭、兰亭）。

（2）榭的美学（其特点是在水边架一平台，一半伸入水中，一半架于岸边，上建亭形建筑物，四周柱间设栏杆或美人靠，临水一面特别开敞）。拙政园的芙蓉榭（《永遇乐·京口北固亭怀古》：千古江山，英雄无觅孙仲谋处。舞榭歌台，风流总被雨打风吹去）。

（3）楼的美学（岳阳楼、黄鹤楼、楼外楼、滕王阁）。

（4）牌坊的美学（四类：一是功德牌坊，为某人记功记德。二是贞节道德牌坊，多表彰节妇烈女。三是标志科举成就的，多为家族牌坊，为光宗耀祖之用。四为标志坊，多立于村镇入口与街上，作为空间段落的分隔之用）。

（5）庙的美学（世间达圣贤位逝者，可依律建庙，如孔庙，二王庙等，皆是敬顺寺庙仰止贤圣，即得妙法之地，故称"庙"。文庙，是纪念和祭祀我国伟大思想家、政治家、教育家孔子的祠庙建筑，是儒教徒活动的场所）。

（6）祠堂的美学（上古时代，宗庙为天子专有，士大夫不能建宗庙。汉朝以前，有官爵者才能建立家庙，作为祭祀祖先的场所，但那时叫宗庙或者祖庙。唐朝始创私庙，以祭祀先祖。宋代朱熹提倡建立家族祠堂改为家庙。寻根问祖、缅怀先祖、激励后人、互相协作）。

（7）屋顶的美学（中和之美属于与"崇高"相对应的审美范畴，突出了审美过程中主体与客体、人与自然、感性与理性及各种形式美因素的协调统一，给人以愉悦、轻松的审美快感。中和之美是处于优美与壮美两极之间刚柔相济的综合美，其意蕴刚柔兼备，情感力度适中，杂多或对立的审美因素和谐统一，具有含蓄、典雅、静穆等特性）。

**三、古建筑哲学——古建筑追求之三：天人合一**

庄子《知北游》："天地有大美而不言……圣人者原天地之美，而达万物之理。是故至人无为，大圣不作，观于天地之谓也。"

《论语》："天何言哉？四时行焉，百物生焉，天何言哉。"

庄子《天道》："夫尊卑先后，天地之行也，故圣人取象焉。"

《弟子规》："凡是人，皆须爱，天同覆，地同载。"

三才者，天地人，简称天人合一（其实质是自然环境与人居环境的高度结合，是生态文明理念，是绿色建筑，也是后现代建筑的追求）。

举例：故宫屋顶的七颗北斗星。

**四、古建筑指导思想——古建筑追求之四：儒释道思想**

子曰："贤哉，回也！一箪食，一瓢饮，在陋巷，人不堪其忧，回也不改其乐。"即便生活条件再怎么艰苦，颜回还是一如既往的快乐，能做到这一点，这就是真正的乐观。（君子坦荡荡，小人长戚戚）

沧浪亭与狮子林、拙政园、留园一起列为苏州宋、元、明、清四大园林。

《沧浪之水》最早出自《孟子·离娄》，孔子听到小孩子唱了一支歌："有孺子歌曰：'沧浪之水清兮，可以濯我缨；沧浪之水浊兮，可以濯我足。'"孔子听后言："小子听之！清斯濯缨，浊斯濯足矣，自取之也。"

讲解：沧浪之水的清与浊，都应该坦然接受，清水洗脸，浊水洗脚。

1. 君子处世，遇治则仕，遇乱则隐。（语出《汉书新注》）
2. 警示我们，你若是清水，他人就用你来正衣冠。你若自弃做了浊水，旁人就拿你来洗脚。

说明：仁者乐山，智者乐水的哲学含义。

"金形圆而足阔""木形圆而身直""水形平而生浪""平行则如生蛇过水""火形尖而足阔""土形平而体秀"，金圆土方木直火尖水曲，道家五行理论对建筑设计产生较大的影响。

**五、古建筑选址与装饰——古建筑追求之五：建筑与养生**

《吕氏春秋·孝行览》："养有五道：修宫室，安床第，节饮食，养体之道也；树五色，施五采，列文章，养目之道也；正六律，和五声，杂八音，养耳之道也；熟五谷，烹六畜，和煎调，养口之道也。和颜色，说言语，敬进退，养志之道也。此五者，代进而厚用之，可谓善养矣。"

《吕氏春秋》："室大则多阴，台高则多阳，多阴则蹷，多阳则痿。此阴阳不适之患也。"所以老人的卧室面积不宜过大。

门楣也叫"门额"，横在住宅大门的门框顶部，或为普通横梁，或为精美砖雕，或者装饰一块匾额……自起源之处就带着炫耀家族荣誉的心理。他们如获至宝地兴建华丽的门楼，将旌表文字大写特写地印刻在顶部，制作精致、雅化观瞻的匾额也随之流行起来。

**【案例小结】**

党建+文化传承的内容极其丰富，笔者的实例材料仅收集2部分内容，目的是形成闭环，校外文化对校园文化的影响，校园文化对校外文化的反哺，具体为：①企业文化丰富校园文化，开展奖助学金活动，奖励品行兼优、技能获奖、身心健康的师生，资助经济困难的学生。②笔者给市民的现场教学，讲述古建筑文化。

开展奖助学活动，受资助或奖励的湄职院建筑工程系的学生显然比其他学生多一份幸运，愿这些学生能常怀感恩之心，借此飞翔。也许他们在将来的某一年也能为学弟、学妹们设立奖助学金，传递温暖。当然设计这一活动的真正用意：先借助企业家的资助，而后依靠校友长期传递温暖，汇成系部文化品牌。

文化传承是每位教师神圣的职责，笔者作为"双带头人"，愿意起个头，带动更多的教师投入文化传承事业之中。但笔者的学术水平有限，开展文化下乡、现场教学的次数与质量均有待提高。未来，将组织更多的教师组成团队，持续开展文化助力地方发展活动，凸显职业教育的社会价值。

文化传承是永恒的话题，高职院校要融合课内外两大阵地、校内外两大场域，形神兼备进行文化传承。

【思维导图】（图3-17）

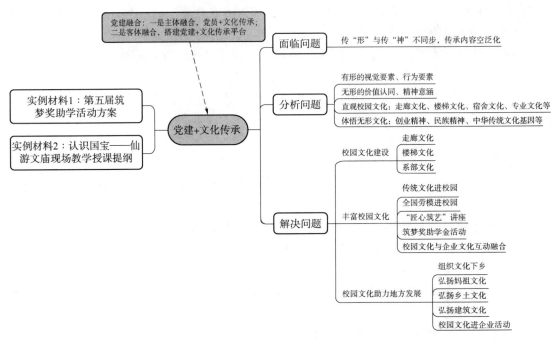

图3-17　党建+文化传承思维导图

【引申讨论】

文化传承中如何做到传形更传神？

# 第四章

# "双带头人"的自我修炼——
# 从《拾麦者》到《向日葵》

## 一、"双带头人"培育之术：五化一融

### （一）时间管理合理化

"双带头人"既是党建带头人，也是学术带头人，有的还是业务带头人，甚至是二级部门的负责人，需要处理的事情极多且杂，有的还挺棘手，要花费大量的时间与精力。因此"双带头人"如何管理好时间，发挥时间的最大效益，显得极其重要。

笔者借用时间管理四象限法[①]来阐述时间的合理管理（图4-1）。时间管理四象限法是把事情按重要性程度划分为重要、不重要，事情按紧急性程度划分为紧急、不紧急，之后形成四象限。其中：第一象限为既紧急又重要，这些事情是不能拖延回避的，需要优先处理事项；第二象限为紧急但不重要，大多数时间浪费在这里，因为事情紧急却误认为重要，因此占用大量时间去处理，区分第一、第二象限对合理时间管理很重要；第三象限为既不紧急又不重要，比如玩游戏、刷短视频等，应对策略是减少或放弃第三象限的事项；第四象限为重要而不紧急，比如个人素质提升，这是一辈子的事。第一象限重要且紧急的事情，由于时间紧迫，人们往往不能做得很好；第四象限的事情很重要，而且有充足的时间去规划准备，因此把时间投资到第四象限，回报才是最大的。

四象限法时间管理理论比较成熟，百度百科等网上资料也比较丰富，在此不再详述。事情重要性与紧急性也是因人而异、因时而异，也与认知、岗位、专业有关，不能一概而论。

当然，时间管理的窍门很多，相关的理论也比较多，关键是找到适合自己的时间管理方法。作为高职院校教师，应当养成管理时间的习惯，随时记下自己瞬间的奇思妙想，定时划出一定的时间进行反思与总结。

### （二）空间定位精准化

《易经》同一卦上有不同的爻，不同的爻其爻辞也是不同的，这启示我们发现问题、分析问题、解决问题要结合自己所处的空间位置。空间定位其实是系统思维的一种，善于从宏观、中观、微观三个层面剖析问题，找准定位是可以事半功倍的。

笔者在锁定科研方向时，便是应用空间定位法，从而较快确定将"妈祖宫庙的建筑文

---

① 本四象限法根据百度百科整理。

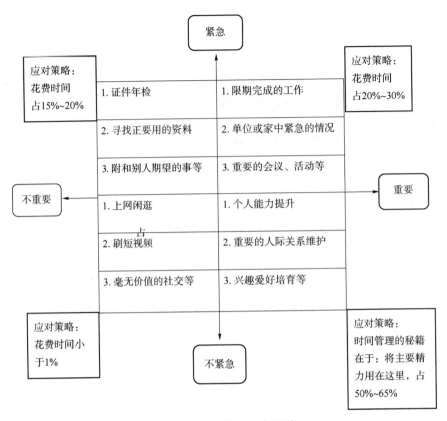

图 4-1　时间管理四象限法

化研究"作为科研方向（图 4-2）。第一步从宏观上（世界、国家、社会等大系统）分析，确定"文化自信"这个方向，这个方向符合当前时代背景。第二步从中观上（所处的区域、行业背景等中系统）分析，寻找科研资源，得出"妈祖文化"是莆田地区特有而又丰富的科研资源。第三步从微观上（所学的专业、课程等小系统）分析，寻找科研课题，研究出"古建筑"是当前建筑方面研究薄弱点，又与自己所学的专业息息相关。于是申报"妈祖宫庙的建筑文化研究"课题，获批后便深化研究。科研是集成，由不同学科背景组成的团队更有战斗力，于是组建妈祖宫庙的研究团队。

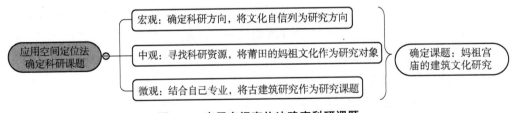

图 4-2　应用空间定位法确定科研课题

### （三）思维高阶化

我们从小所受的西式教育告诉我们：事情有对错之分，而处理一件事或写一篇论文，要从发现问题、分析问题、解决问题入手，即回答这个事情的是什么、为什么、怎么办，我把这个思维称为 2 的 3 次方的思维，是 3 阶思维，近乎圆满，笔者给这个思维取个学术之名——八卦思维。

但《易经》的思维是在 3 阶的基础上加了时间变化轴与空间方位轴，在八卦基础上形成 64 卦 384 爻，进而变得深入与专业（图 4-3 和图 4-4）。这个思维是在 3 阶的基础上加上时间轴的变化、空间轴的变化或其他变化的因素，形成了高阶思维，比八卦要圆满得多，笔者也给这个思维取个学术之名——易经思维。

图 4-3　八卦图

（来自百度图片）

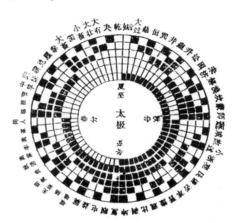

图 4-4　易经 64 卦图

（来自百度图片）

比如，易经思维之前的人是如何发现这个问题，之前的人是如何分析这个问题，之前的人是如何解决这个问题的？今天，我们又要如何发现这个问题，如何分析这个问题，如何解决这个问题？预测一下未来的人将如何发现这个问题，未来的人将如何分析这个问题，未来的人是将解决这个问题？时间轴研究完之后，换成空间轴的变化，不同区域的人是如何不同。分析完空间之后再换一些元素，如此循环可以促使自己不断深化与内行。

申报科研项目、撰写论文、申请专利，依照高阶思维可迅速构思出无穷的项目、论文、专利的方向，再加上专业知识以及现代信息技术，便能进一步深化研究，也可以利用高阶思维取得科研成果。

**（四）方法多样化**

1. 类九宫格法

类九宫格法是在九宫格的基础上进行改良的。笔者利用高阶思维自创了古建筑研究的一个表格，将横轴设成研究对象、研究要素、研究角度 3 段，纵轴设成时间轴、空间轴、文化轴 3 段，中间部分形成九宫格。任意抽取 2 个点便能形成研究内容，也可以抽取 3 个点、4 个点、5 个点、6 个点、7 个点、8 个点、9 个点，从理论上讲有多种方案，用组合计算方式可推知：$\sum = C_9^2 + C_9^3 + C_9^4 + C_9^5 + C_9^6 + C_9^7 + C_9^8 + C_9^9 = 502$。也就是说，有 502 种方法。在这些组合中，筛选出自己擅长的方面进行研究。比如你可以研究"微观"的一座妈祖宫庙的过去、现在，预测一下未来；也可以研究"中观"的一座城市的妈祖宫庙的过去、现在，预测一下未来；也可以研究"宏观"的所有妈祖宫庙的过去、现在，预测一下未来（表 4-1）。如果把 3 段改成 4 段的话，将变成 16 宫格，分成 5 段的话将有 25 宫格，以此类推，将产生 $N^2$ 的创意。九宫格法是直线思维的复合。

表 4-1　类九宫格法

| 研究对象 | 研究要素 | | | 研究角度 |
|---|---|---|---|---|
| 妈祖宫庙 | 过去 | 现在 | 未来 | 时间轴 |
| | 微观<br>（一座宫庙） | 中观<br>（一座城、一个村庄） | 宏观<br>（空间流变、传播） | 空间轴 |
| | 文化特征 | 影响因素 | 文化自信 | 文化轴 |
| 祠堂<br>民居<br>古建筑系列<br>…… | | | | 数量轴<br>技术轴<br>…… |

### 2. 同心圆法

一个问题用一个圆圈表示，按研究角度分析这个问题会得到不同的因子，多一个研究角度就外加一层，以此类推，可以得到多样的创意。这种方法是圆形思维与直线思维的耦合，善于应用也能形成不少有用的科研灵感（图 4-5）。

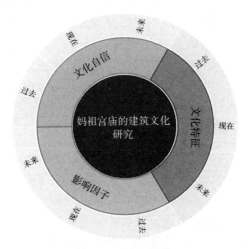

图 4-5　同心圆法

### 3. 一例多用

同样一件事，因角度不同，会有不同的结论。以笔者与莆田市建筑业协会秘书长林辉先生等一同策划的筑梦奖助学金活动（目前已举办 5 届，共资助 113.9 万元）这件事为例，来说明一例多用。这笔奖助学金用来资助业绩突出的师生或经济困难的学生，如果从资助育人的角度，可以申报党建项目；如果从行校企合作的角度，可以申报产教融合、校企合作方面的教学成果；如果从资助学生大多来自农村的角度，可以申报职业教育赋能乡村振兴方面的典型案例。此外也可以从其他角度……这些待开发。

### （五）成果体系化

创意、创造、创新是短缺资源，一个创意产生的时候要充分利用，确保利用率最大化。下面仍以笔者与莆田市建筑业协会秘书长林辉先生等一同策划的筑梦奖助学金活动为例来说明成果如何体系化（图4-6）。

（1）策划此活动时，笔者申请了福建省职业教育课题"行校合作推动校企合作模式升级的实践研究"。

（2）在筑梦奖助学金活动推进的过程中，课题申请获批了，开始撰写论文《深化校企合作另一模式——行校合作的实践与思考》并发表。

（3）筑梦奖助学金活动举办三期之后，笔者开始着手申报教学成果奖；举办五期之后，开始撰写典型案例。教学成果奖也获得，典型案例也入选。未来随着举办的期数越来越多，成果也将越来越多，成果体系化运作之后，不但可以事半功倍，而且随着成果的不断累积，也会产生职业成就感。

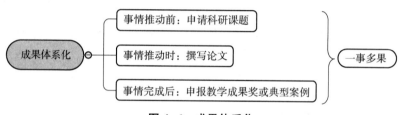

**图4-6 成果体系化**

### （六）党建融合路径

1. 主体的融合

同样一件事，由党员教师去完成与均是非党员教师去完成，其党建的氛围是不一样的。同样一件事，做之前是非党员，做之后则发展为党员，这件事便与党建融合起来。同样一件事，由一个单位的党员去完成与不同单位的党员共建去完成，其党建效果是不同的。这些皆是党建主体的融合，是"党建+"的一种。

2. 客体的融合

客体的融合关键在于找到党建载体或党建平台。搭建党建平台极其重要。比如，在表演台上的人，即使演出水平一般也是演出人员；在表演台下的人，即使演出水平再高，也是观众，而不是演员。只有搭建党建平台，才能容纳党建项目。诚然，搭建党建平台的目的不是让烂演员去台上演出，而是让演员依托此平台演出更好的节目。

3. 方式的融合

高职院校二级院系的组织架构是党务系统一套人马、业务系统另一套人马；党务系统主要负责党建与学工，由二级院系书记（党支部书记或党总支书记）负总责；业务系统主要负责教学与行政，由二级院系院长（有些也称系主任）负总责。这种架构如果处理不好，极易形成双向发展。因此要牢固树立一盘棋意识，必须明确抓党建从工作出发，抓工作从党建入手，党建引领业务是第一要务，从双向发力到同向融合发展，实现党建与育人体系、系部管理、教学改革、科学研究、技术服务、文化传承等七方面融为一体。

## 二、"双带头人"培育之道：知行合一与致良知

阳明心学内容极其丰富，其中，知行合一是基本要求，致良知是最终价值归宿。王阳明认为，知行合一：知之真切笃实处即是行，行之明觉精察处即是知。致良知即师德师风自我修炼，努力达到"四有"好老师。"双带头人"培育之道在于：心上学、事上练，达于道、合于一。教育是一棵树摇动另一棵树，一朵云推动另一朵云，一个灵魂唤醒另一个灵魂，需要过程，同样"双带头人"培育也需要一个过程，"双带头人"要顿悟更要渐修。

2013 年，笔者从公务员转为高职院校教师，现在已有十年了。当时转岗时，曾设想将写作作为今生最大的追求，于是把高职教育中常见任务精心谋划，试图做成典型案例，并结集出版。十年来，笔者就像《拾麦者》中的农妇，捡了几串麦穗，但更多的时候渴求像《向日葵》一样，也能抬头仰望星空。

### （一）行为的修炼：知行合一，不断做加法，累积成果

笔者成为湄洲湾职业技术学院的"双带头人"之后，意味着不能单是独雁飞翔，而是头雁领航、群雁奋飞，因此示范引领才是"双带头人"的首要职责，工作重点也放在示范引领上。

#### 1. 教学示范

上好每一堂课是"双带头人"工作基础中的基础，笔者担任建筑构造、建筑法规、工程质量事故分析与处理、工程招投标与合同管理、二级建造师培训、火灾自动报警系统等 6 门课程教学任务，学生们总体挺配合，课堂效果良好。编写《建筑构造》校企合作教材 1 本，申报"工程招投标与合同管理"课程思政项目 1 项。所带学生幸运地进入国赛，笔者也幸运地成为中华人民共和国第一届技能大赛（瓷砖贴面）教练与裁判、中华人民共和国第二届技能大赛（室内设计）教练与裁判。撰写的教学成果荣获校赛二等奖，参加教学能力大赛荣获校赛二等奖，主笔的专业群建设方案也荣获校赛二等奖。

#### 2. 科研示范

从发表第一篇论文——《关于增强〈建筑法规〉课程教学实效性的思考》至今，已有 11 篇论文了。幸运的是，所写的一篇论文《深化校企合作另一模式——行校合作的实践与思考》获得莆田市职业教育方面论文一等奖，之后多篇论文获奖，虽然出版的刊物等级不高，获奖的级别也较低，但每篇论文均是针对自己在工作中遇到的难题进行理论思考或实践破解而形成的，可以说把论文写在大地上，并非为写论文而写论文。科研项目上，笔者主持的 3 个项目列入教育部的"智慧助老与社区教育"项目，其中"老年群体应急教育——留守老人火灾逃生技术"项目入选教育部"社区治理与应急管理"主题特色类项目。主持市厅级科研项目 6 项，参与市厅级科研项目 3 项，获批实用新型专利 2 项。特别是通过认真分析科研资源，笔者锁定将地域建筑文化（即妈祖宫庙的建筑文化）作为研究对象，从文化自信的角度去研究，获得同行认可。

#### 3. 社会服务示范

一是服务地方政府，笔者带领 5 位教师协助仙游县政府排查房屋 1 万多栋，直接查出

危房337栋。笔者在仙游文庙给市民开讲《古建筑文化》，受众达300多人；给村民讲应急逃生技术，受众达3 000人以上；培训监理员、监理师，举办3期1 500多人。二是带领工作室成员赋能乡村振兴，服务东庄镇的省级美丽乡村建设，助力济川村打造历史文化名村。

（二）思想的修炼：致良知，不断做减法，大道至简

1. 自我教育

教育者首先要自我教育。自我教育之难，难在自己的欲望是很难管制的。

人的欲望是无边无际的，欲望产生—欲望满足—新的欲望又产生—欲望再满足，如此不断循环。如果把控不好欲望，便有烦恼产生。能否把自己的欲望管制好，就成为不同人生境界的标志。许多成功人士善于管控自己的欲望，把欲望化为人生的理想与动力，促使他们取得更大的成功。

作为一名教育者，必须把自我教育放在首位，坚守师道。而教育者自我教育的途径要么是清心寡欲、素食简餐、宁静致远，要么是任重道远、弘扬正道、助力学生成长成功。

2. 自我修养

自我修养的方法很多，古今中外有不少仁人志士做出有益探索，中国古人范文正公、苏眉山、袁了凡等人积极推行的功过格以及富兰克林的"十三条道德准则"都非常有名。不同的人有不同的行善方法。

第一，与人为善。看到别人有一点善心，帮他使他善心增长；别人做善事，帮他使他做成功。第二，心存善念。比我年长辈高的人，心存敬重；比我年幼辈低的人，心存爱护。第三，成人之美。他人要做件好事时，举棋不定，助其坚定行事；他人做善事时，遇到阻碍，助其善行成功。第四，劝人为善。他人要做件恶事时，劝其莫做，他人做恶事时，设法阻止。第五，救人危急。一般人大多喜欢锦上添花，而缺乏雪中送炭的精神；应该在他人最危险、最困难、最紧急的关头，及时向他伸出援手，拉他一把，帮他解决危急困难。第六，小事做起。大能量做些大利益的事情，以利益大众；小能量做些小事情，一样能利益大众。

当然，笔者的学识与修为尚属于初级阶段，离"双带头人"的目标还有不少差距，下一步将瞄准差距、弥补短板、填充空白，成为一位实至名归的"双带头人"。

### 三、"双带头人"培育的术与道

"术"是方法，是战术，是显现的技术；"道"是规律，是战略，对高职教师而言是隐藏的师道。道是术的灵魂、统领和理论支撑，对术的学习、掌握、应用具有高屋建瓴的指导、引领、规范意义；术是道的手臂、工具、实施办法，对于道的通行、传播、发展具有不可替代的实践、变现和验证功用。有道无术，只能坐而论道，无法付诸行动；有术无道，只会事倍功半，无法提升拔高。古今中外对术与道的论述极其繁多，本文不再赘述。笔者想借用两幅画来说明"双带头人"的术与道。

法国画家米勒在1857年创作著名油画《拾麦者》，画面描绘了农村秋收后，三位农妇从地里拣拾剩余麦穗的情景，画面自然温馨。

笔者由公务员转变为教师以来，就像《拾麦者》中的农妇一样，弯腰捡了几串麦穗：成为一级注册建造师、经济师、监理工程师，中国瓷砖贴面技能大赛教练与裁判、中国民

族建筑研究会会员、福建省科技特派员、莆田市学科带头人、莆田市建筑质量与安全专家，荣获福建省建设系统优秀工作者、莆田市优秀共产党员。

《向日葵》是凡·高代表作之一，那些面朝太阳而生的向日葵，其花蕊火红火红的，就像一团炽热的火球；黄色的花瓣就像太阳射出的光芒一样，耀眼的颜色、厚重的笔触充斥整个画面，有很强的雕塑感，引发人们振奋与思考。

是的，每个人都要像向日葵那样面朝心中的太阳。

我不是大树，也不是小树，只是一棵小草、一株向日葵。

我只想成为一株向日葵，面朝太阳，接迎阳光足矣。

从《拾麦者》到《向日葵》，若能由低头为自己捡东西到抬头看天，哪怕只是看到一缕阳光，对笔者而言便是最美的景色。

# 第五章
# 结语

年轻教师的成长需要过程,需要有人引领,才能行稳致远。"双带头人"要发挥头雁效应,在党建工作、人才培养、院系管理、教学改革、科学研究、社会服务、文化传承等高职院校的重点工作上勇于担当,起到示范引领作用,达到群雁齐飞的效果。

## 一、本书内容小结

本书的主要内容分理论研究部分与实践探索两部分,其中理论部分包含了"双带头人"的内涵与界定、生成理路、功用、主要任务与要求、工作要点、相关研究概述、意义与方法,以及"双带头人"培育的现状、存在问题、原因分析、培育路径等。笔者作为"双带头人",理应在示范引领上下功夫,而且高职教育最显著的特征是突出实践教学,因此本书的写作重点是最能呈现"双带头人"示范引领作用的实践部分,包含7个方面12个案例(图5-1)。

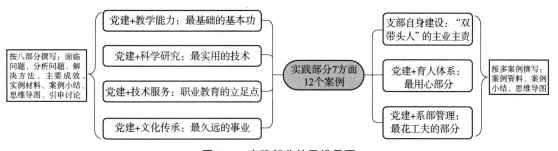

图 5-1 实践部分的思维导图

实践部分的第一方面,支部自身建设是"双带头人"的主业主责,分3个案例阐述,包括"双带头人"工作室的创建模式、全国样板支部申报书、福建省党建工作品牌。实践部分的第二方面,党建+育人体系是"双带头人"最用心的部分,人才培养是高职院校最主要的职责,因此篇幅也较长,也分3个案例阐述,包括课程思政、思政微课堂、校企双元育人。实践部分的第三方面,党建+系部管理是"双带头人"最花工夫的部分。作为系主任既是学术带头人,也是管理者。而管理在于细节,也可以讲细节决定管理的成败,因此管理需要考虑方方面面,是很费工夫的。本部分也分2个案例阐述,包括二级院系管理思考与实践、二级院系的人财物管理。这8个案例均按案例材料、案例小结、思维导图3部分进行阐述。这些案例,有的历经好几年,时间跨度极大，也曾花费笔者大量的心血，应当说案例自身具有可复制性，因此写作时为凸显案例原貌本身，只是略作小结。

党建+教学改革、党建+科学研究、党建+技术服务、党建+文化传承这四部分，每部分均按一个案例进行撰写。每个案例统一按八部分进行阐述，包括面临问题、分析问题、解决方法、主要成效、实例材料、案例小结、思维导图、引申讨论。写作时回答是什么、为什么、怎么办、办得怎样、实践检验后的资料、案例功用与利弊分析，为增强可读性每个案例用思维导图概括，对案例未涉及部分用"引申讨论"以引起同行的进一步思索。

## 二、主要观点

观点1："双带头人"的工作方式不单要说给人听，更要干给人看；工作重点不能仅停留在思考层面，而是更多地体现在实操层面。

三分思考，七分行动。"双带头人"的作用能否有效发挥，主要依靠"双带头人"示范引领去推动。既要言传更要身教，不单要说给人听，更要干给人看，最好的示范永远是行为上的示范。

一定深度的理论思考对梳理问题、分析问题原因、比选解决方案是很有必要的，但对"双带头人"而言，无论是项目的申报、研究、结题，还是各类技能大赛，都是以成果为导向、以成果论英雄，因此，更要扎根实践、注重实操、获得成果。案例部分占用了本书的大量篇幅也是为凸显注重实操这一原则。

观点2："双带头人"的成长模式不是单靠行政推力，而是长期培育、艰苦磨炼出来的。

牛顿第一定律告诉我们，一切物体保存静止状态，直到外力迫使它改变为止。人是习惯的动物，总喜欢在自己的舒适区生活，"双带头人"已取得一定的成就，极易停留在原有的舒适区，唯有求新求变的驱动力，才能不断打破原有高度。牛顿第二定律告诉我们，物体加速度的大小与外力的大小成正比，与质量成反比，"双带头人"追求越强烈、毅力越坚定，前进的加速度越大，则"双带头人"成长越快、走得越远。牛顿第三定律告诉我们，力总是相互作用的，大小相等、方向相反，你付出多少，必将收获多少。

"双带头人"的成长，不是仅依靠上级领导的行政任命，而是一定要依靠强大的上下外力拉动、自加压力，不断打破原有平衡、不断加快速度，长期培育、艰苦磨炼，必将修成正果。

观点3："双带头人"的头雁效应不是仅有头雁的独自飞翔，而是头雁领航、群雁齐飞。

头雁与群雁的关系不是数学中的交集关系，而是并集关系。高职院校的重点工作，无论是支部自身建设、人才培养、科研项目、社会服务还是教学能力大赛，即使你的能力再强、工作经验再丰富，也无法靠单打独斗完成，而必须依靠团队的力量才能完成。"双带头人"如果仅考虑为自身取得更多成果，而忽视传帮带，不仅失去建立"双带头人"培育制度的意义，而且"双带头人"自身也无法完成考核任务。"双带头人"唯有发挥好示范引领作用，带好队伍、带强队伍，实现群雁齐飞，才能实现预期目标。

## 三、不足与展望

自 2018 年教育部提出高校要建设"双带头人"工作室至本书递稿之时（2022 年 5 月），经上网搜查，仅有一本专著（杨子生等人编写的《高校"双带头人"培育机制研究——基于高校教师党支部书记培育的原理、机制与实践》），因此研究高职院校"双带头人"的专著目前尚缺。遗憾的是，限于资料缺乏，再加上本人学识有限，本书无论是理论研究深度还是实操案例的档次，都有不少瑕疵，亟待提升。

下一步，希望一花独放不是春，百花齐放春满园。不单是"双带头人"自身成长，更要促进"双带头人"工作室的成员成长；不单是创建"双带头人"工作室得以验收，更要"双带头人"培育制度得以有效落实、全面覆盖；不单是"双带头人"理论研究得以深化、实操层面得以推广，更要有更多人加入"双带头人"理论研究、实践推广，推动高职教育高质量发展。

# 参 考 文 献

[1] 陈森青,魏雪婷."双带头人"培育工程:生成理路、现实困境与思路创新[J].扬州大学学报(高教研究版):2018,22(6):13-17.

[2] 吴晶,胡浩.习近平在全国高校思想政治工作会议上强调:把思想政治工作贯穿教育教学全过程,开创我国高等教育事业发展新局面[N].光明日报,2016-12-09(01).

[3] 马克思,恩格斯.马克思恩格斯选集:第1卷[M].北京:人民出版社,2012:558.

[4] 付克.苏联高等学校的党委工作[J].人民教育,1953(8):26-28.

[5] 毛泽东.毛泽东文集:第7卷[M].北京:人民出版社,1999:309.

[6] 邓小平.邓小平文选:1975—1982年[M].北京:人民出版社,1983.

[7] 中共中央文献研究室.十八大以来重要文献选编(上)[M].北京:中央文献出版社,2014:351.

[8] 董洪亮,赵婀娜,张烁,等.努力办好中国特色社会主义高校——习近平总书记在全国高校思想政治工作会议上的重要讲话引起热烈反响[N].人民日报,2016-12-09(04).

[9] 习近平在北京高校调研时强调:高校党的建设要继续坚持和贯彻好正确的指导原则[N].光明日报,2012-06-21(03).

[10] 习近平.决胜全面建成小康社会,夺取新时代中国特色社会主义伟大胜利——在中国共产党第十九次全国代表大会上的报告[M].北京:人民出版社,2017:65.

[11] 刘永林."双带头人"引领高校基层组织革新[N].中国教育报,2018-06-19(02).

[12] 林琳.高校教师党支部书记"双带头人"队伍现状及培育[J].福建教育学院学报,2018,19(7):39-42.

[13] 王丽梅,张永哲,刘玮.高校"双带头人"教师党支部书记工作室工作机制探索[J].北京教育(高教),2021(3):74-76.

[14] 陈良金.浅议园林水景设计[J].长春师范大学学报,2017,36(2):173-175+191.

[15] 陈良金,唐俊奇.深化校企合作另一模式:"行校合作"的实践与思考[J].吉林工程技术师范学院学报,2019,35(5):20-22.

[16] 杨子生,彭海英,余京珂.高校"双带头人"培育机制研究——基于高校教师党支部书记培育的原理、机制与实践[M].北京:光明日报出版社,2022.

[17] 邓怡.新时代提高高校教师党支部书记"双带头人"培育工程建设实效性的三个维度[J].北京教育,2021(1):18-22.

［18］于安龙. 高校教师党支部书记"双带头人"培育培育路径探析［J］. 思想理论教育，2019（7）：73-77.
［19］王觉仁. 王阳明心学［M］. 北京：民主与建设出版社，2015.
［20］弗雷斯特·W. 帕克. 如何成为优秀的教师［M］. 北京：中国人民大学出版社，2017.
［21］丹尼尔·约翰逊·奥康纳. 教育哲学引论［M］. 北京：中国人民大学出版社，2017.
［22］沈孝芹，等. TRIZ 工程题解及专利申请实战［M］. 北京：化学工业出版社，2016.
［23］唐品，等. 周易［M］. 北京：天地出版社，2017.
［24］王其亨. 风水理论研究［M］. 天津：天津大学出版社，1992.
［25］李允鉌. 华夏意匠［M］. 天津：天津大学出版社，2014.
［26］潘谷西. 中国建筑史［M］. 7 版. 北京：中国建筑工业出版社，2016.
［27］陈祖芬. 妈祖信俗非物质文化遗产档案研究［M］. 上海：世界图书出版公司，2015.

# 后　　记

　　时光荏苒，岁月如梭，从仙游县规划局副局长转为高职院校教师已有十年了。回想十年来学习工作和生活的点点滴滴，既有艰辛，更有收获快乐。成书之时感慨良多，但此刻更多的是感恩。

　　本书是湄洲湾职业技术学院建筑工程系"双带头人"工作室全体成员的集体劳动成果，也是学校党委书记林建华、校长许冬红等各位领导和党工部大力支持与指导的结果。感谢严武主任、卓俊杰副主任为本书的出版提供大量的资料并协助本书的出版。感谢李云雷副主任提供发明专利的申报书并协助本书的排版。感谢郭晓婕老师，为本书撰写第一章的"双带头人"的生成理路部分内容，帮我收集第二章的部分资料。感谢郑慧仙老师与我一道撰写创建全国样板支部案例以及资料收集。感谢薛晓珊老师提供教学能力大赛的案例、陈丽清老师提供课程思政案例。感谢唐俊奇教授为本书书名提出建议。感谢福建省职业技术教育中心陈锋教授、湄洲湾职业技术学院任清华副院长对教学成果奖案例的指导。感谢陈建武、张燕珠、徐正炜、张少海、康东坡、庄晓晴、刘晓霞、江宗淳等其他同志在资料收集与整理上的帮助。

　　感谢我的家人，在精神上给予我最大的支持，在生活上为我创造了安心的学习工作环境，让我有时间精力投入写作中。来校十年的学习工作生涯尽管无比艰辛，但仍无悔于当初的选择。

陈良金<br>
2023 年 6 月于湄园